Railroads in Modern China
Political Aspects of Railroad
Administration, 1876–1937

张瑞德——著　Chang Jui-te

中国近代铁路事业管理研究

政治层面的分析（1876—1937）

中华书局

图书在版编目（CIP）数据

中国近代铁路事业管理研究：政治层面的分析：1876—1937/
张瑞德著. —北京：中华书局,2020.5
ISBN 978-7-101-14397-3

Ⅰ.中… Ⅱ.张… Ⅲ.铁路运输-交通运输管理-研究-中国
-1876~1937 Ⅳ.F532.9

中国版本图书馆 CIP 数据核字（2020）第 027306 号

书　　名	中国近代铁路事业管理研究——政治层面的分析
	（1876—1937）
著　　者	张瑞德
责任编辑	刘冬雪
封面设计	周　玉
出版发行	中华书局
	（北京市丰台区太平桥西里 38 号　100073）
	http://www.zhbc.com.cn
	E-mail:zhbc@ zhbc.com.cn
印　　刷	北京瑞古冠中印刷厂
版　　次	2020 年 5 月北京第 1 版
	2020 年 5 月北京第 1 次印刷
规　　格	开本/850×1168 毫米　1/32
	印张 8¾　插页 2　字数 202 千字
印　　数	1-1500 册
国际书号	ISBN 978-7-101-14397-3
定　　价	48.00 元

目 录

二　内部管理

表格目次

序:穿越界线——中国铁路史研究的现状与展望

一、前言

笔者早期在台湾出版的两本铁路史著作——《平汉铁路与华北的经济发展(1905—1937)》(1987)和《中国近代铁路事业管理的研究——政治层面的分析(1876—1937)》(1991),在三十多年后居然有机会以简体字的形式在大陆出版,感到万分荣幸。

拙著近年被一些素未谋面的学者谬许为"后续研究的一个重要指向标"[1],甚至是"铁路史的经典著述"[2]。自是愧不敢当。其实在1960、1970年代的台湾,由于中研院藏有总理衙门的档案,洋务运动又是当年的热门议题,关注铁路的学者自然也较多,笔者的研究即受益于李国祁、李恩涵、王树槐、何汉威等师友之处甚多。拙著在台湾出版后,在大陆基本上是无人闻问。直到本世纪初,铁路史的研究在几位学者(包括江沛、朱从兵、马陵合等)的推动下成为显学之一,拙著才稍受关

---

① 熊亚平,《铁路与华北乡村经济变迁(1880—1937)》(北京:人民出版社,2011年),页15。

② 布拉格之夜,《铁路强则国家强》,《中国出版传媒商报》,2016年5月27日。

注,并获邀在大陆出版。

三十年的老书要在大陆出版,至少应将三十年来的相关研究成果稍加回顾并进行对话。不过由于成果十分丰硕,也不时有学者撰写研究综述的文章予以介绍①,故在此不再赘述。以下仅就个人兴趣所及,挑选一些研究成果略加介绍,并列举一些未来值得深入研究的课题,提供大家参考。由于个人阅读范围有限,挂一漏万之处在所难免,尚希方家指正。

二、官僚组织的专业化

亚洲四小龙崛起后,美国学者柯伟林(William C. Kirby)于 1980年代后期提出国民政府并不是在战后台湾才扮演发展型政府(developmental state)的角色,其实在战前十年即已是如此。② 此种说法出现后,激起了大量学者研究国民政府的各种专业机构和政策,影响极大。③

不过也有一些学者提出了一些质疑,例如朱莉(Julia C. Strauss)

---

① 江沛,《中国近代铁路史研究综述及展望(1979—2009)》,《近代史研究》编辑部编,《过去的经验与未来的可能走向——中国近代史研究三十年(1979—2009)》(北京:社会科学文献出版社,2009 年),页 505—526;崔罡、崔啸晨,《中国铁路史研究综述及展望》,《西南交通大学学报(社会科学版)》,2016 年第 5 期;岳鹏星,《当代大陆学人与中国铁路史研究》,《社会科学动态》,2018 年第 7 期;Har Ye Kan,"From Transport to Mobility in Modern China: A Survey of the Field," *Mobility in history* 5:1(Jan 2014),pp. 150-160.

② William C. Kirby, "Engineering China: Birth of the Developmental State, 1928-1937", in Wen-hsin Yeh, ed. , *Becoming Chinese: Passage to Modernity and Beyond* (Berkeley: University of California Press, 2000), pp. 137-160.

③ 最具代表性的著作包括:Julia C. Strauss, *Strong Institutions in Weak Politics: State Building in Republican China, 1927-1940* (Oxford: Clarendon Press, 1998); David Allen Pietz, *Engineering the State: the Huai River and Reconstruction in Nationalist China, 1927-1937* (New York: Routledge, 2002); J. Megan Greene, *The Origins of the Developmental State in Taiwan: Science Policy and the Quest for Modernization* (Cambridge, Mass. : Harvard University Press, 2008).

即认为专业技术机构(technocracy)(发展型政府的基础)的雏型应上溯至 1910 年代的袁世凯及北京政府。①

其实早在 1973 年,美国学者墨子刻(Thomas A. Metzger)即曾在其所著《清代官僚机构的内部组织:法律、规范与沟通》(*The Internal Organization of Ch'ing Bureaucracy: Legal, Normative, and Communication Aspects*)一书中指出清代官僚组织已相当专业化:第一,由《漕运全书》和《两淮盐法志》等书编纂官员的学养和资历,显示清代官僚已有相当程度的专业化,至少要求具有相关的经验;第二,由六部额外司官的分发实习制度,也可看出专业化的倾向;第三,以盐缺为例,清政府对某些职官要求需要有专业的资格;第四,六部京官重视久任,借以累积经验。② 墨子刻此书的立论基础,主要是以其对陶澍任两江总督时期的盐政所做研究,具有多大的代表性,颇有问题;所讨论的时段,也仅限于鸦片战争以前的清代。不过,他所提出的论点甚具开创性,引发了后来许多学者的研究。

法国学者魏丕信(Pierre-Etienne Will)研究清代政府在灾荒救济、兴办并维持大规模的水利工程、仓储制度,以及促进经济发展上所做的努力,发现清代出现了一批行政菁英(an "administrative elite")。这批人不仅包括官员,也包括幕友和其他对行政有兴趣的人,他们积极进取,具有为民服务的责任感,并且自我期许甚高。在刑部,有许多官员

---

① Julia C. Strauss, "The Evolution of Chinese Government," in Frederic Wakeman, Jr. and Richard Louis Edmunds, eds., *Reappraising Republican China* (Oxford: Oxford University Press, 2000), pp. 81-82.

② Thomas A. Metzger, *The Internal Organization of Ch'ing Bureaucracy: Legal, Normative and Communication Aspects* (Cambridge, Mass.: Harvard University Press, 1973), chapter II.

甚至是律学名家。① 徐忠明、杜金研究清代刑部官员任职、办案和法学素养，也认为此时的刑部已是一法律专业化程度颇高的机构。整个清代司法，出现专门化的现象。② 郑小悠的研究则指出，清中叶以后，清廷对刑部的人事制度进行了一系列成功的改革，重视久任，刑部司官仕途前程之光明在六部司官中首屈一指，激励刑部官员勤勉读律，是以乾隆以后，官员的法律专业化水平开始突飞猛进，晚清甚至出现以司法实践带动律学研究的风气。秋审处官员尤其精于律例，而与河务、边材并号"专家学"，有明显的技术官僚倾向，在京官中独树一帜，甚至刑部堂官也多由本部司官外放后升转而来，终身不迁。这些特殊的制度和人事安排，均促使刑部官员自我的专业认同增强。③ 和农业相提并论的是河工、水利。自康熙将治河列为三大政之一，两江三省的督抚便开始了对河工的参与，在执掌上被赋予河工的职责，随着地方督抚兼任河道总督的体制在雍正朝形成，乾隆又在官制上予以完善，导致出现两江总督大多为治河专家的现象，其中具有代表性的人物有那苏图、尹继善、高晋等，均有以两江总督或巡抚身份兼任河督的经历，均可谓技术官

---

① 魏丕信著，李伯重译，《明清时期的官箴书与中国行政文化》，《清史研究》，1999 年第 1 期；魏丕信著，张世明译，《在表格刑事中的行政法规和刑法典》，《清史研究》，2008 年第 4 期。

② 徐忠明、杜金，《清代司法官员知识结构的考察》，《华东政法学院学报》，2006 年第 5 期；杜金、徐忠明，《读律生涯：清代刑部官员的职业素养》，《法制与社会发展》，2012 年第 3 期。

③ 郑小悠，《清代刑部官员的选任、补缺与差委》，《清史研究》，2015 年第 4 期；郑小悠，《清代刑部官员的形象：自我期许与外部评价》，《北京师范大学学报（社会科学版）》，2015 年第 1 期。

僚。① 最近陈恺俊和高彦颐更用技术官僚文化(technocratic culture)
一词,形容清代内务府包衣群体有别于一般文官的专业文化。②

不过笔者认为,传统中国官僚机构固然已有专业化倾向,但清末政
府由于因应新兴情势的需求,开始重视专业人才,给予外务、邮传、度支
等部官员特别优厚的待遇,北京政府又为技术官僚建立特殊的升迁及
薪俸制度,对于官僚系统之专业化所作的努力,实在中国历史上前所未
见。清末詹天佑以自力完成京张铁路,工程司在中国社会中的地位顿
时得以提升,对于社会价值观念的转变具有极大的影响。③ 1920 年代
一项针对清华学校 154 名 1924—1926 级(高三到大一)学生所作问卷
调查显示,受访者对于各种职业的兴趣依序为:公司经理、社会改革者、
工程师、农家、教员、教育行政者、学术研究者、著作家、银行家、军官、美
术家、官吏、内科医生、外科医生、律师、秘书、青年会服务者。④ 这充分
显示出清末民初政府政策对民众价值观的影响。

讨论专业化问题,必须提及专业团体。在铁路的专业团体方面,最
重要的应为中华全国铁路协会。该会成立于 1912 年,梁士诒、叶恭绰

---

① 刘凤云,《两江总督与江南河务:兼论 18 世纪行政官僚向技术官僚的转
变》,《清史研究》,2010 年第 4 期;刘凤云,《十八世纪的"技术官僚"》,《清史研究》,
2010 年第 2 期。

② Kaijun Chen, "The Rise of Technocratic Culture in High-Qing China: A
Case Study of Bondservant (Booi) Tang Ying(1682-1756), "unpublished disserta-
tion, Columbia University, 2014; Dorothy Ko, *The Social Life of Inkstones: Ar-
tisans and Scholars in Early Qing China* (Seattle and London: University of
Washington Press, 2017).

③ 张瑞德,《中国近代铁路事业管理的研究——政治层面的分析(1876—
1937)》,页 222。

④ 庄泽宣、侯厚培,《清华学生对于各学科及各职业兴趣的统计》,《清华学
报》,第 1 卷第 2 期(1924 年 1 月),页 287—304。

为首任正、副会长。马陵合是最早研究此一团体的学者,他的研究发现铁路协会的主要功能在于构建以铁路界人士为主体的人际关系网络,展示铁路界的社会影响力,协会的治理机构具有明显的权威型模式。铁路部门在近代中国以国有性质居于主导地位,政策和营运管理合一,协会领导阶层每多担负铁路路政实际责任,因此缺乏专业团体的独立性格。[①] 马陵合的论文讨论范围限于北洋时期,柏冠冰和张学君的硕士论文则分别对国民政府时期的史实予以补充。[②] 同样成立于1912年中国工程师学会则是近代中国最大的科技团体,1950年学会结束时有会员16,000余人。房正的《近代工程师群体的"民间领袖":中国工程师学会研究(1912—1950)》一书对此学会的历史作了全面性的研究,尤其注重探讨其与工程师群体、其他工程学会以及政府之间的关系。[③]

另外值得一提的是1919年成立于北京的中美工程师协会。根据吴翎君的研究,此团体为美国在华工程师和留美归国学人所组成的联谊性组织,其成立宗旨除了促进工程学的知识与实际经验、培养同侪合作精神、树立工程专业规范等目标,最终目的在于协助中国解决各工程建设所遭遇的实际问题。此组织创建之始曾受到中美两国政府的支持,荣誉会员包括北京政府交通部官员和美国驻华公使,会员则大多为投身中国各项公共建设的工程师。该协会不仅和美国的重要工程团体相互联结,与英人在上海创办的中华国际工程学会(the Engineering Society of China)形成南北相互辉映的组织,并且和中国本土的工程师

---

① 马陵合,《北洋时期中华全国铁路协会研究》,《史林》,2009年第3期。

② 柏冠冰,《路事与国事:中华全国铁路协会研究(1912—1936)》,未刊硕士论文,华中师范大学,2017年;张学君,《民国时期中华全国铁路协会研究》,未刊硕士论文,河北大学,2018年。

③ 房正,《近代工程师群体的"民间领袖":中国工程师学会研究(1912—1950)》(上海:经济日报出版社,2014年)。

学会,也有微妙的互动关系。①

民国时期政治长期动荡不安,甚至内战频繁,对于官僚专业化的发展至为不利。雷环捷以铁路界人士曾鲲化一生经历为例,说明技术官僚在乱世中难以维持专业的独立性。曾鲲化(1882—1925),湖南人,1902年赴日,初学陆军后改学铁路,1906年于岩仓铁道专门学校管理科毕业,返国后赴各地进行调查,并将调查所得撰写成《中国铁路现势通论》(1908)一书,出版后受邮传部尚书陈璧重视,获邀入部服务。民国成立后,历任交通部统计科长、路工司长、路政司长兼京汉铁路管理局局长。1917年曹汝霖任交通总长,曾鲲化因非交通系亲信,被贬调为株萍铁路局局长。护法战争时期,又因向北京交通部汇报战场实情,被湖南督军傅良佐以误报军情为由抓捕扣押,并拟枪毙,引起各方关切,舆论哗然。后因傅良佐北逃,段祺瑞下台,案件方告结束。返京后虽仍供职交通部,但仅能担任在参事上行走、交通史编纂委员会总纂等虚职,显示出技术官僚在乱世中的无奈。②

三、帝国主义与中国铁路

1949年后,大陆的铁路史研究长期为革命史范式所笼罩,改革开放后,逐步呈现出百花齐放的盛况。然而,帝国主义对中国铁路影响深远,至今仍有许多课题尚待研究,例如列强与中国铁路借款有关的大企业,像中英银公司(the British and Chinese Corporation)、福公司(the Pekin Syndicate)、合兴公司(the American China Development Com-

---

① 吴翎君,《推动工程国家:中美工程师协会在中国(1919—1941)》,《近代史研究》,2018年第5期。

② 雷环捷,《民国初年的技术官僚与科技转型之殇:曾鲲化误报军情事件探析》,《自然辩证法通讯》,2019年第9期。

pany)这些,至今只有景复朗(Frank H. H. King)和薛毅曾对福公司做过专门的研究①,值得学者继续努力。在近代铁路事业专业化的过程中,列强所扮演的角色十分重要,中国铁路界的著名外籍人士,至少有以下两位值得研究:

第一位是亚当斯(Henry Carter Adams,1851-1921),曾协助中国统一铁道会计。亚当斯,约翰霍普金斯大学(Johns Hopkins University)博士,曾任教于该校、康奈尔大学及密歇根大学,1895年当选为美国经济学会会长。1913年,京汉铁路会办王景春(伊利诺伊大学铁道工程博士)鉴于各路账目格式纷杂,紊乱无章,管理得失无从比较,成绩优劣难以考核,路产盈亏也未能尽悉,遂提议统一铁路会计。交通部采其议,设立统一铁路会计委员会,指派部局精通会计人员,并延聘美籍顾问亚当斯共同筹议,根据会计原理,参考各路现行办法,讨论经年,议成各种会计统计则例十种。施行三年,而后统一规模始立。当时同时和亚当斯一起在北京工作的西方顾问共有十八位,不过并非作为装饰门面之用者,据亚当斯表示,仅有他自己一人而已。除了铁路事务,亚当斯还提供了有关货币、银行及工人赔偿等政策方面的建议。他1921年过世时,交通部曾致电吊唁。② 亚当斯个人文件现收藏于美国密歇根大学档案馆,尚乏人利用。

第二位重要的铁路界外籍人士是曾主持勘测粤汉铁路的美籍工程

---

① Frank H. H. King, "Joint Venture in China: The Experience of the Pekin Syndicate, 1897-1961," *Business and Economic History* 19(1990), pp. 113-122; 薛毅,《英国福公司在中国》(武汉:武汉大学出版社,1992年),第4章。

② 张瑞德,《中国近代铁路事业管理的研究——政治层面的分析(1876—1937)》,页88—89;Paul B. Trescott, "Western Economic Advisers in China, 1900-1949," *Research in the History of Economic Thought and Methodology* 28-A(2010), pp. 6-7.

司柏生士（William Barclay Parsons，1859-1932）。柏生士，美国哥伦比亚大学毕业，1894 年任纽约捷运工程委员会（the New York Rapid Transit Commission）总工程司，负责设计纽约首段跨区地铁（Interborough Rapid Transit，IRT），并于 1904 年通车。1898—1899 年受合兴公司之托，奉湖广总督张之洞之邀至中国勘测一千余英里的粤汉铁路，任总工程司。他 1885 年创办的工程公司，今日已成为全球著名的工程设计与顾问公司，20 世纪以来曾参与不少重要的大型工程，例如底特律与温莎之间的隧道（Detroit-Windsor Tunnel）、1939 年的纽约世界博览会，以及旧金山、亚特兰大、新加坡、台北等地的捷运系统。晚近中国铁路史的著作对于此重要人物大多仅略微提及[1]，尚乏专门的研究，收藏于纽约市立图书馆和哥伦比亚大学图书馆的柏生士个人档案仍有待学者去开发利用。

四、铁路与国族想象

铁路的出现，自然有助于旅行及旅游业的发展。关于近代中国的旅行和旅游业，学者的研究已多[2]，晚近有学者开始注意到铁路旅行与国族想象之间的关联。莫亚军、马守芹和李睿的研究，均显示铁路旅行、铁路旅行指南和游记等关于铁路旅行的书写，合力塑造了国民的集

---

[1] 例如：朱从兵，《张之洞与粤汉铁路：铁路与近代社会力量的成长》（合肥：合肥工业大学出版社，2011 年），页 93—97；Elisabeth Koll, *Railroads and the Transformation of China* (Cambridge, Mass. : Harvard University Press, 2019), p. 40.

[2] 苏全有，《对近代中国旅游史研究的回顾与反思》，《河南科技学院学报》，2011 年第 9 期；Yajun Mo, " Boundaries and Crossings: Mobility, Travel; and Society in China, 1500-1953, A Survey of the Field," *Mobility in History* 6 (2015), pp. 150-157.

体记忆和国族认同。[1]

董玥的研究则注意到了列强对中国铁路的控制,如在东北地区旅行须受制于日俄两国——如大连至沈阳、长春的火车为日本南满铁道所经营,而由长春往哈尔滨的火车则操于俄人之手,因此乘火车旅行有时颇为复杂。[2] 美国学者 Dylan P. Brady 的研究也指出,铁路从长期来看固然有助于国族的形塑,但是从短期来看却未必如此。1949 年以前,国民政府有效统治的区域有限,列强势力影响大的地区如东北,中长铁路和南满铁路或许的确激发了东北地区(甚至全国)民众的民族主义,至于各地方军系在势力范围内所掌控的铁路,强化的或许仅仅是区域内部的治理和区域性的政治意识,各区域的情况可能均不相同,值得作深入的探讨。[3] 陈蓓最近的研究则聚焦于浙江省名胜导游局于 1934 年筹划的东南五省交通周览会,发现浙江省政府与企业界和文化界合作,透过国府有效治理下的五省交通工具和景点的商品化,成功地强化

① Yajun Mo, "Itineraries for a Republic: Tourism and Travel Culture in Modern China, 1866-1954," unpublished Ph. D. dissertation, University of California, Santa Cruz, 2011;马守芹,《"风景"的发现:近代铁路旅行风潮与国族建构(1923—1937)》,未刊硕士论文,南京大学,2013 年;李睿,《民国铁路旅行指南研究(1912—1937)》,未刊硕士论文,苏州大学,2018 年。

② Madeleine Yue Dong, "Shanghai's China Traveler," in Madeleine Yue Dong and Joshua Lewis Goldstein, eds. , *Studies in Modernity and National Identity: Everyday Modernity in China* (Seattle: University of Washington Press, 2006), pp. 211-219.

③ Dylan P. Brady, "Forging the Nation through Rails: Transportation Infrastructure and the Emergence of Chinese Nationalism," unpublished M. A. thesis, University of Oregon, 2013.

了国人的民族意识。①

五、技术工人群体

笔者所著《中国近代铁路事业管理的研究——政治层面的分析(1876—1937)》一书曾以两章的篇幅讨论铁路员工群体,包括这批人的培育与训练、组成与任用、待遇与升迁。②

1995年,澳洲学者司马辉(Stephen L. Morgan)完成有关民国时期铁路员工生活的博士论文,其特色为强调铁路事业相对优渥的薪资福利制度、重视年资的升迁制度与对纪律的严格要求(有如军队和监狱)。③ 孙自俭的《民国时期铁路工人群体研究:以国有铁路工人为中心(1912—1937)》(2013)一书,则为目前有关此问题最为详尽的著作,其中有关铁路工人组织以及铁路工人和政府关系的部分,颇具特色。④

在铁路员工中,笔者以为技术工人特别值得重视,而有继续研究的必要。

铁路界的技术工人,最重要的是机械工人,其来源有以下两种:

第一,外资工业。近代机械工人的产生,始于鸦片战后外资工业的

---

① Pedith Chen, "In Search of the Southeast: Tourism, Nationalism, and Scenic Landscape in Republican China," *Twentieth-Century China* 43:3 (Oct. 2018), pp. 207-231.

② 张瑞德,《中国近代铁路事业管理的研究——政治层面的分析(1876—1937)》,第4—5章。

③ Stephen L. Morgan, "Chinese Railway Lives, 1912-1937," unpublished Ph. D. dissertation, Australian National University, 1995; Idem, "Personnel Discipline and Industrial Relations on the Railways of Republican China," *Australian Journal of Politics and History* 47:1(2001), pp. 24-38.

④ 孙自俭,《民国时期铁路工人群体研究:以国有铁路工人为中心(1912—1937)》(郑州:郑州大学出版社,2013年)。

雇工,如 1845 年外资开始在广东设立船坞。五年之后,上海也出现了外资的船坞,所雇佣的熟练技工,第一批即来自广东。甲午战后,列强在各通商口岸大量设厂,自行训练了许多粗细工人和工头。

第二,国人自营的公民营工业。1860 年代,清廷开始经营近代军事工业,其中尤以江南制造局、福州船政局和天津制造局三大局最为重要,日后陆续创办的中小型兵工厂,技术工人即多与此三局有关。

据统计,1894 年时,清政府经营的军事工业和煤铁业雇用工人人数约为 12,000—13,000 人。至于早期的民营工业,大多集中于各通商口岸,甲午战前民营造船、铁工、机器修理业的雇佣工人人数,则已有 27,000 余人[1]。

铁路界机械工人的来源既如此多元,则早期轮船业和兵工业与铁路界之间技术工人的流动情形,甚至整个近代中国的技术工人群体,即成为亟待研究的重大课题。

六、铁路土地取得问题

购地的支出占铁路修筑成本比例甚高,征购的过程也关乎地方社会的稳定,因此这成为晚近学者所关注的议题之一。

丁戎研究津浦铁路的购地问题,发现购地过程中购地总局非常注意与地方合作,授予绅士购地员司一职,作为沟通路局与民众的桥梁。购地时如遇纠纷,购地总局即会推出购地委员、地方官员、乡绅、地保,经由官员的权威和乡情的软化,每每能将事情解决。[2] 美国学者柯莉莎(Elisabeth köll)则利用一些德国档案,指出津浦路公司为了避免引

---

[1] 张瑞德,前引书,页 185—189。

[2] 丁戎,《津浦铁路工程时代建设用地购买问题解读》,《兰台世界》,2012 年第 4 期。

发抗议及冗长的交涉，所提供给地主的每亩价格常高于当地市场价格。许多中介甚至成功地将地主的土地划归为坟地，借以在谈判过程中议得较高的价格。柯莉莎发现除了津浦铁路，其他铁路对于沿线坟地也多有优惠的补偿办法，如中东铁路对迁坟的地主即多给八两补偿金。根据美籍工程司柏生士的回忆，此种优厚的补偿方案不仅有助于路方取得土地顺利施工，也造成地方上一些炒地人士每当获知路线图，即接洽沿线坟地所有人，为他们申办八两的迁坟补助，中间人也可从中获取中介费。① 不过沈悦和谭桂恋的研究却指出，中东铁路公司对土地征购及农作物的赔偿，未能给付合理的价格，尤其是在南满支线一带根本无法令居民另谋生路，造成抗拒风潮层出不穷。②

至于中国自办的铁路，曾伟对于萍乡铁路的研究发现，萍乡铁路的土地征购过程为路矿当局、地方政府和沿线世家大族三方面博弈的结果。从征购价格来看，家族势力决定了地价从优，沿线民众也共沾其利；至于征地机构，则由路矿当局联合地方政府，延聘地方士绅组织购地局完成。在征购过程中，路矿当局遵循民间土地交易习惯，对私用和公用采取灵活变通的交易方式，保持公用的收入和所有权结构不被改变。此外，针对失业业主和佃农，路矿当局与地方政府也予以相当的安置。③

进入民国以后，由于民智渐开，铁路的土地征收问题日益复杂，稍有处置不当，即易引发社会动荡。例如1932年秋至1933年春，上海为

---

① Köll, *Railroads and the Transformation of China*, pp. 38-40.

② 沈悦，《东省铁路研究（1897—1913）》，未刊博士论文，吉林大学，2014年；谭桂恋，《中东铁路的修筑与经营（1896—1917）：俄国在华势力的发展》（台北：联经出版公司，2016年），页154—161。

③ 曾伟，《近代土地的征购及其实现——以萍乡铁路为例》，《中国社会历史评论》，第17卷下（2016年），页191—205。

兴建京沪、沪杭甬铁路联运总站征地,引发民众的请愿行动,国民政府铁道部等机构,京沪、沪杭甬铁路管理局,上海市政府,被征收区域的基层官民,甚至中共地下党均先后卷入,使一次单纯的土地纷争演变为一场严重的社会风潮。岳钦韬等人对此事件所作研究,认为铁道部暂停联运总站等工程的原因,除了日军入侵热河时局不定外,征收者和被征收者的对抗和土地征收的失败也是关键性的因素。① 铁道部采纳了京沪、沪杭甬铁路管理局长陈兴汉违背上海市政府"大上海计划"理念的规则方案,因此,"大上海计划"流产的主因并非如前人所说的战争②,而是与铁路改造规则的中辍密不可分。③

七、铁路对集市的影响

关于铁路的出现对于近代中国城镇体系所产生的影响,近三十年的研究成果丰硕④;对于集市的影响研究虽少,但是甚具特色。⑤ 上个

---

① 岳钦韬,《民国时期的铁路土地征收与社会风潮——以京沪、沪杭甬铁路上海联运总站征地案为例》,《民国档案》,2016 年第 1 期。

② 郑祖安,《国民党政府"大上海计划"始末》,收于:谯枢铭等,《上海史研究》(上海:学林出版社,1984 年);余子道,《国民政府上海都市发展规则论述》,《上海研究论丛》,第 9 辑 (上海:上海社会科学院出版社,1993 年); Kerrie L. MacPherson,"Designing China's Urban Culture:the Greater Shanghai Plan, 1927-1937," *Planning Perspectives* 5:1 (1990), pp. 39-62;张晓春、常青,《文化适应与中心转移:近现代上海空间变迁的都市人类学研究》(南京:东南大学出版社,2006 年);俞世思,《1929 年"大上海计划"的特点及其失败原因初探》,《历史教学问题》,2014 年第 3 期。

③ 岳钦韬,《土地征收与"大上海计划"之铁路改造规则的中止》,《上海师范大学学报(哲学社会科学版)》,2016 年第 4 期。

④ 江沛等人的《城市化进程研究》(南京:南京大学出版社,2015 年)为较新的集大成之作。

⑤ 熊亚平、张利民,《近代华北集市(镇)研究述评》,《河北广播电视大学学报》,2013 年第 12 期。

世纪的学者如加藤繁和施坚雅(G. William Skinner)均认为,交通的发达将导致基层集市的衰亡。[1] 施坚雅在 1985 年的一篇论文中甚至推测,运输条件改善所引发的现代化力量,一方面会使得城镇中的固定商铺成为农民主要的采购地点,另一方面也会使得许多集市在 20 世纪结束前消失。[2]

　　进入 21 世纪后,罗斯高(Scott Rozelle)等人的实证研究则指出,施坚雅的理论可用于解释清末民国时期的集市,乃毋庸质疑,不过 1949 年以后的情况较为复杂,除了交通运输外,尚需考虑政府的租税、土地和金融政策。[3] 王庆成有关近代华北集市的研究,也对施坚雅交通现代化使基层集市消亡的说法提出了质疑。他指出,定县在 1850 年时有集市十二处,至 1920 年代末(即当京汉铁路通过二十余年后),集市却剧增至八十三处。可能有若干小集市数量未被列入 19 世纪的数字,但 20 世纪集市数量较 19 世纪为多,殆无疑问。因此,交通和商业的发展并不一定会导致集市数的锐减。[4]

　　免平清的研究发现,铁路的开通固然促进了定县农产的商品化,降低了农民的自给性,使之对商品和市场的依赖性增强,但是定县即使有

————————————

　　[1]　加藤繁,《清代に于けるの定期市》,《东洋学报》,第 23 卷第 2 期(1936 年 2 月),页 1—52;G. William Skinner, "Marketing and Social Structure in Rural China, Part I. ", *Journal of Asian Studies* 24:1 (November 1964), pp. 3-43; "Part II", 24:1 (February 1965), pp. 185-228; "Part III", 24:3 (May 1965), pp. 369-99.

　　[2]　G. William Skinner, "Rural Marketing in China : Repression and Revival," *The China Quarterly* 103 (1985), pp. 393-413.

　　[3]　Scott Rozell, Jikun Huang and Vincent Benziger, "Continuity and Change in China's Rural Periodic Markets," *The China Journal* 49 (January 2003), pp. 89-115.

　　[4]　王庆成,《晚清华北的集市和集市圈》,《近代史研究》,2004 年第 4 期。

铁路过境,县内运输也仍以人力和畜力为主。最普遍的为骡马拉的大车,每日可行 80 里;另外一种较普遍的运输工具为手推独轮车,每日可行 70 里,直到 1925 年才开始有汽车从事客货运输。在此种运输条件下,农民商品的买卖不可能到较高级的中心地去交易,基层集市也就不可能消亡。①

最近十年,定州②的交通正高度发展,铁路、高速公路贯穿全境,公路有国道、省道、市级公路和乡、村级公路,几乎所有的村落均有水泥公路,机动车辆在农村十分普及,施坚雅所称市场体系内部的现代交通网络,基本上已具备。但是,定州乡村的基层集市未如施坚雅理论所预期的随着交通的发达而走向衰亡,仍有近百处集市按照传统的集期安排在运作,集镇等中间市场也未有较显著的发展,施坚雅所描述的农村市场的等级性并不明显。村集和镇集除了由于地理位置和交通条件不同,集市的规模大小不同外,集市所见货物的种类大同小异,贩卖商品的基本均为流动商贩,集期也都是每旬两集。镇的店铺数量大多尚未达到每日成市的程度,集镇店铺化、常市化和城镇化的步伐也都很缓慢。③

传统集市依然兴盛的另一个主要原因为农村剩余劳动力过多,在无法顺利向现代化产业部门或城市转移的情况下,利用传统的集市体系从事专职或兼职的商业活动成为他们的一种重要的收入来源。而且,便利的交通体系和交通工具使得这些商贩更容易到达更多、更远的

———————

① 奂平清,《施坚雅乡村市场发展模型与华北乡村社会转型的困境——以河北定州为例》,《社会主义研究》,2008 年第 4 期。

② 1986 年撤县设市,称定州市。

③ 奂平清,《华北乡村集市变迁、社会转型与乡村建设——以定县(州)实地研究为例》,《社会建设》,2016 年第 5 期。

基层市集和庙会进行商业活动,乡村居民也可以就近在集市或庙会购得大部分的日用商品,如此又进一步地维持了传统集市的延续和发展。[①] 郑清波的研究则更进一步指出,从定县基层集市的演变可以看出,制度、政策等外部因素仍扮演重要的角色,例如政府对农村发展的重视程度,是否有好的制度和政策,以及更多资金和技术的投入。农村本身仍是解决农村问题的主要途径,城市化只是解决农村问题的一种途径,而非根本途径。[②]

八、超越现代化范式

近三十年来,欧美各国由于汽车的大量普及造成了严重的交通阻塞和空气污染,一些国家开始推行摆脱过度依赖汽车的交通政策。在过去制定运输政策时,所有的讨论均集中于如何节省时间和金钱,嗓门最大的永远是工程师和规划师。但是现在不同了,1998 年最早推出无人式自行车出租系统的荷兰,在制定运输政策时,即曾邀请历史学者参与,希望能汲取历史的经验,摆脱近代以来"物竞天择,适者生存"的"达尔文式"思考模式("Darwinist" thinking)。[③] 交通史学者也开始关注一些新的议题,例如李玉一篇名为《从速度的角度观察近代中国——以轮船、火车为例》的论文,即指出近代中国相对于古代,"速度"不断提

[①] 奂平清,《华北乡村转型的困境与城市化道路——以河北定州为例》,《中共中央党校学报》,2008 年第 3 期。

[②] 郑清波,《从基层集市演变透视农村发展路径——以民国以来定县为例》,《中国经济史研究》,2018 年第 3 期。

[③] Bert Toussaint, "Using the Usable Past: Reflections and Practices in the Netherlands," in Colin Divall, Julian Hine and Colin Pooley, eds., *Transport Policy: Learning Lessons from History* (Burlington, VT: Ashgate Publishing Company, 2016), pp. 15-30.

升,尤其是在交通运输方面,轮船和火车不仅带给社会"快"的体验和观念冲击,而且也扩大了"快"的经济和社会效应。① 相反的,也有学者开始研究乘客在搭乘交通工具之前的"等待史"("histories of waiting")。②

当代学界对现代化的反省也使得学者重新检视铁路和其他传统运输的关系,例如 Ralf Roth 和 Colin Divall 合编的《从铁路到公路再回到铁路? 百年运输竞争和依赖》(*From Rail to Road and Back again ? A Century of Transportation and Interdependency*)③一书即探讨过去一世纪欧洲铁路和公路的关系。铁路的快捷和廉价自然是过去所无法想象的,不过欧洲铁路的优势自 20 世纪前期起逐渐为公路所取代,直至 21 世纪才有再度复兴的现象。此书所收集的论文大多认为欧洲近百年铁路和公路之间的关系,并非只是简单的竞争关系,而是相互依赖的关系。

根据晚近的研究,西北欧和美国自 1700 年代起内陆运输曾有所改善,但是在中国、印度和日本等国家,只有到铁路出现后,内陆货运费用和时间才有显著的下降,原因在于这些国家 18 世纪后期和 19 世纪初期在道路和水运网方面改善的程度,无法与西北欧和美国相比。④

近代中国由于铁路建设相对落后,因此并未发生为公路所取代的

① 李玉,《从速度的角度观察近代中国——以轮船、火车为例》,《暨南学报(哲学社会科学版)》,2017 年第 11 期。

② Robin Kellermann, "Waiting for Railways, 1830-1914," in Christopher Singer, Robert Wirth and Olaf Berwald, eds. , *Timescapes of Waiting* (Leiden: Brill, 2019), pp. 35-57.

③ Burlington, VT: Ashgate Publishing Company. 2015.

④ Dan Bogart, "Clio on Speed: A Survey of Economic History Research on Transport," in Claude Diebolf and Michael Heaper, eds. , *Handbook of Cliometrics* (Berlin : Springler, 2016), pp. 4-5.

现象。铁路与其他运输工具之间的关系较为复杂,这也逐渐成为学者关注的议题,例如张学见的研究发现山东在没有铁道之前,陆地交通孔道有二:一由历城县经德县、河间而通天津、北京,其支路经益都、掖县、蓬莱市达于芝罘;一由德县的大路沿大运河东南行,经聊城、泰安、滋阳等县,达江苏铜山县,沿途均为康庄大道,是为古时南往北来的要道。此种驿道轨迹随着 1904 年胶济铁路、1912 年津浦铁路的开通运行,以及之后公路建设的起步而终结。原为南北交通孔道的小清河、大运河、黄河,随着地理环境的变迁,逐渐失去以往的运输功能,同时加上津浦、胶济铁路、各种公路的通车,在和这些现代运输工具竞争时更显得力不从心。不过铁路本身所能影响的区域有限,仍需要内陆河运及诸多公路的配合。同时由于民国时期政局动荡,战争频繁,加上各种苛捐,均削弱了铁路的运输功能,使得传统运输方式在特殊时空下仍能与铁路展开竞争。[①] 郭海城对于陇海铁路的研究也发现,关中自古即因其政治区位的优势而拥有发达的交通网络,后因政治区位优势的丧失而导致交通的衰退。不过关中在进入铁路时代后,局面又开始改变。传统水运、近代公路运输均受冲击,但并未退出运输市场。在此过程中,原有交通体系逐渐重构,最后建立起以铁路为中心、其他运输方式与之既竞争又互补的新的交通体系。[②] 杨向坤和李玉的论文更进一步指出,战前陇海铁路局和招商局以连云港为中心的联运机制,不仅为战前中国运输网的形成作出重大贡献,也促进了中西部地区和东部沿海地区

---

① 张学见,《青岛港、胶济铁路与沿线经济变迁(1898—1937)》,未刊博士论文,南开大学,2012 年,页 56—69。

② 郭海成,《陇海铁路与近代关中交通体系的重构》,《兰州学刊》,2013 年第 3 期。

的贸易往来,进而使连云港迅速成为重要的准港口城市。[①]

九、铁路对环境与疾病的影响

铁路的出现对环境和疾病的影响,也是铁路史研究超越现代化范式后所关注的重要议题。铁路对环境的破坏,最明显的例子即为东北森林资源的大幅减少。根据范立君和曲立超的研究,中东铁路的修筑给松花江流域的森林资源带来了极大的影响。森林的开采促进了采木业和林产业的发展,为北满木材市场的形成奠定了基础,东北的林业工业也随之兴起。不过,沙俄在经营铁路的同时,对森林进行了大规模的掠夺和破坏,导致森林资源的大幅削减,水土流失,水灾不断,以森林为主要活动范围的野生动物逐渐减少,如东北虎、梅花鹿,面临灭绝的危机,野猪、黑熊、豹子的数量也大为减少。[②]

刘振华的博士论文《被边缘化的腹地:近代南阳盆地社会变迁研究(1906—1937)》,也关注到铁路出现后南阳盆地环境的变化。南阳原为河南省一大城市,南通襄阳,北达汝洛,西连关陕,东带江淮,形势重要。近代以来,随着南阳盆地水陆交通的衰落,特别是清末京汉铁路的修筑,南阳盆地由此远离交通干道中心,加上荆襄驿道地位下降,因此丧失了水陆交通枢纽的优势。唐、白河过去在南北交通上曾有一些水陆联运的作用,京汉铁路通车后,船只骤然减少,同样也加速了唐、白河的淤塞。城内过去借水陆交通便利的市镇经济迅速衰退,致使南阳盆地长

---

① 杨向坤、李玉,《联以兴港:水路联运与连云港经济变迁》,《安徽师范大学学报(人文社会科学版)》,2018 年第 5 期。

② 范立君、曲立超,《中东铁路与近代松花江流域森林资源开发》,《吉林师范大学学报(人文社会科学版)》,2009 年第 3 期。

期陷于停滞不前的状态。①

岳钦韬则以 1920 年代初沪杭甬铁路所引起的一次群众事件为例,探讨近代铁路建设对太湖流域水文环境的影响。1921 年江浙地区发生严重水灾,地方官绅将矛头指向沪杭甬铁路,认为铁路阻碍水流,要求路方拆堤筑桥,恢复原有河道,同时增加沿线涵洞。双方为此在交通部、浙江省长公署等部门间展开了两年多的交涉,最后交通部同意筑桥,事情才圆满落幕。岳钦韬发现铁路的修筑并非导致太湖流域水患的关键性因素,但铁路作为开凿江南运河后最大规模的人造工程,仍然改变了明清以来形成的流域水文环境。②

至于铁路和疾病的关系,John P. Tang 的研究发现,长期来看,铁路的发达使得民众接近医疗公卫设施,所得增加,因此有益于健康,但是短期的影响却不清楚,因为市场整合后潜在患病的机会增加。他发现日本近代铁路的发达使得经过区域的粗死亡率(gross mortality rates)增加了 6%,主要原因在于铁路有利于疾病的传染。③ 在中国史方面,余新忠和杜丽红讨论 1910—1911 年东三省爆发大规模鼠疫,铁路在其中所扮演的重要角色。自此,铁路的防疫工作逐渐受到重视。④夏茂粹也利用中国第二历史档案馆的防疫档案,对 1918 年流行的肺鼠

① 刘振华,《被边缘化的腹地:近代南阳盆地社会变迁研究(1906—1937)》,未刊博士论文,南京大学,2011 年。

② 岳钦韬,《近代铁路建设对太湖流域水利的影响——以 1920 年代初沪杭甬铁路屠家村港"拆堤筑桥"事件为中心》,《中国历史地理论丛》,2013 年第 1 期。

③ John P. Tang, "The Engine and the Reaper: Industrialization and Mortality in Late Nineteenth Century Japan," *Journal of Health Economics* 56(December 2017), pp. 145-162.

④ 余新忠等著,《瘟疫下的社会拯救:中国近世重大疫情与社会反应》(北京:中国书店,2004 年);杜丽红,《清末东北鼠疫防控与交通遮断》,《历史研究》,2014 年第 2 期。

疫中的铁路防疫工作进行了探讨。[①] 黄华平则研究近代中国铁路卫生制度和铁路卫生体系,发表过多篇论文。[②]

十、铁路与日常生活

铁路的出现对于日常生活产生极大的影响。晚近学者尝试从各方面加以研究。如丁贤勇《新式交通与生活中的时间:以近代江南为例》一文指出,轮胎、火车等新式交通工具的出现,使人们开始确立"科学的"时间观念,开始从看天空转变为看钟表来确定时间,标准时间开始出现并逐步取代地方性时间。新式交通改变了人们生活中的时间节奏和对时间的感知,也使人们有了"时间就是金钱"等近代观念。[③]

美国学者柯莉莎则认为,铁路确实改变了社会菁英的时间观念,但是对一般农民是否也是如此,仍有待研究。柯莉莎早年研究大生纱厂,发现一般农民由于无表可用,通常提前甚久抵达工厂。[④] 因此她认为,一般农民在搭火车时通常也会在车站耗费多时候车,由国府成立后,仍需在小学教科书中再三强调搭火车时应如何守时、排队,即可看出。[⑤]

在饮食文化方面,根据晚近学者张宁、马义平、毛勇等人的研究,19

---

① 夏茂粹,《民国防疫档案与铁路客运防疫》,《北京档案》,2004 年第 4 期。

② 黄华平,《1900—1937 年中国铁路卫生建制化述论》,《江西社会科学》,2011 年第 11 期;黄华平,《国民政府铁道部时期的铁路卫生体系述略》,《南方论丛》,2012 年第 1 期;黄华平,《南京国民政府时期铁路卫生保健事业探析》,《江西社会科学》,2013 年第 8 期。

③ 丁贤勇,《新式交通与生活中的时间:以近代江南为例》,《史林》,2005 年第 4 期。

④ Elisabeth Koll, *From Cotton Mill to Business Empire: the Emergence of Regional Enterprises in Modern China* (Cambridge, Mass.: Harvard University Press, 2003), chap. 4.

⑤ Koll, *Railroads and the Transformation of China*, pp. 144-147.

世纪末 20 世纪初,在中国的德商引入食物脱水技术,利用长江流域既有的蛋业组织收购鸡蛋制作蛋粉,此项技术迅速被华商吸收,并沿京汉、津浦、陇海等铁路扩散至沿线地区。例如,京汉与道清铁路交会处的新乡,由于交通便利,极早便有洋行来此处收蛋,对制蛋技术也掌握得较早,当地绅商不但借此在河南各地开设蛋厂,还扩及邻近的冀、鲁、晋等省。甚至有数据显示,全国各地凡新设蛋厂,每多至新乡雇用技工。[①]

张宁的研究还发现近代中国蛋品工业对中英两国饮食内容的改变与统一。英国的餐饮业受惠于蛋品的物美价廉,得以建立起大量的连锁小吃店,提供廉价的简式午餐,外食人口因此增加;糕饼业由于不再受限于鲜蛋生产的季节性,可以全年烘制松软的蛋糕,下午茶的内容因之改观,甚至大量生产蛋糕、饼干的公司也开始在英国出现。清末外商蛋厂未配合欧美国家只食鸡蛋、不食鸭蛋的饮食习惯,采购、加工出口华蛋,在此生产链影响下,中国人日常的饮食习惯也逐渐像欧美一样,以鸡蛋为主,鸭蛋退居微不足道的地位。[②]

美国学者 Robert M. Schwartz 研究 1840—1914 年的英国渔业,发现英国铁路发展后,鲜鱼成为一般大众的日常消费内容;另一方面由于低价美国小麦的大量进口,许多农民被迫将种植小麦的耕地改种畜牧业所需要的牧草,转为生产乳品。作者也指出,铁路(加上轮船)的发展使得海洋渔业和渔产加工业的生态基础受到侵蚀,渔民开始关心过

---

① 张宁,《技术、组织创新与国际饮食变化:清末民初中国蛋业之发展》,《新史学》,第 14 卷第 1 期(2003 年 3 月),页 12—13;马义平,《铁路与 1912—1937 年间的豫北工矿业发展》,《史学月刊》,2010 年第 4 期;毛勇,《铁路与新乡城市的兴起(1905—1937)》,未刊硕士论文,郑州大学,2010 年。

② 张宁,前引文,页 40—41。

度捕捞的问题。[1] 此项研究与张宁的研究,颇可相互补充。不过也有学者研究民国时期江浙渔业,发现浙江临海的渔业在当地虽然是最重要的经济活动,但是由于没有铁路和其他县市相连,公路的质量也不佳(路基为泥土),因此渔业市场仍是一个传统的市场体系。[2]

十一、人事数据的运用

近代中国的铁路事业规模庞大,从业人员众多,大量的人事资料近年来为学者所关注,开发出一些新的研究议题,以下试举两个例子加以介绍。

澳洲学者司马辉曾利用铁路员工的体检资料,从事身高史(history of height)的研究。

晚近学界对于近代中国经济的看法,已大多放弃传统的悲观论调,而认为 19 世纪末至 20 世纪初的中国经济有持续稳定的成长,不过对于经济成长的果实是否能够平均分配至各地区和各阶层,则仍有争议。传统的研究大多利用一些零散的工资、粮食、棉布的消费等数据进行分析,司马辉曾利用上万名国营企业及政府机关(主要为国有铁路)员工于 1933—1949 年间的体检资料进行研究,结果发现 1890 年代至 1920 年代之间中国某些区域民众的身高(即生活水平)确有成长。[3]

---

① Robert M. Schwartz, "The Transport Revolution on Land and Sea: Farming, Fishing, and Railways in Great Britain, 1840-1914," *Journal of History of Science and Technology* 12(2018), pp. 106-131.

② 杨金客,《民国时期江浙渔业研究(1912—1937)》,未刊硕士论文,安徽大学,2018 年,页 67。

③ Stephen L. Morgan, "Economic Growth and the Biological Standard of Living in China, 1880-1930," *Economics and Human Biology* 2(2004). pp. 197-218.

经济学者余契特曼(Noam Yuchtman)等人,则曾利用一份津浦铁路职员录所收录的八百余名员工 1929 年的人事数据(包括年龄、籍贯、学历、经历、到差服务时间、叙薪等级)探讨新式教育和旧式教育对于薪资的影响。作者根据《铁道年鉴》(1932)的数据将叙薪等级转换为具体薪资金额,结果发现教育(不论新式教育或旧式教育)的薪资溢价(salary premiums)确实存在,每年教育的回报约为 9%。[1] 而受过大学教育的职员,薪资约比仅受过传统教育的职员高出 40%,尤其是工程类大学毕业生的薪资,平均要比拥有科举功名的职员高 100%,而其他法、商科毕业的职员薪资,则比传统教育背景的职员高 40%左右。此外,仅有传统教育背景的职员大多不在管理及技术部门任职,而只能担任文书部门的基层工作。因此除了受教育的年限长短之外,教育的内容在经济发展过程中也扮演着重要角色。[2]

十二、结论

近三十年的中国铁路史研究,摆脱了革命史的范式而进入了现代化的范式,最近又有学者试图超越现代化范式,开始关注铁路所带来的负面影响。实则帝国主义对中国铁路的影响也不容忽视,仍有许多问题值得探究。近三十年来的铁路史研究虽然相对于过去有突飞猛进的发展,但也和其他许多专门史一样,均面临严重的低水平重复和日益碎片化的危机。笔者认为,解决之道除了发掘未经人利用的中外文档案

---

[1] Yuyu Chen, Suresh Naidu, Tinghua Yu, Noam Yuchtman, "Intergenerational Mobility and Institutional Change in 20th Century China," *Explorations in Economic History* 58(2015), pp. 44-73.

[2] Noam Yuchtman, "Teaching to the Tests: An Economic Analysis of Traditional and Modern Education in Late Imperial and Republican China," *Explorations in Economic History* 63(2017), pp. 70-90.

材料外,还在于穿越原有的铁路史边界,和其他专门史甚至其他学科的相关议题进行对话。本文所提及的各种研究成果,作者的出身即涵盖了历史学外的政治学、经济学、地理学、社会学、艺术和文学等各种学科。本文乃就个人阅读兴趣所及,列举一些值得关注的研究成果,并提出一些值得做进一步研究的课题,抛砖引玉,希望能够激发大家的讨论与研究。

前　言

　　当代研究经济发展的学者,大多认为政府部门在发展中国家的发展过程中应扮演重要的角色。但是清末时期,由于政府的财政困窘,实无能力全面从事大规模的建设[1],以致在西力冲击下所发动的经济发展计划,除了一些有限的制度兴革(如设立商部、颁布商业法规等),以及新式企业的鼓励外[2],持续推动的建设仅有铁路一项。在清末官绅的眼中,除了国防的利益外,铁路将广泛地刺激各部门的成长,而使中国达成富强的目标。[3]

---

　　[1]　据学者王业键的估计,1908 年清朝政府的税收仅占该年国民生产净值(NNP)的百分之二点四,而有些学者则主张一般低所得国家在经济发展过程中,政府部门至少应占国民生产总值(GNP)的百分之十二。参阅:Yeh-chien Wang, *Land Taxation in Imperial China*, *1750-1911* (Cambridge, Harvard University Press, 1973), p. 133.

　　[2]　详见:李陈顺妍,《晚清的重商主义运动》,《中研院近代史研究所集刊》,期 3 上册(1972 年 7 月),页 207—221;王尔敏,《中国近代之工商致富论与商贸体制之西化》,收于:中研院编,《中研院国际汉学会议论文集》(台北:编者印行,1981年),历史考古组,下册,页 1215—1216;Wellington K. K. Chan, *Merchants*, *Mandarins and Modern Enterprise in Late Ch'ing China* (Cambridge: Harvard University Press,1977), p. 157-234.

　　[3]　清末官绅对于铁路价值的讨论,详见:张瑞德,《平汉铁路与华北的经济发展(1905—1937)》(台北:中研院近代史研究所,1987 年),页 7—9、219。

经过半个多世纪的经营,铁路在中国已有相当程度的进展。据统计,1933 年时,全国的国有铁路已有 1 万余公里,经过的区域达 19 行省,资产有 8 亿 6,000 余万元,负债在 12 亿元以上,全年载运旅客 4,500余万人,载运货物 2,700 余万公吨,营业进款 1 亿 4,800 余万元,营业支出 1 亿 600 余万元,员司人数超过 12 万人①,虽然仍无法和先进国家相比②,但已是中国近代的最大企业。铁路为近代科技的产物,性质特殊,不同于一般行政业务,故其管理机构必须有完善的组织,职责分明,既有高度蜕分的结构,且有圆融整合的性能,方能收指臂运用的功效;人员方面,需有专门的技术人才和管理人才,以担任兴筑和营运的工作。而铁路在中国为一新兴事业,如何经营,全无前例可循,因此其组织结构如何设计,以应付繁杂的业务需求? 其效能如何? 十万以上的技术、管理人才及下级员工如何培育、引用及管理? 铁路机构及人员的专业化具有何种历史意义? 凡此均为值得探讨的问题。

此外,铁路的投资如同其他的社会公财(social overhead capital),其形成(gestation)与获得利益所需的时间较长,规模巨大③,因此不论国营、民营,均需有长期安定的政治、社会环境,方能维持而渐臻于发展。而且铁路的发达并非全由其本身所能为力,以国家安定,工商业同时发展,铁路始可发挥功能,两者乃休戚相关。我国创办铁路,则适值

---

① 铁道部总务司统计科编,《民国二十二年份中华国有铁路统计总报告》,出版时地不详,散见各页。

② 根据统计,美国在 1933 年时所营运的铁路已有 40 余万英里,全年载运旅客 4 亿 3 千余万人,载运货物 6 亿 8 千余万吨,营业进款 31 亿 3,000 余万美元,营业支出 22 亿 8,000 余万美元,员工人数近百万人。参阅:U. S. Bureau of the Census, *Historical Statistics of the United States: Colonial Times to 1970* (Washington D. C.: U. S. Department of Commerce, Bureau of the Census, 1975).

③ Everette E. Hagen, *The Economics of Development* (Homewood: Richard D. Irwin, Inc., 4th ed., 1986), p. 171.

清廷衰弱之际,外侮日亟,民情激荡,初有筑路与否之争,继有国有、民有之争,清廷且因此而倾覆。民国成立后,内战不息,铁路备受摧残,东北各省虽能积极建筑新路,而九一八事变爆发,即以铁路问题为导火线,抗日战争全面开始后,铁路再受重创,更有进者,清末以来为修筑铁路所举借外债,其中每多包含政治目的,更增加了铁路问题的复杂性。凡此种种,对中国所产生的正负影响,至今依然众说纷纭,有待探讨。影响企业经营的外在环境因素极多,除政治环境外,尚包括经济环境、技术环境、制度环境等,而影响中国近代铁路经营最大者,显然为政治环境,即使是企业内部组织运作及人事,也无一不受到政治文化及政治局势的影响。因此,如果研究中国近代的铁路营运管理,而忽略了政治层面的分析,将无法深入了解此一企业的性质。

　　由于铁路对于中国近代政治、外交、社会、经济各方面均有极大的影响,因此铁路史的研究在过去四十年中受到学界广泛的重视,研究成果也至为丰富。早期的研究方向,大多侧重于外交史的研究[1],最近十年的研究范围则广泛地遍及政治、军事、外交、社会和经济各

---

　　[1]　所出版的专书包括下列几种:E-tu Zen Sun, *Chinese Railways and British Interests*,*1898-1911*(N. Y. : King's Crown Press, 1954);李国祁,《中国早期的铁路经营》(台北:中研院近代史研究所, 1961 年);Lee En-han, *China's Quest for Railway Autonomy*,*1904-1911*: *A Study of the Chinese Railway-Rights Recovery Movement* (Singapore: Singapore University Press,1977).

方面①,而其中又以经济史的研究最盛。学者每多由经济学观点,讨论铁路事业的各种产出(outputs),如营业收支、资产负债、财务结构、客货运载运量,以及铁路对各项产业活动、都市化及所得分配的影响,而鲜有学者从此一事业的外在环境及组织运作、人事管理、组织目标等投入(inputs)方面加以探讨。② 本文的目的即希望能弥补此一缺漏,并以此事业的管理经验为例,观察中国近代政府部门在外在新兴情势的要求下,扩张其职能,积极介入经济事务时,在组织及人事上所作调整的成效,并借以略窥中国现代化的历程及其所遭遇到的问题。

企业管理的范围甚广,本书仅从事政治层面的分析,拟依次检讨中国近代公营铁路事业的外部环境、组织结构及人事管理形态三项因素

---

① 所出版的专书和博士论文包括下列几种:何汉威,《京汉铁路初期史略》(香港:香港中文大学出版社,1979 年);宓汝成,《帝国主义与中国铁路(1847—1949)》(上海:上海人民出版社,1980 年);CK. Leung, *China: Railway Patterns and National Goats* (Chicago: Department of Geography, University of Chicago, 1980);简笙簧,《粤汉铁路全线通车与抗战的关系》(台北:商务印书馆,1980 年);Chao Wei, "Foreign Railroad Interests in Manchuria: An Irritant in Chinese-Japanese Relations, 1903-1937," Unpublished doctoral dessertation, St. John's University, 1980; Ernest P. Liang, *China: Railways and Agricultural Development, 1875-1935* (Chicago: Department of Geography, University of Chicago, 1982); Wang Yingnan, "La Resistance de la Chine à la Politique Continentale Japonaise à Travers les Problèmes de la Construction Ferroviaire en Manchou rie (1905-1921)." unpublished Ph. D. dissertation, Paris III, 1983; Ralph William Huenemann, *The Dragon and the Iron Horse: The Economics of Railroads in China, 1876-1937* (Cambridge: Harvard University Press, 1984); Cheng-kuang Hsu, "Foreign Interests, State and Gentry-Merchant Class: Railway Development in Early Modern China, 1895-1911," Unpublished doctoral dissertation, Brown University, 1984;张瑞德,《平汉铁路与华北的经济发展(1905—1937)》(台北:中研院近代史研究所,1987 年);王树槐,《近代中国的铁路发展》(稿本)。

② 唯一例外的是 Wayne Altree, "A Half-Century of Administration of the State Railways of China," *Papers on China*, 3(1948), p. 78-133.

对于组织效能的影响,外部环境的讨论仅限于列强势力的影响和国内政治的秩序两项最重要的政治环境;影响组织效能的其他因素,如财务系统、行销系统等,均不在讨论范围之内。此外,公营铁路并不限于国有者,如胶济定为民业而尚由国家经营,漳厦、南浔本为民业而由国家代管,均属公营铁路的范围。

一　政治环境

第一章　列强势力的介入

列强势力对中国铁路的介入，除了少数直接投资兴筑铁路外，主要采取贷款形式投资与兴筑铁路。各路借款大抵以本身财产及营业收入为担保，在未开始营业以前，以关、盐税为担保，但合同条件每多苛刻。按普通借款条件，依一般商业上的惯例，应以借款利息、折扣、行佣、还本期限、抵押品等项为限，我国商借外债，则均于普通条件之外，附以种种特别条款，即债权者得享受稽核账目权、分润余利权、管理权、用人权、购料权、存款权等项特别权利，且更有要求续借款优先权、路线展筑权、沿线矿山开采权等，不仅超过债权人应享的权利，且带有浓厚的政治色彩。更有进者，在国民政府成立前，铁路大多为应列强的要求，而允其借款兴筑者，致使路线分布颇多不合理之处，铁路建筑规程和设备规格也因受不同国家的影响而极不一致。本章重点即在讨论列强势力的介入对中国近代铁路营运所产生的正负面影响。

第一节　技术转移

铁路在西方为历经多年的不断研究和发展所获得的成果,而中国却能立即采用最为进步的型式,至为方便。如马建忠在光绪五年(1879)的《铁道论》一文中即已有此认识:

> 溯火车之初创,百病丛生,不知几经改作,已臻今日之美备。人为其劳,我承其易,此时会之可行也。[1]

何启、胡礼垣也有类似的看法:

> 铁路创于泰西,各国仿行,其精日进,中国取他人功利大著之事而效之,是为最便。[2]

由上两段文字即可显示出他们已能充分认识到中国拥有如经济史家格申克龙(Alexander Gerschenkron)所指的"落后的优点"("advantages of backwardness"),一如俄国作家霍米亚科夫(A. S. Khomyakov)早在1845年所写的:"对于铁路,一如在许多其他事物方面,我们尤为幸运,我们毋需竭尽心思,花费力气从事实验,即可坐享他人努力的成果。"[3]

中国近代铁路技术的转移,除了工程方面的硬件技术(hardware)外,尚包括管理方面的软件技术(software),试举二例加以说明。

中国办理铁路之初,缺乏铁路会计方面的知识,由于借款的关系,财权多操于外人之手,故每筑一路即由洋总会计制订各种会计办法及簿记格式,其严密的程度胜于传统中国政府所使用的四柱清册。但是

---

① 马建忠,《适可斋记言记行》,光绪二十二年,卷1,页5下。
② 何启、胡礼垣,《新政真诠》,光绪二十七年,第五编,《铁路篇辩》,页35。
③ Alexander Gerschenkron, *Economic Backwardness in Historical Per-spectives: A Book of Essays* (Cambridge, Mass. : Harvard University Press, 1962), p. 105.

各路所采用的西式会计制度,由于借款关系,每多不一致,致使各路财务状况无法加以比较。民国成立后,交通部在美籍顾问亚当斯(Henry C. Adams,1851-1921)的协助下,将各路会计办法统一。亚当斯曾在美国办理铁路会计统一事宜,历经十余年方告成功;在中国,则由于有了过去的经验,仅花了年余的时间即将各路会计统一,自此每年均有完整的铁路会计统计数字。由于后出转精,其周密的程度,不但在国内各项统计中居于首屈一指的地位,有人认为甚至有独步全球之势。[①]

又如京奉路由于系借英款兴筑,所有公文均采英文。国民政府成立后,全路内外文书改采中文。但是中文文书制度,无论字句程式,艰难繁复,而英文文书制度则简单迅速,而且责任分明,权限清楚。路局乃参照英文文书制度的优点,将中文文书制度予以改良,增加了管理的效能。[②]

近代中国自西方引入铁路技术,固然节省了不少的时间和经费,但是也付出了极大的代价。就引进的技术本身而言,最大的缺点即为技术标准的不一致。

铁路自发明以后,各国的发展不同,又因各国基本工业的基础不同,遂致各国各有其标准,而无法完全互通。我国铁路早期多借外债兴筑,其中以英、法、比、德、日等国为多。借款合同如规定借用某国款项,即每多购用该国的材料,并以借款国籍工程师主持建筑,于是建筑及设备悉采用借款国的习惯与标准。而其时我国以经营铁路未曾自订标准,则一任客卿之所为。不但硬件设施各路不同,即行车规章甚至专门

---

① 叶恭绰,《李懋勋著铁路会计学序》,收于:俞诚之编,《遐庵汇稿》(出版地点不详,1930 年),中编,页 277—278;关于亚当斯的生平事迹,可参阅:Shorty Peterson," Henry Carter Adams," *The Encyclopedia Americana* (Danbury: Grolier Incorporated,1979),Vol. I p. 141.

② 金士宣,《怎样加强北宁路的运输组织和人事管理》,收于:金士宣,《铁路运输经验谭》(成都:正中书局,1943 年),页 27—28。

名称、电报文字等软件设施,也有英、法、日等类别。一路的机车、车辆不能驶入他路[1],或因车钩、风管机造不同而无法与他路机车、车辆联络。一路的行车人员进入他路即感种种生疏,列车载重计算方式不一,过轨检验规则不一,对于路与路间的联运发生极大的阻碍,此种阻碍且因铁路的逐渐展筑而日渐严重。

交通部有鉴于此,乃于民国六年设立铁路技术委员会,网罗交部及各路局技术专家,并延聘中外铁路专门人才,从事讨论规划统一之法。[2] 虽在民国初年已开始作技术统一的准备,然其实乃多在国民政府建都南京以后。此后筑路不论是自筑或与外人合资,均不用外籍人士管理工程,而全由国内工程师主持,于是技术标准虽尚有未能尽同之处,但已逐渐统一。[3]

至于外资铁路经由人员的培育及训练所作的技术转移工作,则将于第四章第二节中讨论。

第二节　外债发行

铁路外债系以铁路本身资产及营业收入,充作建筑借款本息的担保。中国近代的铁路,除一二例外,几全为此类基金所完成。其内容虽包括内债、外债两项,但外债实占其十之八九。推其原因,可分为下列几类:

第一,国内资金缺乏。如甲午战后修筑关内外、京汉路,向英、比借

---

[1]　关于各路轨幅的不一致,可参阅:《中華民国本土鉄道一覧表(未定稿)》(东京:外务省亚细亚局第一课,1931年),散见各页。

[2]　《交通史路政篇》,第一章,页777—788;凌鸿勋,《中国铁路概论》(台北:编译馆,1950年),页170—171;凌鸿勋,《凌鸿勋先生访问记录》(台北:中研院近代史研究所,1982年),页24—25。

[3]　凌鸿勋,《中国铁路之建设》,收于:薛光前主编,《艰苦建国的十年》(台北:正中书局,1971年),页268。

款;又如国民政府成立后,为建设长江南北的陇海、成渝、杭甬、广梅、浦信各路,向英、法借款。

第二,列强的要求。甲午战后,列强为维持在华的均势,划定势力范围,各谋政治、经济的侵略,其方法有二:一为要求租地筑路,如俄之租借旅顺、大连,并自筑中东铁路;德之租借胶州湾,并自筑胶济铁路;法之租借广州湾,并自筑滇越铁路;英之租借威海卫及九龙。一为要求借款筑路,如英之要求五路(京镇,苏杭甬,广九,河南、山西至长江,浦信)借款权,俄之要求正太(后让于法),英、德之合办津浦,英、美、法、德之要求合办汉粤川,日之要求吉长、吉敦、四洮、洮昂等路,均非纯办的商业性质投资。

第三,利用借款充作军政费。民国成立后,为赶筑干路,订立陇海、浦信、同成、宁湘、钦渝、株钦、滨黑等借款,均因欧战影响,债票不能发行,除陇海外,均仅垫款若干,以供政府挪用。安福系执政时,又与日本成立吉会、满蒙四路、高徐、顺济等预备合同,均以获得垫款,提供军政费用,而债权国仅求筑路权的取得,筑路并非所急,垫款用途遂不过问。此项债票既不出售,路工未能进行,垫款本息也无从筹付。[①]

铁路外债可分为长期借款(即正式发行的债票)、材料债款及各种借款、垫款三项。长期借款均系十年以上的借款,曾经正式发行债票,以为建筑铁路之用。材料债款系各路对于外商购买材料所积欠的款项,属于营业负债。至于各种借款、垫款,又可分为三种:一为筑路长期借款,因市面不佳,未曾发行债票者。二为银行或银公司的垫款,以为筹付借款本息之用者。三为已订借款合同,尚未发行债票,仅付垫款以为测量总务费用者。

中国最早的铁路外债为光绪十三年(1887)修建津沽铁路时举借的

---

① 金士宣,《铁路运输学》(成都:商务印书馆,1944年),页390—391。

外债。津沽铁路系由开平矿务局筹建。该年开平矿务局资本不过二十五万两,其中唐胥路的工本占去了相当数目,展修至阎庄时,已感资金不足,乃先后向英商怡和洋行借款六十三万七千余两、德商华泰银行借款四十三万九千余两。① 不过这些借款数目较小,期限又短,并未以铁路作抵,不久也即予还清。甲午战后,朝野上下均认识到筑路的必要,但其时政府与民间均无筹集巨款的能力,于是一举而开大借外债之局。唐胥铁路既试办成功,开始向两端展筑,于是首先向英商中英公司成立借款,归还商股,展筑全路。光绪二十一年(1895)铁路总公司成立,成为借用外债的策动中心,陆续成立卢汉、正太、沪宁、汴洛、粤汉、津浦、道清、沪杭甬、广九等路借款。借款方式大抵系由一银公司或银行团出面,在国外发行债票,而先为整批垫付。其时欧洲对于发展东方颇存希望,且列强之间存有竞争心理,铁路债票虽然偿还期限较长,仍被视为稳妥的投资,故每值发债票,款均有着,而路也得以筑成。民国以后,则按合同发行债票全额者绝少,借款公司或银团大抵以少数垫款搪塞,而以政府目标仅在取得借款以移充军政费,不一定在乎路之必筑。② 一次大战爆发后,欧洲各国无暇顾及东方,中国铁路债票无法售出,以致建设停顿。而自后中国内乱未已,铁路财政紊乱,以往各债票之到期应付息还本者,渐有延误,致使我国铁路债票在欧洲市场的价值日益低落。即至国民政府成立初期,仍无起色,如陇海路于民国十九、二十年间受中原大战的破坏最大,致使该路债票的价值竟跌至面额百分之五。民国二十一年以后,政局渐趋稳定,金融与实业均有蓬勃的气象,铁路当局努力于整理旧债,恢复债信,国际视听为之一新。当时欧洲数国正

---

　　① 李国祁,《中国早期的铁路经营》(台北:中研院近代史研究所,1961 年),页 67。

　　② 凌鸿勋,《中国铁路志》(台北:畅流半月刊社,1954 年),页 102。

奖励出口,并设立出口信用保证制度,使出口商人所负大部分的风险由各该国政府代为负担。其时中国银行界对铁路事业也渐感兴趣,于是开辟了以外资购办材料,而用本国资金为建筑工款的途径,自后浙赣、湘黔、成渝等路材料借款均脱胎于此方式。[①]

据估计,截至民国二十五年底,归交通部负责的铁路外债总额约达国币十亿四千万元,其中以英国为最多,比、德次之,兹比较如表1。

普通借款条件,依一般商业上的惯例,应以借款利息、折扣、行佣、还本期限、抵押品等项为限,近代中国商借外债,则大多于普通条件之外,附以种种特别条款,丧失权利之处甚多,现就各项条件及其对铁路营运管理所造成的影响一一加以讨论。

一、普通条件

(1)利息

此一时期各国国内通行的利率,普通为二三厘,多者为四厘,欧战时始有高至六七厘者。战前中国各路合同,利率则以五厘者居多数,多者有六厘、六厘半、七厘半者,垫款及短期借款甚至高至八厘。[②] 学者 Ralph William Huenemann 统计 1898 至 1913 年间中国以英镑发行的十三种铁路债券,结果显示其投资报酬率为 5.2%,高于同时期的英国铁路债券。[③]

[①] 邱光甫,《中国铁路及其发展的趋向》(香港:自由出版社,1950 年),页 73—74。根据一项资料显示,1936 至 1937 两年间,国有各路债务十分之九已加整理,建筑借款筹措就绪者,计十一路,长六千公里。参阅:金士宣,《铁路运输学》,页 56。

[②] 马寅初,《中国经济改造》(长沙:商务印书馆,1935 年),页 364。

[③] Ralph William Huenemann, *The Dragon and the Iron Horse：The Economics of Railroads in China，1876- 1937* (Cambridge，Mass.：Harvard University Press，1984)，p. 104.

表 1　列强提供铁路外债及其所占比重表(1896—1936)

款额单位:(国币)百万元

国别/数量　时期	总计		英		俄		法		比		美		德		日		荷	
	款额	%	款额	%	款额	%	款额	%	款额	%	款额	%	款额	%	款额	%	款额	%
1896—1906	178	100	82	46	35	19	16	9	32	18	10	6	1.6	1	1.4	1	—	—
1907—1916	508	100	244	48.1	0.6	0.1	93	18.3	28.4	5.6	20	3.9	90	17.7	32	16.3	—	—
1917—1927	162	100	7	4.3	—	—	16	10	16	10	—	—	—	—	108	66.5	15	9.2
1928—1936	195	100	51	26.1	—	—	55	28.3	41	21	—	—	48	24.6	—	—	—	—

资料来源:宓汝成,《帝国主义与中国铁路(1847—1949)》,页365。

依常理判断,外国人民应募其本国的公债,常以其本国市场的利率为标准,至其应募他国的公债,则常就他国的国力、发行的目的、财政的状况、用途的正当等项加以研究后,方愿投资。如近代中国在国际市场发行铁路债券,由于洋人对中国缺乏适当、及时的资讯,认为中国官方及民间企业的财务均极不上轨道;铁路在中国又为新兴事业,成效未卜,加以外汇率波动的危险,导致欧美的投资者认为投资中国铁路债券所需负担的风险较大,因此唯有在预期的投资报酬率较高的情形下,才能引起投资的兴趣。[1] 故其对于他国公债所要求的利率,必然超过国内公债。

虽然如此,我国铁路外债利率仍较内债利率为低。如宣统三年(1911)四月清廷宣布铁路国有政策,邮传部大臣盛宣怀与英、法、德、美四国银行团代表签订借款合同,借款六百万镑作为官办铁路之用,年息五厘。[2] 从纯粹经济学的观点来看,此举实为理性且不可避免。当时中国资金缺乏,钱庄每以高利吸收资金。各地利率虽然差距颇大,但是依宣统二年(1910)日人的报告,利率平均在 12.5%—14.8%之间,因此铁路和其他新式企业,即使并无特别高的风险,也必须能保证有类似的利润,始能吸收到民间的资金。[3] 相对之下,工业化国家的资金乃相对地充裕,并经现代银行制度的集中,得以五厘的低利借给中国,导致铁

---

① Ibid, p. 107. 第一次世界大战以后,美国银行家对于贷款给中国兴修铁路不感兴趣的例子可见:W, G. Beasley, *Japanese Imperialism*, *1894-1945* (Oxford: Clarendon Press, 1987), p. 165.

② 全汉昇,《铁路国有与辛亥革命》,收于:吴相湘主编,《中国现代史丛刊》,册 1(台北:正中书局,1960 年),页 226—227。

③ Joseph W. Esherick, *Reform and Revolution in China*: *The 1911 Revolution in Hunan and Hubei* (Berkeley: University of California Press, 1976), pp. 90-91.

路及各新式企业均向外国贷款。民国以后,国内公债利率又历年递增。早期公债除民国元年八厘军需公债一种外,利率均为年息六厘,九年、十年间有增至年息七厘者,十一年以后又提高为八厘,而十一年发行的一四库券利率竟达月息一分五厘。国民政府成立后,公债利率大抵均定年息八厘,而库券利率除四种为月息七厘外,其余十二种均为月息八厘。[①] 足见外人所要求的利息,并未过高。

(2)折扣

由十九世纪末至一次大战前,欧美金融市场借款折扣一般为九七左右,日本举借外债的折扣大致在九五上下,而同一时期中国铁路借款折扣,一般为九〇,如光绪二十四年(1898)的卢汉借款、关内外借款,二十六年(1900)的粤汉借款,二十八年(1902)的正太借款,二十九年(1903)的沪宁、汴洛借款和三十一年(1905)的道清借款等,有些甚至仅实收八五。以后折扣虽稍见减少,但仍徘徊在九三、九四之间,九五扣或略少于九五者,仅有汉粤川、津浦及汴洛又举借的数笔。[②] 一次大战以后,则以九一、九三居多。至于中国国内发行的公债,依公债条例所载,除平价发行者占十八种,未详者二种外,其余均属于折价发行者。折价发行的公债,以九八实收,占十六种为最多;其次九〇实收者占五种;最低者一种,以六〇折实收。又有两种公债,按两种以上的折价发行,如整理湖北金融公债为八〇及九二点五两种,而民国十七年善后公债则为九二、九三、九四及九六等四种。[③]

我国铁路借款折扣除了和欧美及我国国内一般借款折扣作比较外,尚可与同一时期的其他发展中国家作一比较。据一项研究显示,

---

① 马寅初,《中国经济改造》,页 365。

② 宓汝成,《帝国主义与中国铁路(1847—1949)》,页 369。

③ 马寅初,《中国经济改造》,页 365。

1885 至 1905 年之间,阿根廷、埃及、墨西哥、葡萄牙和土耳其等国政府借款,在欧洲市场(包括伦敦)的售价,在 78% 至 99.5% 之间。[1] 由此可见,列强对中国未施予特殊待遇。

(3)余利

各路借款合同对利润的分取比例,大多有所规定,如比国公司在代办京汉路行车期间,享有提取五分之一余利的权利,汴洛、正太、沪宁、吉长等路也都有类似的规定。沪宁路甚至规定依照铁路成本价值总数的五分之一发给余利凭票,在此后五十年期限内,不论是否确有盈余,也不论债务是否业已还清,债权公司均可持余利凭票每年支取余利。也有事先拟定若干余利额,于发行债票时予以扣除者,如津浦路借款合同即载明为免提红利,从首次发售的债票内提留二十万镑,沪杭甬路借款合同也有类似的规定,其数为六万七千五百镑。广九路借款合同则规定借款期间每年以津贴名义给贷款公司一千镑。[2]

通常仅有股东可以均分余利,债权人则限于收取一定的债息,中国铁路借款的情形实为各国所罕见。

(4)酬金

各路发行公债多从原借款中提千分之二十五,交公司经理人,作为借款酬劳。论者以为,实则公债均由公司自买,何劳之有,何况债票发行时既已有折扣,贷款公司将公债转售于人时,其售价必在折价之上,则已包括公司的酬劳,实不应再设借款酬劳。[3] 此外购料也需付酬金

---

① E-tu Zen Sun, *Chinese Railways and British Interests*, 1898-1911 (N. Y.: King's Crown Press, 1954), p.180.

② 宓汝成,《帝国主义与中国铁路(1847—1949)》,页 371。

③ 马寅初,《中国经济改造》,页 366。

百分之五,还本付息佣金百分之二点五及其他津贴等。

(5)先期还款贴费

凡借款时期较长,欲提前付还者,每百元需另加二元五角。此项条款国人常以为不合理,但外国也有此种惯例,因为债权人视长期借款为一种投资,希望其投资款项继续不变,俾能收取固定利息,如需提早还清,自需贴补若干损失。[1]

(6)还款期限

各路借款以五十年为期者居多,故有视同剥削者。五十年间的经济状况,自不免多所变化,如利率降低,于中国有利,则可发行低利公债,换回业经发出的高利公债。若合同规定五十年方得还清,则为合同所束缚,不能利用市场情形。[2]

除此之外,借款合同尚有种种限制,如借款的用途、存款的银行,中国政府无权过问,而铁路员工的财产,中国政府则需负责保护,铁路材料应豁免一切税厘,全路财产应作抵押品等。

二、特殊条款

中国近代商借铁路外债,除了一般商业惯例上所有的条件外,每多另附种种特别条款,造成主权的旁落,甚至国权的丧失。造成主权旁落的特别条款,可分为下列几方面:

(1)管理权

十九世纪末和二十世纪初的铁路借款合同,常要求中国同意委托债权人代理经营,而由中国居稽核之位,如卢汉、正太、道清、汴洛等路。

---

① 马寅初,《中国经济改造》,页366。

② 马寅初,《中国经济改造》,页366。

稍后的借款合同,则常规定总工程司、总账房等主要职务由债权者选派人员担任,也有的合同要求组织华洋联合的管理机构。如根据沪宁路借款合同的规定,该路设置总管理处管理全路事宜,由五名办事人员组成,其中中国人员二名,一由督办大臣选派,一由铁路经过省份督抚会同督办大臣选派;英员三名,除总工程司外另二名由银公司选派。[①] 因此,虽然首长由中国政府任命,但是管理权多操洋人之手。

洋员于借款各路,常建立各种制度,颇有助于管理效能的提高(详见第三章),但是由于不明了中国国情,对铁路沿线地理、水流的沿革多所隔膜,以致在修筑时,建桥地点或有非宜,涵洞大小也有未当,每遇山洪暴发,桥址路基常遭冲刷。此外,洋员对于中国工商事业、社会状况多不经心,尤为一般洋员的通病。[②] 更有进者,洋员由于缺乏适当的监督,以致浪费的情形极为严重。据一项估计,借外债修筑的铁路,每英里平均成本为四万五千元,如无外人介入,铁路修筑及设备的每英里费用仅为三万元[③],浪费的情形,由此可见。至于洋员行为的不检点及对中国乘客的歧视,更激发了许多国人的民族主义思想。

国民政府建都南京后,致力于收回铁路管理权,对早年筑成的沪宁、沪杭甬等路,取消总管理处,裁撤洋总管。几条主要的干线也由督办制改为由铁道部直接管理。一些省营、民营铁路,如潮汕、南浔等线,

---

① 王景春等编,《中国铁路借款合同全集》(北京:交通部路政司,1922年),上册,页252。

② 张瑞德,《平汉铁路与华北的经济发展(1905—1937)》(台北:中研院近代史研究所,1987),页40—41。

③ Mongton Chih Hsu, *Railway Problems in China* (N. Y. : Columbia University Press,1915),p. 179. 据另一项估计,国人自筑的京张路,平均每公里建筑用款,仅为京汉、京奉等路的一半。参阅:凌鸿勋、高宗鲁合编,《詹天佑与中国铁路》(台北:中研院近代史研究所,1977年),页150。

也由铁道部接管或整理。

（2）用人权

各路借款合同中的用人权每多有旁落的情形。工程司方面，各合同由清廷选派经公司同意者，有关内外、吉长、津浦、浦信、宁湘等路；由公司选派经公司同意者，有正太、沪宁、广九、汴洛等路；由督办与公司会同选派或商聘者，有陇海、同成、钦渝等路；至于卢汉路则直接由公司委派。[①] 账房方面，关内外、吉长两路洋账房有布置署理全权。沪宁、关内外、吉长等路，其行车、养路总管等，则需由公司委派。[②]

（3）购料权

论者以为，列强贷款中国修筑铁路，虽然金额巨大，得以从中获利，但是经管并供应材料方为终极目标。[③]

铁路材料的购买事务列为借款条件之一，首见于中英国内外铁路的借款合同。但此一合同并未规定债权者有供给材料之权，仅规定向外国购买各种材料，务必依法公开投标。光绪三十四年（1908）津浦铁路的借款合同规定，铁路材料由债权公司供给，自此遂成定例。[④] 中外间签订的几十个铁路借款合同，其中虽有几件规定应尽先购用中国所出材料，但是大多成为具文，因为各路的外籍工程司或顾问，或受到母国公司的压力，或不愿配合其设计利用物美价廉的中国产品，或惯于使用他们所熟悉的母国所生产的类型和品质之材料，每多向国外采购所

---

① 徐协华，《整理中国铁道之方策》，《交通杂志》，卷 1 期 6(1933 年 4 月)，页 179。

② 马寅初，《中国经济改造》，页 364。

③ Edward LeFevour, *Western Enterprise in Late Ch'ing China: A Selective Survey of Jardine, Matheson & Company's Operations, 1842-1895* (Cambridge, Mass.: Harvard University Press, 1970), p. 64.

④ 宓汝成，《帝国主义与中国铁路(1847—1949)》，页 372。

需的材料。[1] 是以早年所建各路,如京奉、津浦南段、京沪、沪杭甬、广
九、粤汉北段等路的建筑材料,及初期机车、车辆,多为英制。陇海、京
汉、正太等路,多为法、比所制。胶济、津浦北段,多为德制。而东北与
日资有关各路,则部分为日制。据一项资料显示,津浦路修筑时,如能
采用山海关桥梁厂所生产的二百英尺桥梁架径(bridge spans),而不自
德国进口四百英尺的桥梁架径,将可节省经费一百万两。[2]

即使是外国商人,也多认为中国铁路界采购物件未能公平。例如
某路属某国承办,需购机器、材料等项,即由负责修筑的某国工程司独
断专行,开列清单,暗中就该国所出货品定一格式尺寸,至开标时自然
仅有该国商货合格,所购货品必归该国商行。因此名为招商投标,实则
无异于专利。如京汉路虽于宣统年间即已赎回自营,但仍有外籍工程
司存在,美国商人即常抱怨该路采购不公。[3] 又如民国十六年,美国驻
华商业参赞曾向交通部路政司长刘景山表示,京奉路购料为英商
Whitehall Company 所垄断。适逢京奉路向该公司订购六部机车,经
刘调查,结果发现每辆售价较市价高出约三分之一。[4]

对于外资铁路购料的不公开,部、局均无法有效地加以监督,如正
太路行车合同第二款规定,定购行车、养路、修路应用之物,"当预先由

---

① Julean Arnold, *China : A Commercial and Industrial Handbook* (Wash-
ington: Government Printing Office, 1926), p. 323.

② FO 228/2492, Doc. 53. 原文未见,转引自 Arthur Rosenbaum, "Railway
Enterprise and Economic Development: The Case of the Imperial Railways of
North China, 1900-1911," *Modern China*, 2:2 (April 1970), pp. 242, 263.

③ 1912 年 7 月 8 日外交部致交通部函(毛笔原件),收于:外交部档案,民字
第 116 号,《美使询问京汉路局投标事》。

④ 刘景山,《刘景山先生访问记录》(台北:中研院近代史研究所,1987 年),
页 74—76。

华俄银行或其所派之工程人员,禀商总公司督办大臣酌夺而后行"。借款合同第二十五款规定:"所有营造正太全路及行车需用机件、材料,皆归华俄银行代为定购,但该行自当尽心办理,并须极其公道。当经约明,凡中国自能制造机件、材料,照一律章程价值,不向外国定购,其盛督办所管辖之工厂、矿局,更得应享尽先承购之利益,其章程价值,按照在外国所购运到中国者,一律核计。"①民国十年交通部颁布的直辖各路购料条例第六款规定,凡购料预估价值在五千元以上者均应用招标办法;第十八条规定,凡购料预估价值在五千元以上者,需先呈部核准。② 但是这些条文却未被遵行。该路材料之在国内订购者,既未遵守部订手续,而购自国外者,例必委托法京银公司经手办理。该公司历年经办购买手续是否公允,能否以路局利益为前提,部局双方均无从考核。③

虽然如此,提供中国政府较多资金筑路的国家,并不一定即能售出相对比例的铁路材料。根据一项近人的研究,1898—1912 年之间,中国借款筑路的最大对象为英国,但是在钢轨和车辆的供应上,却次于比利时、美国和德国,而居于第四位。④

借款合同造成国权丧失的特别条款,可分为下列几项⑤:

---

① 王景春等,《中国铁路借款合同全集》,上册,页 234—235、238—239。

② 交通部直辖各路购料条例全文见:《交通史路政篇》,章 1,页 1292—1295。铁道部时期也有类似的规定,但是各路局常化整为零购料,避免呈部招标。参阅:谭鲁,《铁路员工舞弊之一斑》,《人间世》,期 20(1935 年 1 月),页 9。

③ 《交通公报》,号 156(1923 年 3 月 9 日),命令,交通部训令第 302 号,页 1—2。

④ Jürgen Osterhammel, "British Business in China, 1860s-1950s," in R. P. T. Davenport-Hines and Geoffrey Jones, eds., *British Business in Asia Sines 1860* (Cambridge: Cambridge University Press, 1989), p. 199.

⑤ 马寅初,《中国经济改造》,页 362—363。

(1)借款筑路附近区域添造铁路,必须协同债权者开办。

如新奉路、吉长路,因其毗连南满路,就日人要求必用该国资本开办,不许以他国资本筑造。

(2)借款所筑铁路一定距离内中国无自办铁路之权。

自光绪三十三年(1907)广九路借款合同告成,广厦路即不能以广州为起点,因广州在广九路五百里范围之内。

(3)凡与借款所筑铁路有联络关系者,必须归债权者管理。

如淞沪铁路为中国购回的国家铁路,因其与沪宁路有联络关系,故归并沪宁路管理。

(4)借款路线延长线,必须向原借款国借筑。

如汴洛铁路于光绪三十四年(1908)筑成,其延长线自洛阳至潼关,必须用原借款国之款建筑。

就整体而论,近代中国铁路外债的条件大多苛刻,其原因可分为下列几项:

第一,各国银行团的要求。自五口通商以后,各国相继于各大埠设立银行,其最著者如英国的汇丰、俄国的道胜、德国的德华、美国的花旗、法国的汇理、日本的正金,这些银行虽未必均有巨大资金,然凭各该国公使、领事的扶植,业务蒸蒸日上,至办理铁路借款事宜发生,则一跃而与我国政府颉颃。各国银行虽负责铁路借款,而资金并非其所出,不过担任发售债票的经纪包办人而已,至于特殊权利,则银行与其政府共同策划。最初,多由一家银行承办,其后演变为一国银行团承办,最后并出现由数国银行团承办者。[1] 如前所述,由于海外投资所需负担的风险较大,因此这些洋行或银行对于他国公债所要求的利率或其他条

---

① 曾鲲化,《中国铁路史》,页 502—507。

件,必然较为苛刻,甚至对其所投资的产业施以较大的控制。如十九世纪末至二十世纪初期英国的债权者对其所投资海外铁路的控制,在阿根廷即较加拿大为严密。[①] 近代中国由于本身财力不足,需要在国际资本市场上募款,但是其行政措施(administrative practices)和会计责任制度(fiscal accountability)在国际上的形象一般说来并不佳,因此初期举借外债时,某种程度的外人控制遂成为不可避免。[②] 此外,外债市场又常被银行团所垄断,致使中国遭受剥削。研究指出,1895 年至1914 年间中国所发行的铁路外债,如果是在一竞争性的市场中而未被垄断的状况下,中国最多可以 5.5％的利率取得外债,但是由于外资的价格有被垄断的情形,致使真实利率增为 6.5％。[③]

第二,外交的失败。近代中国筑路的原动力多半发自列强,与外人的交涉对于借款的条件常有极大的影响。我国铁路外交的每多失利,固然是由于国力的不强,但是也有因当事人失察而遭受意外损失者,例如下例各项情形:

(1)约文用概括的字义,漫无界说。如与英约之扬子江流域,将沿江数省均包括在内;与俄约之由北京向北或向东北,将满蒙数万里幅员听其干预;与法约之或不至南宁而至别处,此别处二字,广西全省可尽入其中,导致枝节横生。

---

① Michael Edelstein, *Overseas Investment in the Age of High Imperialism*: *The United Kingdom*, *1850-1914* (London: Methuen & Co., Ltd.,1982),p. 36.

② Frank H. H. King, *The History of The Hongkong and Shanghai Banking Corporation*, vol. II: *The Hong Kong Bank in the Period of Imperialism and War*,*1895-1918*: *Wayfoong*,*the Focus of Wealth* (Cambridge: Cambridge University Press,1988), p. 346,

③ Huenemann,*The Dragon and the Iron Horse*, p. 119.

(2)与各国订借款造路合同，为声明如将来以为有益，或必须延长干线另造枝线时，应尽先商办，不啻作茧自缚。

(3)合同上订明之事，政府多漠然置之。如胶济路原系中外合办，权利平衡，乃自总办许景澄死后，一直未继续派人，拱手让其独揽，账目也不清查。

(4)逾期文件往往不依法注销，致废票也强人兑现。如香港政府的借款合同，于民国初年已本息还清，失其效用，乃附于该合同的湖广总督照会未曾取出，致使英人独得借口，谓湘、鄂两省造路彼有优先权。①

总前所述，近代中国利用外资修筑铁路，实在付出了昂贵的代价②，使得铁路的营运成本增加。但是是否即因此而不借外债？清末的海关总税务司赫德（Robert Hart）即反对中国举借外债，他曾于光绪二十五年（1899）写给税务司金登干（James Duncan Campbell）的信中，认为每次外人发动的开发中国计划均有以下二项特征：

第一，均是强施于中国，对中国极少尊重，致使中国尽其可能的想将其抛弃。第二件事是这些计划的设计者，对于这个国家（指中国）以及计划实行时所将遭遇到的状况，几乎均一无所知，愿意付款（购买债券）的人数，也仅是出于乐观的评估，而非认真的估计——因此我认为所有这些计划，最后均将带来祸害。③

在这封信中，赫德对中国举借外债的态度虽然过于悲观，但是却真

---

① 曾锟化，《中国铁路史》，页535—537。

② Arthur Gardiner Coons，*The Foreign Public Debt of China* (Philadelphia：University of Pennsylvania Press，1930)，pp.39-40.

③ Robsrt Hart's letter to James Duncan Campbell，1 October 1899，in John King Fairbank, Katherine Frost Bruner, and Elizabeth MacLeod Matheson, eds.，*The I. G. in Peking* (Cambridge，Mass.：Harvard Universty Press，1975)，vol. 2. p. 1200.

实地描述了外国财团的心态。

第三节　路线分布

由于列强的介入,中国获得了修筑铁路所需要的资本、人才和技术,但是由于在国民政府成立前,铁路建设大抵处于被动的地位,以至于路线的选择每多基于债权国经济或政治的考虑,而无法根据本身的需要作整体的规划,并依照本身排列的优先顺序加以实行。因此,外资不但损害了中国建筑铁路的自主权,同时也相当程度地决定了中国铁路路线的走向和区域的分布。

一、整体规划

甲午战前为铁路的试办时期,李鸿章虽有大规模兴办铁路的意念,然则总是分段展筑,步步为营,先唐胥,次胥阎,再津沽,又津通,然后建关东。张之洞则认为兴办铁路应有通盘计划,各路同时并勘,首建干路,而后循序渐进①。光绪二十四年(1898)十一月,矿务铁路总局会同总理衙门奏陈通筹铁路,分别缓急,次第施行。卢汉、粤汉两条主要干线,津镇、沪宁、苏浙、浦信、广九、关内外及柳太、广龙等条枝线,应尽先修筑,其余各处枝线,除已与各国定有成议,及近干要路地不过百里,款不出百万者外,凡华洋各商请办各处枝线,暂不准行②,是为中国铁路全面规划路线之始。

二十世纪以后,商办铁路的热潮兴起,但是各省所定的路线"往往省界分明,各存畛域。而揆之枝线之若何维系,轨道之若何贯通,则各

---

① 李国祁,《中国早期的铁路经营》,页83。
② 《交通史路政篇》,章1,页91—92。

省官绅类未能统规全局,通盘筹划。约计粤汉、洛潼、陕甘等线,大概尚合办法,他若赣、皖、浙等省,类皆路线交错,各自为谋"。因此,光绪三十二年(1906)四月商部即奏请筹筑各省铁路亟应统筹全局,预定路线,俾枝干衔接,便于交通。① 三十三年(1907)四月,岑春煊因曾任邮传部尚书,深知已筑各路毫无系统,特以粤督名义奏请统筹全局,预划轨线,计分东西南北四大干线,而以北京为轨枢。自北京南出循京汉、粤汉线抵广州湾,是为南部干线;自京北出,循京张、张库线抵恰克图,是为北部干线;自北京东出,循关内外、东三省线抵爱珲,是为东部干线;自北京西出,循京陕、陕新线抵伊犁,是为西部干线。至于枝线,东部干线的枝线为关内外、奉天、吉黑等线;西部干线的枝线为山陕、甘新、青藏等线;北部干线的枝线为热河、蒙古内外各线;南部干线的枝线则为齐、汴、皖、苏、闽、浙、赣、鄂、湘、蜀、滇、黔、桂、粤等线。② 奉旨邮传部议奏。七月十三日经该部覆奏,谓干路与岑督所定相同,枝路则略有出入,并将干枝各线绘图立说,俾众周知。③ 宣统三年(1911)四月七日,给事中石长信奏铁路亟宜明定干线枝路办法,并主将干路收归国有,对于路线的分布则未曾议及。④ 十二日,邮传部大臣盛宣怀与内阁拟定筑路办法,根据已成各路分为四大干线,自京汉南达粤汉为南干;自京张北接恰克图为北干,自京奉东接齐齐哈尔达珲春为东干,自正太西接同蒲至伊犁为西干。⑤

民国成立,临时大总统孙中山于辞职后,曾致力于铁路规划工作。

① 《商务官报》,期4(1906年6月),页16。
② 《交通史路政篇》,章1,页864—865。
③ 陈璧,《望岩堂奏稿》,卷7,1932年,页13—15。
④ 《交通史路政篇》,章1,页882—884。
⑤ 《交通史路政篇》,章1,页886。

元年六月筹定全国干线三条:(1)南路:起于广州,由广东而广西、贵州,走云南、四川间,通入西藏,绕至天山之南;(2)中路:起于长江口,由江苏而安徽,而河南,而陕西、甘肃,超新疆而迄于伊犁;(3)北路:起于秦皇岛,绕辽东,折入于蒙古,直穿外蒙古,以达于乌梁海[①]。民国十一年,更于《实业计划》一书中倡议修筑十万英里铁路[②],是为有史以来中国最庞大的铁路计划。

以上所述自清末以来的各项铁路计划,事先均未曾派人从事实际调查工作,而仅凭理想制成,故大多空洞模糊,且未考虑到国家财力是否可行。[③] 虽然如此,这些计划在国民政府成立前,却从未有过执行的机会。大多数铁路乃为应列强的要求而允其借款建筑者,本国每有所图,非受条约的束缚,即为成案所牵掣,其结果则枝节从事,往往不能根据自身政治、经济的需要,以为设施。[④] 如广九铁路的修筑,对中国而言,并无迫切的需要,但是英国希望借此路的修筑,由广州进而与粤汉沿线及其他广大的华南内陆各省相连贯,并确保香港在华南对外商

① 《孙中山先生之谈话》,《民立报》1912 年 6 月 26 日。

② 孙文,《实业计划》,收于:中国国民党中央委员会党史委员会编,《国父全集》(台北:编者印行,1973 年),册 1。

③ 《交通史路政篇》,章 1,页 930;Wayne Altree, "A Half-Century of Administration of the State Railways of China," Papers on China, 3 (1949), p. 116; C. Martin Wilbur, *Sun Yat-sen: Frustrated Patriot* (N, Y.: Columbia University Press, 1976), pp. 286-287; Richard Louis Edmonds, "The Legacy of Sun Yat-sen's Railway Plans," *China Quarterly*, 111 (September, 1987), pp. 421-428; E. W. Edwards, *British Diplomacy and Finance in China, 1895-1914* (Oxford: Clarendon Press, 1987), pp. 78, 101.

④ 叶恭绰,《交通救国论》,收于:《遐庵汇稿》,中编,页 197。

务上的优越地位,故胁迫中国签订借款合同。① 通车后,由于货运稀少,客运又有轮渡的竞争,以致营业长期处于亏损状态。

二、走向与分布

中国近代的铁路事业,由于列强势力的介入,因而无法依照自己的铁路发展计划(无论计划是否正确),以及自己所制定的优先顺序,兴筑符合本身所需要的铁路网。现试将近代中国修筑铁路的情形,与西方作一比较。英国为近代首先广泛兴筑铁路的国家,早期并无铁路网的概念。铁路均由个别的公司负责兴筑及营运。随后由于个人、地方和全国的利益接近,加以一些推动筑路人士认识到铁路系统化的优点,遂导致铁路的兴筑颇有系统。虽然如此,英国的铁路成长由于缺乏计划,仍有一些严重的缺陷,如有些地区运输量虽小,却有数条铁路相互竞争;另有一些地区多家公司争夺一条路线,争购土地的结果使得成功者的成本增大,对日后的营业和效率产生不利的影响。在欧陆国家的铁路发展,由于政治环境的不同,如比、法、德、奥等国,均极有系统。即使是在自由经济最盛的美国,铁路的修筑也颇有系统,第一阶段与英国的情形相似,均为地方性的路线各自修筑,然后逐渐相互连接,第二阶段则有计划地迅速修筑横贯大陆的铁道系统②,由此可见,政府部门于规划铁路网的工作中,实扮演重要性的角色。此外,一般而言,如为发自主动的铁路网,以有重心所在,此重心每即为一国政治或经济的重心,

---

① 李恩涵,《中英广九铁路路权交涉》,收于:李恩涵,《近代中国史事研究论集》(台北:商务印书馆,1982 年),页 392—397;Lee En-han, *China's Quest for Railway Autonomy*, 1904-1911, p. 160.

② William Ashworth, *A Short History of the International Economy Since 1850*(London:Longman,4th ed. , 1987),pp. 63-65.

如英国的伦敦、法国的巴黎、俄国的莫斯科、德国的柏林,均系各国首都所在,也是经济的要点。其国土幅员广大,铁路网较密者,则更有多处重心,如美国的芝加哥、纽约、新奥尔良(New Orleans)等,均为铁路网的枢纽。[①] 近代中国早期筑路,自唐胥运煤路成功后,政府有鉴于海禁大开,海防空虚,因有京奉、京汉、津浦路的兴筑,以便陆路运输,而巩固京畿,故北京成为数条铁路集中的重心,此后大多数铁路乃为应列强的要求而向其借款修筑者。为应列强的强迫要求而准许其自行建筑经营者,有俄国的中东及转让于日本的南满、德国的胶济、法国的滇越各线;其拒绝列强的要求而自行建筑者,仅有京绥一线。

借外债修筑的国有铁路路线显示,这些铁路的目标主要在于连络商业已有相当发展的地区,并促使其能有更进一步的发展。[②] 论者以为,中国境内合理的货运流向应为海岸与内陆之间,其次为南北之间。这是最能兼顾区域间贸易和国际贸易需求的运输模式。[③] 近代中国的铁路兴筑,虽然政府未能享有充分的自主权,依照自身的需要作整体的规划,但是幸运的是,路线的走向大致上尚能符合上述的模式。虽然如此,从整个铁路网的布局来看,仍有以下几项缺陷:

(1)内地各地之间缺乏连系。由于外资铁路大多偏重通商口岸与

① 有的学者认为中国理想的铁路系统,应为以汉口为中心的辐射状铁路网。参阅:Albert Feuerwerker,"Economic Trends,1912-49," in John k. Fairbanks, ed. , *The Cambridge History of China* , vol. 12,*Republican China*,*1912-1949*, Part 1 (Cambridge,Mass. : Harvard University Press, 1983), p. 95.

② E-tu Zen Sun,"The Pattern of Railway Development in China,"*Far Eastern Quarterly*,14:2 (Feb. 1955),p. 180.

③ Chiao-min Hsieh's comments to Ling Hung-hsun's paper "A Decade of Chinese Railroad Construction, 1926-1936,"in Paul K. T. Sih,ed. , *The Strenuous Decade: China's Nation-Building Efforts,1927-1937* (N. Y. :St. John's Universty Press,1970), p. 288.

内陆间的连络,以致各路自沿海深入内地后,或许与南北走向的铁路有所交接(如京汉、陇海之交会于郑州,津浦、陇海之交会于徐州),但是沿海各口岸(如天津、青岛、海口等)之间却缺乏铁路连系。[①] 至于内陆各路间缺乏连系的弊病则更为明显。最显著的例子则为各路自华北及华中分别向西北与西方进行,而未顾及末端的相互连系,如京绥路向西北展筑至包头,陇海路向西展筑至陕甘,即抗战时期修筑的湘桂路也远伸至边界。此三平行干线均各自一方深入内地,其末端相距甚远,就铁路运输及车辆运用上而言,殊不经济。[②]

(2)分布不均。由于外资铁路大多偏重商业发达地区的连系,东北地区又由于 1920 年代中国与日本竞筑铁路,以致铁路的分布极为不均。据一项资料显示,民国二十年时,全国铁路几乎全部集中于东经110°以东,即大致从包头南下经潼关、蒲州直下至柳州一线以东的地区。此一区域所建铁路,占全国总里程的 94%,其中东北地区占 44%,长江以北占 33%,长江以南占 17%,广大的西部地区则仅在西南一隅有 6% 长度的铁路。[③] 国民政府时期由于战略的需要,加强华南地区的铁路修筑,但是西部地区的铁路里程仍然极为稀少。据统计,截至民国二十六年止,占全国土地面积 60% 的西南、西北地区,铁路长度仅占全国(东北地区除外)的 6%,华北所占比例略低于 70%,华南则占 24%。[④]

以连系商业已发达区域为目标的铁路系统,获利自然较为迅速,就外人投资立场而言,自属适当,然就公营企业的社会目标而论,则中国

---

①　宓汝成,《帝国主义与中国铁路(1847—1949)》,页 398。

②　邱光甫,《中国铁路及其发展的趋向》,页 26;Ling, *op. cit.*, p. 281.

③　宓汝成,《帝国主义与中国铁路(1847—1949)》,页 399。

④　宓汝成,《帝国主义与中国铁路(1847—1949)》,页 399。

近代的铁路事业实在丧失了开发未开发地区的机会。东北地区虽为例外,铁路对经济发展的贡献卓越,但是由于九一八事变前中日的筑路竞争,路线每多重叠而变得不经济。[①] 中国幅员广大,各地区的发展原已不甚平衡,铁路网的适当分布应有助于改善此种状况,但是由于分布的不均,此项功能无法充分发挥。

小结

近代中国官绅由于追求富强的需要,认识到兴筑铁路的重要性,而将其列为发展的重点之一,但是由于资金、技术和人才的缺乏,不得不仰赖列强。至于列强之所以积极在华推动铁路建设,并非有爱于中国,真为中国的富强着想,而是另怀有经济甚至政治的目的。中国虽然由于举借外债而得到本身所缺乏的资金、技术和人才,但是也付出了相当大的代价。

中国大举兴办铁路,始于清末铁路总公司时代。当时盛宣怀在外人要胁之下,与各国所订借款合同,大多以建筑权、管理权尽授外人,此为后来各路丧失主权之张本。盛氏不但不顾世之诟病,且曾借以自豪。当其以办理迟缓屡被参劾时,曾覆奏沥陈办事的困难:

> 造路以费省工速为主。臣初任事(指任铁路总公司督办),亦欲僱用洋工程师任我指使而不假以事权。无如中国员司事非谙习,华人苦工师之多方挑剔,工师咎华人之办理两岐,常致欲速而反迟,求省而转费。是以独排群议,与立约各洋商坚明约束,酌订期限,借用某国之款即订用某国总工程师代为营造。年限之内,其事权略如海关税务司,一切购料、办工、用人、理财,悉资经理,仍事

---

① Feuerwerker, "Economic Trends, 1912-49," p. 95.

事预请总公司核定而后行。①

民国成立后,孙中山对于利用外资筑路则有更进一步的看法。他认为中国缺乏资金、人才、技术,故可将铁路批给外人承办,四十年后由国家收回,除可收三事之利,尚可提高效率,节省时间免交借款及购料回扣,无需还本付息,也无亏耗津贴之害。②

如就纯经济的观点来看,以借债来兴办实业,只要投资报酬能大于举债所发生的利息成本,即属有利。中国近代的铁路外债,借款合同中除了利率外大多包括有折扣及其他各种费用的条款,使得真实的利率难以估计。各路借款合同的条文细节每不一致,大致可分为名义上的利率、借款期限、折扣、分享余利、购料佣金、手续费、定金、外汇交换等项。最近的研究指出,如将上列各项条件列入计算,1895 至 1914 年间,中国所发行的典型铁路外债债券,利率为 5.01%,每半年支付一次,还款期限为 3.33 年,真实利率则不超过 6.9%。③ 如果是在一竞争性的市场中而未被垄断的状况下,中国最多可以 5.8% 的利率取得外债,但是由于中国国内资金的相对缺乏,即使是 6.9% 的利率也很难在国内借到大笔的长期资金。因此,即使外资的价格有被垄断的情形,只要铁路营运收益能超过 6.9%,仍然值得举借外债。④ 幸运的是,根据一项统计,1916—1939 年中国国有铁路每年营业净收入,平均为轨道和设备支出的 7.4%,因此铁路事业的营运效率虽然不高,但是仍为有

① 盛宣怀,《愚斋存稿》,卷 2,奏疏 2,页 3。
② 熊亨灵、何德川编,《中国国民党与中国铁路》(台北:中国国民党台湾区铁路党部委员会,1965 年),页 20—28。
③ Huenemann, *The Dragon and the Iron Horse*, p. 119.
④ Ibid. , p. 122.

利可图的事业。①

　　盛宣怀的铁路政策虽符合经济的原则,但是仍然不无可议之处。列强在中国境内,既取得建筑铁路的利权而发行债票,招集资本,仍需获有保管资产特权,投资者始踊跃认购债票,债款乃易齐集,故对于铁路建筑期内总工程司及总司帐二职,几例由借款公司遴选举荐,如由中国政府选派,也需得到借款公司的许可,方能聘任;在营业时期,车务总管一职也需由其选荐,或以得其同意。在此表面上看来,似乎借才异地,重视专门,但是一方面违反了当时日益兴起的民族主义潮流,另一方面也产生了许多流弊,如高级洋员既代表债权又代表债务,角色混淆,难以公正无私,至有国际问题发生,或彼此利害冲突时,尤无从预为防范;至于为求铁路发达,必须培养大量人才,而以缚于合同,本国人才永无担任局、部首长的希望,专业人才难以培养。至于承办借款各银公司,一方面代表债权,一方面代表债务,同时代理售料、购料及发行债票与付息还本,致使中国遭受了相当的损失。② 洋员不愿采用中国生产的铁路材料,也使得铁路的向后连锁影响(backward linkage effects)大为减小。

　　至于孙中山所提出来的批办铁路方法,牺牲四十年的经营权,以引进外资,期满再收回自营,如纯就经济角度观察,此种办法不但不必负担举债所可能遭遇的财务风险和经营新兴企业的风险,同时由于外人直接经营,效率也得以提高。但是如同盛宣怀一样,他也忽略了民间要求收回各项利权的潮流和人才培育、连锁影响等问题。

　　民国以后,外资来源滞塞,以致铁路建设多归停顿。国民政府成立后,致力推动铁路建设,由于百废待举,问题重重,其中尤以经费的缺乏

---

① Feuerwerker, "Economic Trends, 1912-49,"p. 96.
② 凤冈及门弟子编,《三水梁燕孙先生年谱》,1939 年,上册,页 71。

最为严重。但是和清末时期不同的是,由于政治及金融的渐趋稳定,欧洲资本家对华乃另眼相看。至此时期,所有的铁路外债均由中国发动,大多数铁路的规划从头至尾均由铁道部推动,执行也大多操于铁道部或各路局。列强的贷款乃是中国借以执行其计划,而非为列强施于中国以助长其野心。[①] 由于贷款完全属于商业性质,而无政治成分,因此路线的选择,其权操之于我,国民政府遂得以依其需要,制定铁路建设的优先顺序,加以实施。各国在华虽仍有其历史性的兴趣,却再也没有势力范围的观念。借款担保不全以铁路本身为限,因此在修筑期间债权人仅有稽核收支之权,而建筑及管理则完全由中国控制。另一方面,民国以后筑路人才开始兴起,其能力足以处理艰巨的工程,材料的选择及技术方面的问题均由中国人主持。凡此种种,均显示出至此时期国际合作已能采取正当途径。[②]

① Great Britain, Naval Intelligence Division, *China Proper*, vol. III, *Economic Geography, Ports and Communications* (London: His Majesty's Stationery Office, 1945), pp. 465-466.

② 凌鸿勋,《中国铁路之建设》,收于:薛光前主编,《艰苦建国的十年》(台北:正中书局,1971年),页269。

第二章　国内政治秩序的不良

十九世纪，铁路在欧洲出现后，对于传统的战争形态产生了重大的影响。1859 年，法国和奥地利帝国（Austrian Empire）在意大利发生的战争首度证实了铁路的军事价值。当时法国的军队实足有十二万人，但是仅花费了七天的时间即全部抵达战场，而在过去则需要两个月的时间。[①] 光绪二年（1876），中国境内开始有火车行驶，二十世纪初，几条主要的干线相继完成，战争的形态从此也进入了一个新的阶段。如清末一位法国观察家即曾指出，京汉路的完工使得华北和华中的军事地理大为改观。据他的估计，如果利用京汉路和长江，近九万人的军队能在四十天内，由北洋和华中地区集中至长江下游。[②] 而运输能力又随着车辆数目的日渐增多而加大。至民国五年时，控制此路的军阀，可

---

① Michael Howard, *War in European History* (Oxford: Oxford University Press, 1976), p. 97.

② Ralph L. Powell, *The Rise of Chinese Military Power* 1895-1912 (Princeton: Princeton University Press, 1955), pp. 241-242.

以在一年中的任何一个月之内,将大约二十五万的军队和近三百万吨的军事物资自汉口运至北京。①

由于中国近代铁路的不发达,铁路的军运能力与同时期的西方比较之下,也就落后甚多。如民国十三年第二次直奉战争爆发后的三十天内,吴佩孚自不到三百英里以外的基地动员了大约八万部队至山海关。而在一次大战初期,德国在三十六小时之内,即在法国前线动员了二百三十万的兵力。其原因在于当时德军采用十二条双轨的铁路,因此运兵能力达到在三十六小时内,每条轨道上几乎有十万人。② 虽然如此,铁路已较传统的军事运输方式大为进步。试以民国二十一年一二八事变和二十二年闽变时的运兵速度作一比较,即可明了。

上海战争爆发后,沿长江下游各埠及上海口岸,均有敌舰监视,蒋介石调集援军不便。二月二十三日,军事委员会常务委员蒋介石电令第九师蒋鼎文部,由江西星夜兼程前进,向杭州集中。二十七日,电饬第八师毛秉文部、第十师卫立煌部、第十三师万耀煌部,由江西秘密东下安徽获港以东、芜湖以西登岸候令。但是上述部队尚未开到上海,战事即已结束。③ 此次战役,舆论多指责政府未能积极应援,不知援兵之不至实由于运输困难。日本由长崎至上海,仅需二十四小时,自军队集中以至加入战线,不出三日;而我大军多在江西,兼程前往亦需二十天

---

① Hsi-sheng Ch'i, *Warlord Politics in China*, ,1916-1928 (Stanford: Stanford University Press, 1976), p. 260.

② J. E. Baker, *Explaining China* (London: Macmillan, 1926), pp. 71-72.

③ 《中华民国重要史料初编》编辑委员会编,《中华民国重要史料初编——对日抗战时期》,绪编 3(台北:编者刊行,1981 年),页 461。

以上,交通之影响军事由此可见。[①] 民国二十二年十一月闽变发生,
此时南京国民政府仍用全力于江西"剿赤",但是由于拥有极其完整
的铁道和公路所组成的交通网(适时完成的浙赣路金玉段,对于运输
补给,尤多便利),即使是远处的部队,也可于短时间内飞调前线。故
事变发生后不出两星期,中央军之集中于浙闽边境者,即达十师以上
兵力。由于调军迅速,得以先发控制闽北,福州的十九路军来不及布
置,立告崩溃,不匝月而荡平异动。[②] 上述二事,一以腹地铁路未能
贯通而失败,一以铁路新成,运兵迅捷,而得胜利,铁路之军事功能由
此可见。

　　此外,地方军人占据铁路后,又可截留路款,于沿线征收各项税捐,
甚至掠夺沿线民财,因此有"得道者多助"之说。[③]

　　由于铁路在军事及财政上的重要性,民国以后各地方军系均热衷

---

　　① 曾养甫,《浙省建设当前之两大任务》,收于:吴笠田编,《曾养甫先生言论集》(台北:曾冯晓云印行,1981年),页156。参阅:蒋永敬,《从九一八事变到一二八事变中国对日政策之争议》,收于:中研院近代史研究所编,《抗战前十年国家建设史研讨会论文集》(台北:编者印行,1985年),页374。

　　② 黄震遐,《从军事学上观察闽变》,《申报月刊》,卷3期2(1934年2月),页31;薛谋成、郑全备编,《福建事变资料选编》(南昌:江西人民出版社,1983年),页216—218;王健民,《中国共产党史稿》(香港:中文图书供应社,1974年),编2,页607。闽变时期杭江路金玉段的军运数量,详见:金士宣,《浙省杭江铁路今后之整理与发展问题》,收于:金士宣,《中国铁路问题论文集》(南京:交通杂志社,1935年),页35—36。关于铁路在平定闽变中所扮演的角色,尚可参阅:《玉南段通车后有关国计民生之效用》,《浙赣铁路月刊》,期1(1935年12月),页92;金士宣,《怎样创办杭江路的运输》,收于:金士宣,《铁路运输经验谭》,页48;简笙簧,《浙江省筑杭江铁道的历史意义》,《中国历史学会史学集刊》,期13(1981年5月),页391;Lloyd E. Eastman, *The Abortive Revolution:China under Nationalist Rule*, 1927-1937 (Cambridge: Harvard University Press, 1975), p.132.

　　③ 《特约路偷电》,《大公报》(天津),1922年5月8日。

于铁路的争夺,各军势力的消长可由所占铁路路线距离的长短判断,火车即有如寒暑表中之水银。① 更有进者,自北洋晚期起,由于大炮的广泛使用,军队动员的人数增多,致使战场必须集中于铁路及主要公路沿线的平坦地带。因此,战争的模式与过去大为不同,交通网(尤其是铁路)不仅成为兵家必争之地,同时也决定了战场的位置和规模。历史学者王桐龄于民国十三年即曾撰文指出:

> 当今中国本部交通机关为京汉、津浦、陇海铁路及扬子江船路之四大干线,郑州、徐州、武汉、江宁四处,实扼其咽喉,郑州、武汉雄踞上游,尤为用兵者必争之地。②

一些历史上著名的战场也不再重要。此时重要的战场为位于(或接近)主要交通干线的小镇,如长辛店、廊坊、汀泗桥、龙潭等。事实上,许多战役即发生于铁路沿线几英里之内。由于战斗的范围有限,装有机枪和大炮的铁甲车成为极具威力的武器,其优点为具有机动性和火力集中。有时由于作战双方均需依赖铁路,而必须冒险将军队集中于铁路附近,致使铁甲车常成为关键性的武器。③

铁路既为战火集中之地,所受到战乱的影响自然也就至为巨大。现试就铁路设施受战乱的破坏、军事运输、路款挪用及铁路上的各种苛

---

① 《北宁路运输处王处长演说》,《大公报》(天津),1930 年 11 月 18 日。

② 王桐龄,《陕西在中国史上之位置》,《地学杂志》,期 15(1924 年 10 月),页 41。

③ Ch'i, *Warlord Politics in China*, p. 128;据当时人的描述,铁甲车"是一列装着铁甲的火车,有五六节车皮,每节车上都有七五口径大小的炮和机关枪,火力相当强。普通小口径炮又贯穿不了它的装甲,在铁路上行驶也相当迅捷,还可以带不少的兵,车上还有铁道工人,可以修复破坏不大的铁轨"。见刘汝明,《刘汝明回忆录》(台北:传记文学出版社,1966 年),页 68。亦可参阅普利玛科夫著,王启中、吕律合译,《中国内战志愿兵回忆录(1925—1926)》(台北:"国防部"情报局,1977 年),页 27—36。

捐杂税等方面说明政治秩序不良对于铁路营运管理的影响。

第一节 战争破坏

中国近代铁路受战争的损害,始于光绪二十六年(1900)的义和团运动。其后每遇战事发生,有关系的各路无不悉举所有,以供军用。交通工具一变而为战争利器,毁桥拆轨视为防御工程,扣车、炸车尤属数见不鲜之举,不但使铁路营业上受一时的损失,其资产更予以重大的摧残。事后虽加修补,但往往元气未复,而第二次变乱又接踵而至。频频破坏,创巨痛深,每有延长至数年之久而不能恢复原状者。兹将国有各路历年所受战祸损害列举于后,并对铁路营运所受影响略作估计。

一、清末时期

光绪二十六年义和团揭橥排外。铁路与电线在当时被视为洋人之物,在仇视之列,于是卢汉铁路卢沟桥至漕河间长一百二十公里的路线完全被毁,周口店岔道也被破坏十三公里,桥梁、轨道荡然无存。运动平息之后,法、比两国公使要求赔偿该路损失五千万法郎①,各国议决于庚子统赔款中提出,其损失之巨,已属可惊。而俄国则于此时强占关内外铁路的山海关至新民屯段,英国强占山海关至丰台一段,并自修丰台至北京及北京至通县各路线。后经督办大臣袁世凯多方交涉,英始于二十八年(1902)四月交还,俄于同年九月交还。其占领期内所收运费与新筑路线用款,交还章程中虽有两国派员查核的声明,最后则未闻

---

① 王树槐,《庚子赔款》(台北:中研院近代史研究所,1974 年),页 38—39。

有彻底清算之举。①

宣统三年(1911)八月武昌起义,南方各省先后风从,于是大江以南各路,如沪宁、沪杭甬、广九、广三、株萍,以及京汉南段,均卷入战争旋涡,其延长路线约一千三百公里,历七阅月方完全停息。②

二、北洋时期

民国二年六月,袁世凯罢免赣、皖、粤三省都督,二次革命遂起,南北构兵,历时二月。北军利用京汉、津浦两路,南军利用沪宁、沪杭甬、株萍等路,延长路线约三千四百公里。③

民国六年六月,徐州督军张勋拥宣统复辟,段祺瑞起兵征讨,不数日而共和恢复,但前后麇集车辆,也历时一个月之久。受影响者为京汉、京奉、京绥、津浦四路,马厂、德州间路线被毁十余里。④

民国九年五月,西北边防军以政争之故,与直军交战。虽决胜疆场仅五六日,而双方前后扣车则逾三月,京汉、京奉、津浦、京绥四路,几于完全停运,沪宁、沪杭甬二路也略受影响。⑤

民国十一年直奉之役爆发,战虽不及十日,彼此屯军不及三月,而

---

① 《交通史路政篇》,章2,页45—73。

② 青雷,《我国铁路受战乱损失之估计》,《太平道报》,年1期8(1926年3月),页18。关于革命军得铁路工人之助,袭击清军的补给线,参阅:高劳,《革命战事记》,《东方杂志》,卷8号9(1911年9月),页21;Joseph W. Esherick, *Reform and Revolution in China: The 1911 Revolution in Hunan and Hubei* (Berkeley: University of California Press, 1976), p. 198.

③ 青雷,前引文,页18;Ernest P. Young, *The Presidency of Yuan Shih-k'ai: Liberalism and Dictatorship in Early Republican China* (Ann Arbor: University of Michigan Press, 1977), p. 121.

④ 青雷,前引文,页18。

⑤ 青雷,前引文,页18。

铁路则延至二年后尚未能复原。奉军被直军击败后,即将京奉路的关外一段据为己有,扣留机车、客货车一千余辆,新设的四洮路也不受交通部节制。两路虽仍照常营业,而中央无权过问。其战时所受损失,以京奉、京汉、京绥、津浦、陇海、吉长、四洮七路为多。[①]

民国十三年八月,始则齐(燮元)、卢(永祥)鏖战于淞沪,继则吴、张相持于榆关。华北及长江流域各省区悉入战争漩涡。沪宁、沪杭甬、京奉、京汉、京绥、津浦、陇海、吉长、四洮等路,全遭蹂躏,甚至僻处一隅的胶济路也受到影响。及直系败挫,奉军长驱南下,略定江南,沪、宁一带重遭浩劫,津浦、沪宁等路直至十四年四五月间,方始恢复秩序。[②] 战争时期,所有的铁路交通完全中断,商业也大受影响,如北京所需燃料、粮食及其他生活必需品,向由外地输入,战争时期来源中断,加上铁路沿线军阀的有意拦截,致使价格飞涨。[③] 即使是在战争结束后的几天内,由北京至天津仍需二十四小时的车程,方可抵达。[④]

民国十四年十月,浙督孙传芳率浙、闽、苏、皖、赣五省联军声讨奉系。奉军以防线过长,旧苏军与孙军相通,北方有国民军的牵制,不战而退,江南幸免兵祸。沪宁、沪杭甬两路虽军运不息,但究未遭大损。张宗昌扼津浦路中段,南拒联军,北援直李(景林),全路截为三段,停运将及五月,其损失唯独重。京奉路方面,始则奉军入关压迫国民军,次

---

①　同前注;曾鲲化,《中国铁路史》,页 500—501。

②　青雷,前引文,页 18—19。

③　《交通公报》,号 762(1924 年 12 月 8 日),公牍,页 3;号 763(1924 年 12 月 9 日),页 11;号 764(1924 年 12 月 10 日),页 6。1924 年 11 月,新任交通总长叶恭绰就职后,由于调度有方,民生用品的价格得以顿时下降百分之二十至卅五。参阅:Pei-yu Chien,"Chinese Railways Recovering From War Effects in North," *The China Weekly Review*,31:7 (January 17,1925), pp. 194-195。

④　Ibid. ,p. 195.

则郭松龄倒戈,反以出关,直达新民府,又次则国民军与直李剧战杨村、北仓间,终则奉张据关自守,宣言独立,关内各路线从此又被割裂,复成为民国九年直奉战后的形势。至于河南省,国民二军南防鄂、北攻直、东侵鲁,京汉、陇海均入战争旋涡。[①] 其他如京绥、正太、吉长、四洮、胶济等路,车辆征发一空,客货运输十停八九,蔓延之广,毁坏之烈,较第一次直奉之役为尤甚。[②]

三、国民政府时期

民国十五年,国民革命军开始北伐。北伐和过去的战争不同之处在于其密度大、持续时间久,以及战斗范围大,因此对于铁路的影响也就随之而增大。据一项统计,民国十五年国有铁路的名目投资报酬率(nominal rate of return to investment),骤降至过去几年的二分之一左右。[③] 车辆所受破坏的情形极为严重(见表2)。

民国十八年,西北军将领孙良诚不服中央调度,恐受中央军压迫,

[①] 青雷,前引文,页19。国民军与吴佩孚于京汉路沿线交战时,该路工人曾成立铁道大队,帮国打吴,参阅:吴太伯,《唐景星》,收于:工人出版社编,《中国工人运动的先驱》,集2(北京:编者印行,1983年),页260。

[②] 根据北洋时期交通部顾问、铁道会计专家贝克(John E. Baker)的记载,第一、二次直奉战争期间(1924年9月10日至1925年12月31日),国有各路载运总吨数的损失约为八亿元,参阅:Baker, *Explaining China*, p.226; idem, "Transportation in China," *Annals of the American Academy of Political and Social Science*, 152 (November 1930), p. 169. 惜作者于二处均未注明资料来源。

[③] Ralph William Huenemann, *The Dragon and the Iron Horse: The Economics of Railroads in China*, 1876-1937 (Cambridge: Harvard University Press,1984), p. 178.

乃将其部队撤离山东。[①] 由津浦路至徐州转入陇海路开行后,唯恐中央军追赶,即将沿线铁桥炸毁多座(包括郑州以西黑石关的洛河桥)。当时陇海路仅通至灵宝,无法再往前进,孙部又不愿将列车放回东行,乃将机车及数十辆车厢均推落黄河岸边。[②]

表2 京汉等铁路车辆破损情况表(民国十六年末)

路名	总数及破损数	客车	货车	机车
京汉	总数	223	3,977	229
	破损数	42	197	42
京绥	总数	145	1,534	122
	破损数	21	202	64
津浦	总数	254	686	136
	破损数	54	315	48
胶济	总数	208	1,674	108
	破损数	66	168	24
京奉	总数	333	4,106	224
	破损数	41	434	37
合计	总数	1,163	11,977	819
	破损数	224	1,317	215

资料来源:长野朗,《支那資本主義発達史》(东京:诚光堂书店,昭和六年),页174—175。

民国十九年,中原大战爆发,各路再度遭受重大损失,涉及的铁路包括津浦、京汉、陇海、北宁、胶济、京绥、正太、京沪、沪杭甬、湘鄂、广

---

① 简又文,《冯玉祥传》(台北:传记文学出版社,1982年),页326—328;James E. Sheridan, *Chinese Warlord: The Career of Feng Yu-hsiang* (Stanford: Stanford University Press, 1966), pp. 254-259.

② 凌鸿勋,《陇海粤汉湘桂筑路回忆》(台北:畅流半月刊社,1953年),页2—4;凌鸿勋,《十六年筑路生涯》(台北:传记文学出版社,1968年),页6—7。

九、广韶、南浔、道清等,其中尤以陇海、京汉、津浦三路损失最大。[1] 据统计,十八、十九两年间,津浦一路的资产损失,即约达 1,417 万元之巨。[2]

第二节　军事运输

军人占用铁路车辆,始于宣统三年(1911)的武汉革命。当时京汉路广水以南为革命军占领,对于所有车辆有事借以行兵,无事视为传舍,几于全供军用,而沪宁、株萍,南浔、广三、广九大抵均为如此。民国元年,秩序稍复,然江西事变又起,京汉、津浦皆当其冲。此后如白狼之役、湖南之役、讨逆之役,运兵转饷,迄无宁日。自民国九年直皖战争后,各路军系于扣车后,每多久假不归,致使各路元气大伤。[3]

表3　军运在国有铁路客运中所占比重

单位:万延人公里

年度	军运量	客运总量	军运占客运总量%
1920	30,227	316,153	9.6
1921	36,710	316,223	11.6
1922	44,488	332,090	13.4
1923	16,221	341,343	4.8

---

[1]　凌鸿勋,《凌鸿勋先生访问记录》(台北:中研院近代史研究所,1982 年),页 67。

[2]　《大公报》(天津),1930 年 11 月 16 日。

[3]　曾鲲化,《中国铁路史》,页 399。至于 1930 年代战乱对铁路的破坏,详见:铁道省上海办事处,《鐵道部成立後の支那鐵道》(上海:编者印行,1926年),页 54—58,146—157。

（续）

年度	军运量	客运总量	军运占客运总量%
1924	56,726	358,232	15.8
1925	83,553	376,112	22.2
1931	47,593	434,005	11.0
1932	31,046	345,058	9.0
1933(1—6月)	36,505	204,140	17.9
1933	63,895	405,765	15.7
1934	53,334	405,772	13.1
1935	65,647	434,885	15.1

资料来源:宓汝成,《帝国主义与中国铁路(1847—1949)》,页484。

　　上表指出,客运中军运所占比例,民国九年至十四年间,平均为12.5%。最高年份为十四年的22.2%,最低年份为十二年的4.8%。国民政府时期二十年至二十五年间,平均为13.4%,最高为二十二年上半年的17.9%,最低为二十一年的9%,显示出军运对客运的影响,国民政府时期较北洋时期为大,但十四年的反奉之役则影响最大。从上表军运人数的变化,则可看出战争所动员的人数有日益增多的趋势。

　　以上各项统计系就全国国有铁路加以平均计算而得。如就其中某些路线加以计算,则军运所占比率将更为显著。例如,京汉路民国八年至十四年资料显示,七年之间军运占客运比重在20%以上者有五年,最高记录达34.03%。[①]

---

① 宓汝成,《帝国主义与中国铁路(1847—1949)》,页494。

表4　京汉路客运中军运所占比率表(民国八至十四年)

年份	载客总数 (延人公里数)	军运数 (延人公里数)	军运占载客 总数的%
1919	608,315,551	128,138,427	21.07
1920	628,878,764	132,259,055	21.03
1921	526,733,884	116,348,881	22.09
1922	490,260,467	83,352,085	17.00
1923	515,217,471	54,000,911	10.48
1924	559,824,440	114,045,680	20.37
1925	604,312,414	205,487,273	34.03

资料来源:严中平等编,《中国近代经济史统计资料选辑》(北京:科学出版社,1955年),页210。本表系根据历年《京汉铁路会计统计年报》计算而成。

又如京奉路民国九年至二十年间,军运占客运总运量10%以上者有七年,最高者达32.56%(见下表)。各军系擅自扣留车辆所运载的数量如列入计算,军运所占比重将更为增大。①

表5　京奉路客运中军运所占比率表(民国九至二十年)

年份	载客总数 (延人公里数)	军运数 (延人公里数)	军运占载客 总数的%
1920	532,089,957	45,797,838	8.61
1921	821,619,553	85,407,731	10.40
1922	826,008,226	268,649,499	32.52
1923	509,385,858	10,652,496*	2.09
1924	659,959,772	214,885,052*	32.56
1925	828,613,687	213,674,284*	25.78

① 宓汝成,《帝国主义与中国铁路(1847—1949)》,页494。

（续）

年份	载客总数 （延人公里数）	军运数 （延人公里数）	军运占载客 总数的％
1926	629,232,118	93,626,408*	14.88
1927	871,213,661	136,150,551	15.63
1928	552,870,784	64,852,295	11.73
1931	1,053,199,264	100,252,161	9.52

*包括"政府民运"，即非军运的政府客运在内，此一部分数字，就历年考察，仅占1％—2％。

资料来源：严中平，前引书，页210。

上表显示，军运所占比率以民国十一年和十三年为最高，反映出京奉路于直奉战争中所扮演的重要角色。民国十一年第一次直奉战争结束后，报载吴佩孚曾聚集一千五百辆车，将其部队由秦皇岛运回关内，每天可运输五千人。[1] 民国十三年第二次直奉战争时，在为期仅四周的战斗中，直系曾利用京奉路出动了六百辆以上的车辆。由于京奉路本身没有如此多的车辆，直系又向京汉、津浦、京绥、陇海等路借调数千辆车，以应需要。[2]

国民政府时期，政治秩序依然不安定，故铁路的军事功能并未减弱。民国十九年中原大战期间，就京沪、沪杭甬两路军运工作计，开行军车至五百八十列之多，行车里程达七万三千公里之数，其每日附挂客货车开行者尚不在内；该二路在此军运期内，并能维持客运、货运，毫无停滞，车辆也未虚糜。他如津浦、陇海、京汉、湘鄂各路，则车辆调度，几

---

[1] Ch'i, *Warlord Politics in China*, p. 260.

[2] Pei-yu Chien, "Chinese Railways Recovering From War Effects in North," *The China Weekly Review*, 31：7 (January 17, 1925), p. 194.

于十之七八全属军运,以至入不敷支,员工欠薪达数月之久。①

民国二十年两粤事变爆发,全国骚然,蒋介石派军南下弹压,得力于粤汉路运输敏捷者最多,谓粤汉路为间接造成全国统一的局面,也未尝不可。及两广底定,上海、汉口事件继之发生,华北情势亦复紧张,中央军乃又忙于北返,每日开行军车多逾十列。仅历一月,而十数师人马已尽北运。②

民国十九年冬起,至二十三年十月,国民政府对中共发动围剿。据一项资料显示,二十二年七月至二十三年六月间,南浔铁路开出军运列车数目,为营业列车数的 96%③,铁路的军事功能由此可见。

铁路在战时负有运输军队与军品的责任,此固无可疑者,即民营铁路在非常时期也常由政府接管,以便指挥利用,但是近代中国却由于政局的不统一而造成铁路管理的混乱。大体说来,民国五年以前,由于交通行政之权悉隶于中央,遇有军事运输,指挥若定,适赴机宜,无壅滞之患。民国六年以后,军事频繁,各地军系每将交通事业视为私产,置于自己管辖之下,车辆、电线、船只等,概予扣留,致使各地之间无法互通有无。④ 如民国十一年第一次直奉战争结束后,奉军退出关外,携走了京奉路约百分之七十五的机车和车辆。⑤ 各路间的相互扣车,造成了

---

① 熊亨灵、何德川编,《中国国民党与中国铁路》(台北:中国国民党台湾区铁路党部委员会,1965 年),页 358—359 所载铁道部长孙科于 1930 年 11 月向中国国民党中央三届四次全会提出同年 3 月至 10 月之工作报告。

② 黄啬名,《粤汉路全线博访录》(香港:华侨出版社,1936 年),页 104—105。

③ 宓汝成,前引书,页 484—485。亦可参阅:奋之,《积极兴筑中的中国铁道》,收于:中国经济情报社编,《中国经济论文集》,集 1(上海:生活书店,1934 年),页 201—202。

④ 叶恭绰,《交通行政权统一案》,收于:俞诚之编,《遐庵汇稿》(出版地点不详,1930 年),上编,页 29。

⑤ Gavan McCormack, *Chang Tso-tin in Northeast China*, 1911-1928; *China, Japan, and the Manchurian Idea* (Stanford: Stanford University Press, 1977), p. 90.

车辆的混乱。据一项统计,民国十六年各路车辆混淆情形如下:

表6 京汉等铁路车辆来源分析(民国十六年)

路名	车辆种类	原有车辆数	现有车辆数	来自其他铁道车辆数	为其他铁道扣留车辆数
京汉	客车	320	75	65	5
	货车	3,919	333	2,612	495
	机车	329	44	不明	不明
京奉	客车	364	188	176	34
	货车	4,412	1,653	2,759	1,618
	机车	336	184	52	18
京绥	客车	145	87	不明	不明
	货车	1,541	716	825	579
	机车	131	不明	不明	38
津浦	客车	315	72	100	34
	货车	2,088	321	1,539	623
	机车	131	不明	不明	不明

资料来源:长野朗,《支那資本主義發達史》,页177。

民国十七年奉军败退东北,京绥、京汉、津浦等路机、货、客车被携出关外者,计有近六千辆之多,价值达数千万元,使关内各路客货运输一时无法恢复,国计民生关系非浅,后虽归还约 1,000 辆,但是仍有约5,000 辆未能归还。[1] 携出关外的车辆,除了部分拨交东北一些铁路运用外,大部分被弃置一边,任其损坏。

北伐完成后,军队扣车问题仍然存在。民国十九年铁道部声称,各

---

[1] 《交通公报》,号24,转引自:朱新繁,《中国资本主义之发展》(上海:联合书店,1929 年),页369;金井清,《團匪賠償金の返還と鐵道投資》(未注出版地点,1931 年),页3。

路为军队占据的机车尚有七十余辆,客、货车约一千四百辆。① 虽经政府三令五申禁止,而扣者仍自若。天津《大公报》曾为此事刊登社评加以评论:

> 近年情状,铁路运货,难于登天,非特捐输重重,且因无车之故,不能装运,往往有堆置车站数月或一年之久,卒至腐朽败坏而依然未起运者。军队扣车,其真目的在营利,故商人运货往往须特出车皮费,以求军人,其价之昂,倍蓰于运费……而其原因皆在军队扣车,路局无权支配车辆,机车被扣,关系尤巨。所以各路皆不能多开车,开车亦不能多挂车辆,旅客商家种种苦痛,因之而来。纵置国家铁路收入之影响不论,单就人民所受直接之损害而言,已可谓国家莫大之耻辱矣。②

第三节　路款挪用

中国近代由于政治秩序不良,各地军系每将势力范围内的铁路视为经济来源,或驻站监收,或强索协饷,对于铁路会计及财政破坏甚大。本节拟就上述二种路款挪用方式,作一初步探讨。至于路款缴部后的分配问题③,以其属于正常财政收支范围,故不在叙述之列。

---

① 各军所扣车辆数目如下:(1)京汉路:计石友三部扣机车 3,客、货车约300;孙连仲部扣机车 11,客、货车 250;陈调元部扣机车 2,客、货车 18;万殿尊部扣机车 4,客、货车 80。(2)津浦路:计韩复榘部扣机车 11,客、货车 146;马鸿逵部扣机车 4,客、货车 50;陈调元部扣机车 4,客、货车 105。(3)陇海路:被各军扣用机车 12,客、货车 380。(4)道清路:被扣机车 3,客、货车 76。(5)胶济路:被扣客、货车若干。参阅:《军队扣车问题》,《大公报》(天津),1930 年 12 月 19 日。

② 同前注。

③ 关于路款拨付政府的问题,详见:宓汝成,《帝国主义与中国铁路(1847—1949)》,页512—515。

一、截留

民国九年,直鲁豫巡阅副使吴佩孚不问财政部要索军费,首先于京汉路南段设监收处,截取路款。[1] 此后各地军事领袖即纷纷仿效。[2] 当时北洋政府拨给正规军每师每月的经费,以银十四万两为定额,对于非正规军每月补助银四万两,其不足之数,令各统制官采自给自足制。民国十三年时,吴佩孚所辖五个正规师及二个非正规师,合计每月经费七八十万两,非自筹不可。[3] 在变态财政规划之下,大部分兵费以截留京汉路南段(由黄河南岸至汉口大智门)的铁路收入充之。[4] 民国十一年,直系高恩洪就任交通总长后,拟以各省协解之款充为军费,请吴佩孚先为表率。中央允每月拨款百万元充吴军饷,吴允交出截留的京汉路收入及盐税[5],并撤销京汉南段监收处。但吴随即又饬新任京汉管

---

① 改造湖北同志会,《民国十年之吴佩孚》(出版地点不详,1921 年),页 13;叶恭绰,《交通救国论》(上海:商务印书馆,1930 年),页 22;正华,《中国交通概况》,《上海总商会月报》,卷 4 期 1(1924 年 1 月),调查,页 2。

② 如津浦路,除津浦路管理局外,孙传芳既于南段设南段管理局,张宗昌又在山东设德韩管理局。京奉路除原设路局外,张作霖复设奉榆管理局。京绥路更是机构林立,如讨贼联军管理局、镇威军管理局等。参阅:宓汝成,《帝国主义与中国铁路(1847—1949)》,页 515。

③ 吴佩孚先生集编辑委员会编,《吴佩孚先生集》(台北:编者印行,1960年),页 316。另一项研究指出,1923 年 11 月吴佩孚升任直鲁豫巡阅使后,直属部队有 5 师 1 混成旅,每月军饷约 80 万元。参阅:李宗一,《吴佩孚》,收于:李新、孙思白主编,《民国人物传》,卷 2(北京:中华书局,1980 年),页 205。

④ 《吴佩孚先生集》,页 317;冈野增次郎,《吴佩孚》(东京:万圣阁,1936 年),页 523。

⑤ 《财交两部之减政计划》,《申报》,1922 年 6 月 1 日,页 6 ;Odoric Y. K. Wou,*Militarism in Modern China*：*The Career of Wu P'ei-Fu*,1916-39 (Dawson：Australian National University Press,1978),p. 108. 此时,吴佩孚所提取的京汉路收入,每月约为 100 万元,所截留的盐税收入,由 1922 年 1 月至 4 月共为 156,360 元,参阅:R. T,《中国财政的收入》,《东方杂志》,卷 19 期 12 (1922 年 6月),页 119; Wou, p. 284.

理局长赵继贤在保定设局办公,将所有路款收入完全扣充军饷之用。①

据估计,吴佩孚截留京汉路路款的收入,每年约有二千八百万元,截留陇海路路款的收入,每年约有三百八十万元。② 另一项资料显示,吴佩孚自民国八年入洛阳,至十三年的六年之间,共截留京汉路款六百八十余万两。③ 吴并曾将粤汉路湘鄂段的部分收入用于支持他在湖南岳州的部队。④

民国十三年十一月,第二次直奉战争结束,吴佩孚失败,所拥有的京汉路地盘也随之易主。全路收入被分割为五份:(1)北京、长辛店间,归奉系京局收取;(2)长辛店、石家庄间,孙岳派员收取;(3)石家庄、郑州间,胡景翼派员收取;(4)郑州以南,豫军收取;(5)武胜关以南,湖北当局派人收取。⑤ 民国十四年二月,交通部在所提"交通行政权统一案"中指出,京汉路每年被地方军人提取路款达千万元之巨。⑥

东北地区则长期为奉系军人所占,变动较小。民国十一年第一次直奉战争后,张作霖退出关外,宣布自主,以京奉路关外段及盐余、关余为主要财源。所有关外的铁铬收入均未遵照借款合同的规定存入天津汇丰银行,而径交至沈阳。由京奉路关内段的营业盈余推算,在张作霖控制下的关外段,每年约可为张带来五百万元的收入⑦,而民国十二年

①　杜蔚侯,《直奉战争记》(出版地点不详,1922 年),页 56。

②　Wou, *Militarism in Modern China*, p. 71. 另一项资料显示,1924 年上半年,吴佩孚共自京汉路总收入约 1,400 万元中截留了 600 万元。参阅: Chi, *Warlord Politics in China*, p. 165.

③　《吴佩孚先生集》,页 317。

④　Wou, *Militarism in Modern China*, p. 72.

⑤　《兵氛渐戢中之四大路》,《大公报》(天津),1924 年 12 月 15 日,页 4。

⑥　叶恭绰,《交通行政权统一案》,收于:俞诚之编,《遐庵汇稿》,上编,页 32;叶恭绰,《保持交通四政特别会计案》,收于:《遐庵汇稿》,上编,页 36。

⑦　McCormack, *Chang Tso-in in Northeast China*, pp. 90-91.

东三省各项正规收入(路款、盐余等除外),仅为二千六百余万元。① 铁路对地方财政的重要性,由此可见。

国民政府成立初期,残余的军阀势力依然存在,提取路款的情形仍未完全中止。民国十七年北伐完成后,南京国民政府直辖地区为江苏、安徽、浙江、江西、福建。冯玉祥的第二军驻河南、山东、陕西、甘肃、青海、宁夏,阎锡山的第三军驻河北、山西、绥远、察哈尔,李宗仁的第四军驻湖北、湖南及冀东,广东、广西也属其势力范围。② 据铁道部的统计,民国十七年八月至十一月的四个月之间,京汉、北宁、京绥、道清四线路款,为各集团军提取者达三百六十九万余元(见下表),而他路也有类似的情形。③

表7　各集团军提用各铁路款项数目表(民国十七年八至十一月)

路名	第二集团军	第三集团军	第四集团军	总计
京汉	1,832,000	550,000	570,000	2,952,000
北宁		50,000	500,000	550,000
京绥		150,000		150,000
道清	40,800			40,800

资料来源:《各集团军提用各铁路款项数目表(民国十七年八至十一月)》,《铁道公报》,期2(民国十八年一月),页82—83。

上表显示,京汉路由于所经直、豫、鄂三省分别属于三个集团军的势力范围,故所受路款损失最大。而冯玉祥的第二集团军虽拥有六省一市,地盘不可谓不辽阔,然究其实则西北的宁、青、甘、陕以及豫省均

---

① Ibid. ,p. 91.

② 郭廷以,《近代中国史纲》(香港:香港中文大学出版社,1975 年),页 592。

③ 《自大正十四年十一月至昭和四年十二月支那国有铁道関係雑件》,页194—195。收于 Japanese Foreign Ministry Archives,S6, 1. 9. 2-27.

为贫瘠之地,收入短绌,无法养活数十万大军及施行新政①,故路款收入的重要性相对增大。

民国十八年,第一六四次中央政治会议通过一项决议,其中提及"派员驻站监收提款之恶习,应立即停止",显示地方军人驻站监收路款的情形依然存在。②

二、协饷

近代中国铁路协饷,始于清末的关内外铁路。梁如浩于光绪二十八年(1902)至三十二年(1906)担任关内外路洋文总办期间③,月以八十万归北洋。④ 三十三年(1907)二月,北洋大臣袁世凯复奏准将该路余利年拨二成,作为北洋经费之用,直至宣统三年(1911)前,均按月拨解。⑤

北洋时期,财政困窘,铁路成为重要财源之一,常需负担协饷的任务。如民国十一年六月,吴佩孚迎黎元洪复职。十月,冯玉祥被任命为陆军检阅使,驻扎南苑,饷项无着,经多方交涉,始得由京绥路局月拨十万元,崇文门税关月拨五万元,财政部盐余月拨十余万元,不敷甚巨。⑥

① 简又文,《冯玉祥传》,页 326。
② 孙科,《铁道行政施政方针提案》,收于:铁道公报编,《铁道部成立一周年纪念特刊》(南京:编者印行,1929 年),页 42。
③ 《交通史路政篇》,章 2,页 171。
④ 遐庵年谱汇稿编印会,《叶遐庵先生年谱》,页 24。
⑤ 《恳准将京奉铁路应拨北洋二成余利暂行停解》,收于:参议厅编核科编,《邮传部奏议分类续编》,1915 年,路政,页 30。
⑥ 冯玉祥,《我的生活》(上海:教育书店,1947 年),册 2,页 460—461;《陆军第二十九军志略》,收于:《宋故上将哲元将军遗集》编辑委员会,《宋故上将哲元将军遗集》(台北:传记文学出版社,1985 年),页 122;简又文,《冯玉祥传》,页 134—135。

十三年十月,冯玉祥发动政变成功,推翻曹锟政府后,立即任命其亲信宋良仲为京绥路局局长,按时提供协饷,而不同于吴佩孚的派员驻站截取路款。[①]

协饷与驻站监收并不排斥,两者可同时使用。据一项统计,至民国十三年年底,京奉、津浦及天津电报、电话等局,共拨付吴佩孚军用款项 13,337,690 元余。[②] 民国十六年,交通部向张作霖陈明,凡经济实属窘迫之路,暂免担负协饷。[③] 由此可见,各路广泛负有协饷的义务。

国民政府定都南京后,各地军人借口军饷短绌,经常要求中央补助。据统计,民国十七年十一月铁道部成立后的一年之内,京汉、北宁两路分别协济第三、四集团军等的饷项,即逾一千万元,约占同期铁路收入的百分之四十。[④] 据另一项资料显示,民国十八年四月以前,华北各路每月需负担军费二百余万元,其中京汉路担任二集团军费每月五十万,三、四集团军各三十五万,而其每月收入不过约二百余万。京绥路每月收入仅三十万,而担负三集团军费二十万。北宁路平滦段月协四集团军三十万。由于协助军事当局太多,以致运费增加,商人不敢以火车运货,致使铁路收入大受影响,如京绥路每月收入即由八十万元降至三十万元。[⑤] 直至民国二十四年,铁道部顾问汉猛德(F. D. Hammond)视察国有各路时发现,北宁、京绥、京汉、津浦、陇海等路每年仍需协助军事机关四百八十万元,铁路方面称之为"杂项支出"或"拨交政府",收款人

---

①　"Feng Yu-hsiang's Paper Bank," *North China Herald*, 155 (May 16, 1925), p. 266;《交通史路政篇》,章 2,页 1627。

②　《津埠交通机关所拨之军费》,《大公报》(天津),1924 年。

③　宓汝成,《帝国主义与中国铁路(1847—1949)》,页 516。

④　孙科,《铁道行政施政方针提案》,页 41—42。

⑤　《孙科报告全国路政》,《申报》,1929 年 8 月 23 日,页 10;梁敬镎,《江南民食与西北灾荒》,《时事月报》,卷 1 期 1(1929 年 11 月),页 89。

也不具姓名。①

除了协助国内各军事机关,华北铁路由于外交上的需要,抗战前甚至需以收入资助"冀东防共自治政府"。该组织每年收入二千七百四十万元,其中北宁路协款即占一百二十万元。②

第四节　运费附捐

近代中国由于政府财政困窘,常于铁路沿线设税收捐,以增加税收,对于铁路运输产生重大的影响。

铁路之有货捐,始于清末的京汉路。当时因各省概系抽收厘金,凡商运货物经过关卡,节节收厘,改由火车运输后,抽收有所不便,是以创设铁路货捐办法,此后汴洛、正太等路乃相继比照办理。至民国元年,津浦路通车,直、鲁、苏、皖四省即就该路沿线设局,征收货捐,此后几至一路告成,货捐即随之而起。③

北洋时期,各地军人纷于所掌握的铁路沿线增设征收机关,如吴佩孚驻洛阳时即于京汉、陇海沿线设局,对过路的货物征税。④ 民国十三年第二次直奉战争期间,吴佩孚于其根据地河南共筹得军费一千四百余万元,其中来自京汉、陇海、道清三路火车货捐总分局卡者为一百万

① 汉猛德(F. D. Hammond),《汉猛德将军视察中国国有铁路报告》(出版地点不详,1935 年),页 119。

② 《中华民国重要史料初编》编辑委员会编,《中华民国重要史料初编——对日抗战时期》,编 6,傀儡组织(二),页 59;《东方杂志》,卷 33 期 4(1936 年 2 月),页 85;郭廷以,《中华民国史事日志》,册 3,页 553;周开庆,《一九三六年之中日关系》(台北:学生书局,重印本,1973 年),页 114。

③ 《交通史路政篇》,章 1,页 2519。

④ Wou,*Militarism in Modern China*, p. 60.

元,所占比重虽不大,但其重要性则仅次于盐款,而居于第二位。[1]

割据西北的冯玉祥,由于控制的地区多为贫瘠之地,铁路遂成为重要的财源。根据一项资料显示,民国十六年时,京绥路的货运附捐共有镇威军第三、四方面军团军事善后捐,晋绥军军事善后捐,利商转运局护运费,绥远货物维持会善后费,其捐率自百分之十至九十不等。例如由绥远运粮至西直门,每二十吨车应缴运费571.32元,而应缴各项附捐计727.32元,竟达运费127%。又门头沟运煤至西直门,每二十吨车应缴运费11.6元,而应缴附捐需59.16元之多,附捐之数竟在运价五倍以上。[2] 同一项资料指出,各路附加税在运费中所占比率,有极大的差异(见下表)。

---

[1] 第二次直奉战争期间,吴佩孚于河南筹集军费情形如下:

河南省银行增印纸币	500 万
各大商会	200 余万
各地捐局	600 万
盐款经理处及管理局	160 万
京汉、陇海、道清三路火车货捐总分局卡	100 万
烟酒公卖局、烟卷特税处	70 余万
厘金局、全省棉花专捐局	90 万
屠宰与花生税	60 万
鲁山丝厘局、清化竹捐局	10 万
其余各地征收统捐局	90 万
各大工厂、矿局	110 万
总计	1,410 余万

资料来源:《豫省军兴后之损失》,《申报》,1925年2月8日。

[2] 《整理路政标大纲局长会议议案》,《交通公报》,号1657(1927年8月2日),页4。关于京绥路的货运附捐,亦可参阅:宓汝成,《帝国主义与中国铁路(1847—1949)》,页521。

表8 京绥等铁路附加税在运费中所占比率

路名	货物总类	附加税在运费中所占百分比
京绥	粮食	127%
京绥门头沟支线	煤	510%
津浦	煤	40%
	粮食、棉花等	40%
胶济	煤	70%
	棉纱	176%

资料来源:长野朗,《支那資本主義発達史》,页178—179。

据估计,北洋时期铁路上各种名目的附加税,平均约为运费的百分之五十至六十。[1]

国民政府时期,铁路上附征军事捐,也甚为盛行。多者如陇海路,初则收 100%,继则收 150%,后又改为 180%[2],影响铁路收入甚大。民国十八年,铁道部遵奉行政院令,分别函咨各省政府和通令各路局,将各路附加军费、铁路货捐和其他一切正当运价以外的苛捐杂费一律停止。结果各路附加军费大多陆续停止[3],但是铁路货捐和其他各种捐税,由于军事关系,不但未能停止,甚且变本加厉,苛捐杂税,层出不穷,且捐税之重,几乎超过运价几倍之多。[4]。捐率重者如京绥路,民国十九年时,运茶二十吨,运费五百元,税捐竟需三千元,故沿线生产减

① 金井清,《南京政府の治下に於ける支那鉄路回復の現状》,油印本,1929年,页 12。
② 熊亨灵、何德川编,《中国国民党与中国铁路》,页 341。
③ 熊亨灵、何德川编,《中国国民党与中国铁路》,页 357。
④ 《铁道部最近施政情形》,《南浔铁路月刊》,卷 8 期 9(1930 年 10 月),页16—17。

退,官民交困。[1]

民国二十年,财政部自元旦起实行裁撤厘金,各路沿线捐税局卡虽有裁撤,而仍旧存在或改变名称者,亦属不少。据统计,同年沪宁、沪杭甬等十七条国有铁路线上,征税机关竟多达878处,平均每条路上有五十多处,多者如津浦、京汉,分别有139和133处(见下表)。

表9　国有铁路沿线征税机关统计(民国二十年)

路名	征税机关数	路名	征税机关数
沪宁、沪杭甬	117	广九	12
胶济	107	粤汉(广韶、湘鄂段)	35
津浦	139	南浔	22
正太	35	陇海	67
京绥	30	吉长	9
京汉	133	齐克	10
道清	21	吉敦	4
北宁	127	洮昂	10
总计			878

资料来源:宓汝成,《帝国主义与中国铁路(1847—1949)》,页523。

如京绥路自民国二十年政府通令裁厘后,除张多、杀虎、塞北三关所设分卡,不再重征,其余均属统捐,名目虽殊,而性质相同,其办法各异,由某站至某站虽未见有重征之举,但一入城市交易,或因地僻路遥,间有重征者。至民国二十二年时,沿线税捐机关尚有四十八处之多,其中属于中央财政部者有张多、杀虎、塞北之关,及河北统税、矿产、烟酒等税,其余分属于冀、察、晋、绥各省暨北平市,大致均系统税及百货捐性质,所

有经铁路运输的货品,包举靡遗,而税率由 2% 至 10% 不等,且有附加一二成者,尤以察、晋、绥各县所设的征收局为最烦苛,不啻厘金之变相。[1]

自清代实行厘金制度以来,各项捐局多用包缴之法,以中饱贿放为故常,北洋时期且十之十、九被军人把持,其真归公者,不及十之一二[2],而交通已蒙受极大的损害。如羊毛由包头运至天津的运费,若将所收捐税列入计算,比由天津至美国纽约的运费尚高出六倍,且需花费约三个月的时间。[3] 一些商货因而采用旧法转运或绕道输送,而不愿利用便捷的铁路。例如河南巩县、偃师等地区的杂粮、棉花,直至二十世纪最初十年,向例往北销售,皮张、柿饼等土产则往南行销。1920 年代初,由于汴洛铁路于郑州设有火车捐局,一般北运者多用船载由黄河北岸上京汉线,南运者则用驿车载往许州上京汉车。在缺乏其他运输路线的地区,丰富的物产即被迫壅积于当地。如京绥路上货捐特多之时,即为内蒙的皮毛,宣化、怀来的药材、干鲜果品等土产运量锐减之期。[4] 因此,论者以为"厘捐病商,尤病铁路,路、商两病,国亦随之"[5]。更有进者,本国产品交火车运输需纳税捐,而洋货则仅需于进口时缴纳子口税,即可不再受课,如此则削弱了土货的竞争能力。

第五节　工程兴辍

任何种类的投资均有风险,但是耗资巨大的基本建设由于回收慢、产品(如铁路、桥梁、水坝等)在战乱中易遭破坏,因此风险尤大。民国

① 《中华民国铁路沿线捐税调查表》(出版地点不详,1933 年),页 1—2。
② 曾鲲化,《中国铁路史》,页 354。抗战前政府的铁路附加捐收入,平均 360 万元。参阅:《汉猛德将军视察中国国有铁路报告》,页 118。
③ 吾孙子丰,《支那铁道史》(东京:生活社,1942 年),页 147。
④ 宓汝成,《帝国主义与中国铁路(1847—1949)》,页 523。
⑤ 力子,《铁路厘捐之大害》,《民立报》,1912 年 11 月 30 日。

元年至十六年间,除部分日本的政治借款外,其余内外路款来源均绌,以致铁路多归停顿,政治社会秩序的不良自为重要因素之一。筑路计划之因战乱而受到抑制,试以漳厦路和粤汉路为例加以说明。

清末各省商办铁路兴起,福建京官张亨嘉等奏办福建全省铁路,设立公司,举陈宝琛为总理,议决先办漳厦一线,以款项不足,至宣统二年(1910)始将嵩屿、江东桥间二十八公里筑成营业。[①] 民国以后,股东均以商办既难维持,请部收归国有。民国三年交通部批准,暂为管理,设漳厦铁路管理处。仍以经费不足,工程时作时辍。[②] 加以地方军人、政客据以为利,因此铁路始终未能筑成。直奉战前,菲律宾华侨组织复兴福建会,拟增资完成漳厦路。经与交通部商洽结果,共同推定萨福均等三人负责推动。不久,直奉战起,工作受阻,次年孙传芳率兵入闽,华侨遂观望不前。[③] 十五年,闽省一些金融界人士获得北洋政府的准许,再度着手改进并展筑此路,但是计划因政局动荡而无法实施。[④]

又如纵贯南北的粤汉路,最早动工于光绪二十七年(1901),直至民国二十五年始全线通车,前后历时三十五年之久。延误的主要原因为政治、社会秩序的长期不安定,天灾人祸不断,造成运输中断,收入减少,民国八年以后地方军人又截留大笔路款,加以外资来源中断,致使筑路资

---

① 宓汝成编,《中国近代铁路史资料(1863—1911)》,(北京:中华书局,1963年),页982—999;《交通史路政篇》,章2,页5567—5572。

② 《交通史路政篇》,章2,页5567—5572。

③ 刘景山,《刘景山先生访问记录》(台北:中研院近代史研究所,1988年),页61—62。

④ The Maritime Customs (hereafter MC), *Decennial Reports*, 1922-31 (Shanghai: Inspector General of Customs, 1933), vol. 2, p. 147. 另可参阅:林金枝、庄为玑,《近代华侨投资国内企业史资料选辑(福建卷)》(福州:福建人民出版社,1985年),页240—249。

金缺乏。① 即使是民国二十二年获得庚款开工后,仍受到时局影响:

第一,共军西进的影响。民国二十三年,国民党于江西"剿共"大有进展。共军了解到一旦粤汉路通车,国民党军队调动更为容易,赣南根据地将为国民党中央军所包围,故亟欲脱围。八月,有九个团的共军通过郴州西进。十月,共军准备二度进湘,由粤北乐昌至湘南郴州一带同时出现紧张局面。十月底,共军抵达湘粤边境。十一月初,乐昌、坪石等地相继形势紧张。共军的先头部队逼近乐昌,其主力于宜章附近越过株韶段西行者,为数有几万人。十一月九日,有两个分段为共军所占,部分工程材料及电讯设备等被毁,并带去监工二人和电讯工人三人,月底又有两位工程人员随共军而去,路工遂受其影响。②

第二,两广局势的变化。抗战前,两广和南京国民政府一直有隔阂存在。广州当局虽然欢迎粤汉路的修筑,但当路工积极进行即将通车时,与南京国民政府的关系反而日渐紧张。依工程原订计划,南北两端同时动工,预定于湖南的太平里车站接轨。二十三年年底,湘方忽然向工程局提出要求,表示粤境工程进行过快,湘境较慢,路轨即将由粤入

---

① MC, *Decennial Reports*, 1912-21, vol. 1, p. 319; vol. 2, p. 217; Idem, *Decennial Reports*, 1922-31, vol. 2, p. 193;曾养甫等著,杨裕芬等编,《粤汉铁路株韶段通车纪念刊》(出版地点不详,1936年),页93。铁道部长顾孟余本人也曾公开地作过解释:"为什么最重要的粤汉铁路不筑,而筑这类的次要铁道(按指潼浦铁路、正太缘路和杭江铁路),因为粤汉铁路牵涉的方面太多,旧债务其一,当地地方势力又其一。"参阅:顾孟余,《中国现有铁路状况》,《铁道公报》,期298(1932年7月15日),页19。

② 凌鸿勋,《十六年筑路生涯》(台北:传记文学出版社,1963年),页44—45;凌鸿勋,《凌鸿勋先生访问记录》(台北:中研院近代史研究所,1982年),页113—114。亦可参阅:薛岳,《剿匪纪实》(台北:文星书店,重印本,1962年),章2;郭廷以,《中华民国史事日志》,册3,页409—413;王庭科,《红军长征研究》(成都:四川省社会科学院出版社,1985年),页4—5。

湘,恐于湘省有所不利,故要求将粤境工程予以延缓,湘粤交界的一座隧道也暂不开工,至南北两段的轨道铺及隧道两端,再打开隧道接轨。此举破坏原订工程计划甚大,经工程单位商洽军事机关,取得谅解后,仍依预定计划于太平里接轨。①

以上所述,为铁路因政治环境不安定而延缓的例子。此外,也有一些铁路则因政治的需要而迅速筑成,试以浙赣路为例加以说明。

民国二十二年,国民党以"剿共"需要,赶筑杭江路金玉(金华至玉山)段,限期一年完成。② 年底闽变发生时,金玉段及时完成,充分发挥了军事功能。军事委员会委员长蒋介石以此路如能向江西展筑,与株萍路相接,则不仅对江西"剿共"及善后工作有极大的帮助,且可随时取代长江为东南交通干道,连接修筑中的粤汉路,使粤、湘、赣、闽、浙各省与京沪连成一气,不但在交通、内政、经济、文化上均有重大意义,在国防上更有其巨大功能。故于杭江路完工的翌月即致电铁道部长顾孟余,促赶

① 凌鸿勋,《十六年筑路生涯》,页45—46;《凌鸿勋先生访问记录》,页107—108;张公权,《抗战前后中国铁路建设的奋斗》(台北:传记文学出版社,1974年),页6—7。另有学者认为工程进行缓慢乃是由于何键将施工经费转用于"剿赤"等其他用途。参阅:Phyliss Ann Waldman, "Chang Kia-ngau and the Bankof China: the Politicsof Money," unpublished doctoral dissertation, University of Virginia, 1934, p. 324. 值得注意的是,粤汉路工程原定四年完成,开工之后,铁道部长顾孟余指示,提早完成。主其事者凌鸿勋最后不到三年即完成工程。参阅:凌鸿勋,《悼念顾孟余先生——并述粤汉铁路之一段故事》,《传记文学》,卷21期2(1972年8月),页27;凌鸿勋,《凌鸿勋先生访问记录》,页113。一则日文史料则指出,是军事委员会委员长蒋介石下令缩短一年工程期限。参阅:萩原充,《南京政権の鉄道建設と対外関係——粤漢鉄道への日本の対応な中心に》,《経済学研究》(北海道大学経済学部),卷34期4(1985年3月),页85。

② 金士宣,《浙省杭江铁路之建筑管理及营业政策》,收于:金士宣,《中国铁路问题论文集》,页25;金士宣,《浙省杭江铁路今后之整理与发展问题》,收于:金士宣,前引书,页35。

修浙赣路玉山至萍乡段①,二十三年三月,玉山至南昌段踏勘队自南昌出发,经进贤县、梁家渡、东乡县、邓家埠、鹰潭而抵贵溪县,循信江南岸,绕弋阳县,转河口镇,越上饶县以达玉山,是为信江南岸路线。此时路局突接蒋委员长电令,以据赣浙闽皖边防警备司令赵观涛电陈,浙赣路宜循信江北岸敷设,以利军事进行,饬即另勘测信江以北路线。②

二十三年六月,浙赣路玉萍段开工。至二十五年夏,粤汉路全线通车时,仅有向塘至萍乡一段尚待完成。十月,委员长蒋介石电饬铁道部长张嘉璈,设法促使浙赣路提前于二十六年七月通车。二十六年七月,中日战争爆发,蒋限令玉萍即日通车,以应军事急需。九月十日,浙赣路全线终在员工日夜赶筑中通车,担任抗战时期东南军运重任。③

以上广泛地讨论了国内政治秩序不良对于铁路的各项影响,至于此等影响直接反映于铁路营运者,则有以下各项:

第一,运输效能降低。中国各路建筑之初,所有工程设备因陋就简,或桥梁负荷能力薄弱,不能行驶大型机车;或机车、车辆不敷应用,一遇旺季运输即感不能应付。民国十三年以后,内战蔓延及于全国,铁路被置于炮火蹂躏之下,路轨、桥梁、山洞、枕木、车辆每遭破坏,机车、车辆多供军用,各路运输能力大减。铁道部成立后,竭力整顿,向各军交涉索还被扣车辆不少,然以破坏过甚,元气大伤,仍无法因应货运的

---

① 简笙簧,《抗战时期东南交通干道——浙赣铁路》,收于:中研院近代史研究所编,《抗战建国史研讨会论文集》(台北:编者印行,1986 年),页 180—181。

② 《玉南段之勘测及工程进行概况》,《浙赣铁路月刊》,期 1(1935 年 12 月),页 19;《玉南段通车后有关国计民生之效用》,《浙赣铁路月刊》,期 1(1935 年 12 月),页 92。

③ 简笙簧,前引文,页 181。

需要。民国十三年时,国有各路共有机车 1,146 辆、客车 1,789 辆、货车 16,831 辆,总计 19,766 辆,至民国二十二年初,仅有机车 576 辆、客车 1,217 辆货车 10,939 辆,总计 12,732 辆,约减少七千辆,比路线长度仅为国有路线总长十分之一的南满路保有的车辆,不过多出五千辆左右。① 根据另一项统计,民国二十六年时,中国(东北地区除外)平均每 6.3 公里有 1 辆机车,每 3.3 公里有 1 辆客车,每 0.49 公里有 1 辆货车;德国每 2.5 公里有 1 辆机车,每 0.9 公里有 1 辆客车,每 0.09 公里有 1 辆货车;"满洲国"每 5.4 公里有 1 辆机车,每 3.8 公里有 1 辆客车,每 0.38 公里有 1 辆货车,该年一年中又有 15% 以上的机车在厂修理,运输能力的低落由此可见。②

　　运输效能降低的第二项因素为疏于维护。铁路的兴筑并非一劳永逸之事。枕木仅能使用数年(预期寿命在华北为八年左右,华南热带地区仅有二至三年),即需更换。钢轨寿命虽较长,但是由于高压点(high-stress points)易于磨损,因此铁路如想以既有能力维持运作,钢轨也需作经常的检查和更换。经常修理和维护的必要性,如下表所示:

表 10　设备品及工务维持费占营业总支出百分比

年代	维持费(百万元)	营业总支出(百万元)	比率(%)
1915	15.47	30.26	51.1
1916	13.61	28.84	47.2
1917	13.55	30.04	45.1
1918	15.18	34.32	44.2
1919	17.16	38.44	44.6

---

　　① 陈晖,《中国铁路过去与今后》,《东方杂志》,卷 32 期 17(1935 年 9 月),页 20。

　　② H. J. von Lochow, *China's National Railways：Historical Survey and Postwar Planning*(Peiping：National Peking University, 1948), p. 42.

（续）

年代	维持费（百万元）	营业总支出（百万元）	比率（%）
1920	18.90	42.78	44.2
1921	24.12	53.97	44.7
1922	22.77	56.66	40.2
1923	25.99	64.72	40.2
1924	27.70	67.38	41.1
1925	27.64	70.40	39.3
1926	26.48	69.29	38.2
1927	26.28	66.96	39.2
1928	22.80	57.79	39.5
1929	37.50	96.43	38.9
1930	35.04	91.39	38.3
1931	39.37	100.64	39.1
1932	36.42	97.08	37.5
1933	40.23	106.10	37.9
1934(6个月)	19.85	51.04	38.9
1934/1935	44.06	110.74	39.8
1935/1936	42.14	110.27	38.2

资料来源：Ralph William Huenemann, *The Dragon and the Iron Horse*：*The Economics of Railroads in China*，1876-1937（Cambridge：Harvard University Press，1984），p. 184.

　　上表指出，民国四年至十年间，设备品维持费和工务维持费占国有铁路营业总支出的 45%—50%。其后，1920 年代政治社会秩序开始变坏，维护费用降至 40%，甚至更少。由于不重视维护工作，设备常有过度使用的情形，如京沪路机车每月行驶的英里数，即超过同时期欧洲铁路的两倍。[1] 各地军人不愿支出费用于维护工作，更常干涉路政，打击铁路员工士气，使得运输效能更为降低。1920 年代初期，美籍铁路专家贝克(John E. Baker)对军阀的干涉路政，曾有以下生动的描述：

　　　　一次军事行动的实施，通常均意味着铁路的中断……其原因

---

[1]　MC，*Decennial Reports*，1912-1921，vol. 2，p. 36.

不是由于双方的战斗,而是由于铁路员工的士气完全丧失。直至一年左右前,军方似乎不了解操作一条铁路比推一辆大车需要更多的技能和经验。军人对待铁路职员有如苦力,稍有不如意之处,即对站长施以拳打脚踢。当他们希望开车时,即以枪威胁司机;每隔几天射杀一司机,以警惕他人。结果只要一有军事行动,铁路上的工作人员均尽可能地抛弃职务,技术上的工作由被抓回来的人做,他们工作时经常担心他们有性命的危险。没有人敢自动做某件事,结果让引擎一直燃烧,直至炉架(grates)烧坏,或是有漏孔的汽锅焰管(leaky flues)将火熄灭。有时,跟随部队的商贩等自火车头汲走所有的热水,或自煤水车(tender)汲走所有的冷水,而这两种情形均将使引擎报废。[1]

此外,地方军人又每多不遵守交通规则,或数列军车共用一路签,道致路线壅塞;或车列过长,避让困难;或强迫员司变更行车时刻,增加行车速率,凡此均影响行车安全,致使车祸时有所闻。[2]　铁路疏于维护及受军阀干涉路政的结果,即为耗煤量的增加[3]与行车速度的日益低

----

① Baker, *Explaining China*, p. 71.
② 张瑞德,《平汉铁路与华北的经济发展(1905—1937)》(台北:中研院近代史研究所,1987年),页24;陈晖,《中国铁路问题》(上海:新知书店,1936年),页124;*MC*, *Decennial Reports*, 1912-1921, vol. 1, p. 319;凌鸿勋,《凌鸿勋先生访问记录》,页123。此外,路局的长期欠薪使得司机的素质降低,也增加了车祸的机会。如民国廿年时,陇海路真正能开车的司机(被称为"总司机"),均以欠薪过久,衣食无给,机务段准许他们不上车,开车者均为未经训练的生手。参阅:孙继丁,《九十回忆(三)》,《山东文献》,卷2期2(1976年9月),页16。
③ 民国时期,南满铁路的资料显示,每单位运输量(traffic)所消耗燃料(煤)量,有逐年减少的现象,但是同一时期的中国国有铁路却无此种趋势,主要原因即为铁路缺乏维护更新。参阅:Tim Wright, *Coal Mining in China's Economy and Society*, 1895-1937(Cambridge: Cambridge University Press, 1984), pp. 55-56.

落。1930 年代初期,湘鄂路长沙与武昌间的行车时速甚至低至八英里①,"下了车跑几步还可以追上车"②。京津至包头的路上,商旅及运货改用骡车者日益渐多,因为骡车不仅价廉,甚至速率也比京绥路快得多。③ 经过十年以上的疏忽后,至 1930 年代重新开始注意铁路的修护时,工程即变得极为浩大。如民国二十五年所作一项调查显示,粤汉路有 70% 的枕木需要更换。④ 据铁道部的估计,华北各路如进行大规模的必要整修和更换,需耗资六千万元。⑤

第二,运输费用增高。各路创办之初,因借款关系,对于货物运价每多援引外人所订章则,略事增减。民国十年以后,政治环境动荡不安,各路均在军人势力支配之下,军人不明运输原理,常就原来运价随意增加,其中尤以京汉路增加最甚⑥,民国十四年以前运百吨煤费用为每公里 0.6825 美元,至十四年竟增至近 3.5 倍。⑦ 此外,如前所述,各路沿线苛捐杂税的征收机关星罗棋布,往往一站之中,有设局卡至十余处者。名称繁琐,税制紊乱。据统计,民国十六年时,京奉等路运价及附加捐合并计算,较清末时期运价增高甚多(见下表)。

① Baker, *Explaining China*, p. 222.

② 刘景山,《刘景山先生访问记录》,页 94。

③ 顾孟余,《中国现有铁路状况》,页 19。

④ Huenemann, The Dragon and the Iron Horse. pp. 182-183.

⑤ MC, Decennial Reports, 1922-1931, vol. 1, p. 376.

⑥ 章勃,《统制经济下之铁道运价政策》,《交通杂志》,卷 2 期 2 与 3 合刊(1934 年 1 月),页 5;支那驻屯军司令部乙嘱托铁道班,《平漢鉄道調查報告——車務、通信、保安関係》(出版时地不详),页 107。

⑦ MC, Decennial Reports, 1922-1931. vol. 1, p. 371.

表 11　京奉等铁路运费率增加比率表

路名	区间	每吨运费（1911）	每吨运费及附加税合计(1927)	与旧运费比较百分比
京奉	唐山—北京	2.3990 元	3.1779 元	139％
京汉	周口店—北京	1.2498 元	2.1700 元	173％
京绥	门头沟—北京	0.4641 元	3.5381 元	762％
津浦	天津—济南	3.7500 元	5.6615 元	150％
胶济	济南—青岛	5.6192 元	11.4830 元	204％

资料来源：长野朗，《支那資本主義発達史》，页 178。

内战时期，商家运货除了正规运费及附加捐税外，尚需付"车皮费"。所谓"车皮费"，即军队将货车集中控制，商人载货需求货车于军事运输机关，纳其运价，约三数倍于路局的正规运价，以正价归路局，而以附加价归军队。[1] 如仅付正价，则路局拿不出车皮，只好拒绝代运。又有下级军人结成团体，于京汉、津捕、京奉各路兜揽货物，按值百抽三办法，向商家揽载，举关税、运费统括在内，为之包运包送，路局连正价也无法取得。[2]

由于运输费用的增加及路线常因战乱而梗阻，迫使商旅改采其他运输方式。如直隶北部河流甚多，商货经由水路运送，运费虽较路运为廉，但日期延缓，常有延误，而且河道深浅不定，每年通航期间甚短，不如铁路运行捷速，起卸简便。并且，由于运输时间缩短，存货与堆栈的

---

[1] 毛以亨，《俄蒙回忆录》（香港：亚洲出版社，1954 年），页 3。如京绥路于冯玉祥控制期间，中外商家如欲取得货车，每吨均需加付 4—12 元的费用。参阅：Sheridan, *Chinese Warlord*, p. 156.

[2] 据估计，若能严格取缔禁绝包运，并限定各军队每月所需军用品运额，除紧急军运外，概不代运，则路局每年可增 200 万—300 万元收入。参阅：曾鲲化，《中国铁路史》，页 402。

费用得以减少。因此在长期内战开始前,虽有河运竞争,而商民抛弃旧习取道铁路进出天津者,仍日渐增多(见下表)。

表 12　1905—1930 年间内地进出天津货物采用运输工具吨数百分率

时代	运输工具			
	铁路	水运	大车	总计
1905	44	51	5	100
1906	48	45	7	100
1912	53	44	3	100
1913	55	42	3	100
1914	55	41	4	100
1915	56	39	5	100
1916	60	36	4	100
1917	68	28	4	100
1918	65	33	2	100
1919	64	33	3	100
1920	71	25	4	100
1921	70.5	25.5	4	100
1922	74	23	3	100
1923	74	23	3	100
1924	74	23	3	100
1925	66	31	3	100
1926	43	54	3	100
1927	50	46	4	100
1928	49	46	5	100
1929	54	42	4	100
1930	47	50	3	100

资料来源:清国驻屯军司令部,《天津志》(东京:博文馆,明治四十三年),页427; Imperial Maritime Customs (hereafter IMC),*Return of Trade at the Treaty Ports of China*,for the year 1905, Part II, vol. 1, p. 160.

MC,*Decennial Reports*, 1912-1921, vol. 1, p. 160.

MC,*Decennial Reports*, 1922-1931, vol. 1, p. 377.

　　自军兴后,由于路线梗阻,加以运费屡增,以致商货改采水运者顿时增多。①

　　第三,财政破产。根据 Ralph W. Huenemann 的研究,1895—1914 年间,中国所发行铁路外债债券,真实利率约为 6.9%(最高估计)。因此,只要投资报酬率高于或等于 6.9%,即应有偿债能力。如就下表观察,直至北伐前,国有铁路就整体而论,应有能力支付 6.9% 的利息。

表 13　中国国有铁路历年名义投资报酬率

年代	营业进款净数 (百万元)	路线及设备品原价 (百万元)	名义投资报酬率 (%)
1915	26.80	406.41	6.6
1916	33.92	410.82	8.3
1917	33.83	410.94	8.2
1918	43.33	415.29	10.4
1919	44.61	485.09	9.2
1920	48.66	510.43	9.5
1921	42.48	532.43	8.0
1922	42.90	563.50	7.6
1923	54.68	629.07	8.7
1924	51.13	642.71	8.0
1925	54.17	665.59	8.1
1926	30.05	671.22	4.5
1927	32.55	661.12	4.9
1928	38.57	557.30	6.9

---

　　① 详见:张瑞德,前引书,页 18。

(续)

年代	营业进款净数 （百万元）	路线及设备品原价 （百万元）	名义投资报酬率 （％）
1929	55.33	723.40	7.6
1930	43.01	677.93	6.3
1931	52.10	679.23	7.7
1932	40.32	809.13	5.0
1933	42.25	855.25	4.9
1934	45.48	859.60	5.9
1935	56.79	874.79	6.5
1936	60.82	899.22	6.8

资料来源：Huenemann, *The Dragon and the Iron Horse*, p. 179. 其中1934年营业净数 45.48 误为 25.48，现予以改正。

　　换言之，北伐前铁路虽曾被用于军事运输，但是一般商运并未受到重大的影响，购置材料和设备的债务负担虽大，但是外债的利息却未拖欠。北伐以后，动乱不安的负面影响开始使得铁路财政无法负担。由于各路获利能力的不一致，债券延误支付本息的时间也就略有差异。例如英银团发行的津浦、道清路债票，比、荷、法银团发行的陇海路债票，均自民国十四年起无法按期支付本息；英银团发行的广九路债票，自十五年起无法按期支付本息。湖广路公债，原由财政部于盐税项下拨付，自民国十八年后，仅付过利息一期。对外信用丧失的结果，致使债票价值一落千丈。二十四年年底时，债票票面每百镑行市，津浦路原发行债票低至二十二镑，续发行债票低至二十镑，陇海路债票跌至十一镑，道清路债票跌至二十四镑，京沪路债票跌至六十五镑，广九路公债无行市，湖广路债票虽以盐税担保，不过值三十五镑。铁路借款及垫款各项债务,本仅五亿元左右,乃因本息延欠不已,加以银价大跌,不数年间突增至十二亿元。①

　　值得注意的是,上表所示营业进款净数及名义投资报酬率,均自北伐起方有显著下降的现象,但是并非即代表政局不安定在北伐前对铁路营运造成的损失不大,而仅能代表此时期的铁路财政能力尚能负担。若政治社会秩序安定,铁路营运收入及投资报酬率极可能有更好的成绩。据一项统计,京汉路于民国五年至二十年之间所受的军事损失共达一亿元以上,已超过该路积欠的全部债额,与原来建筑干支线的资金总额相较,也不相上下。② 此外,截至民国十三年年底止,国有各路路款为各方挪用及截留者,不下一亿八千万元③,对于外债本息的无法按期支付也有相当的影响。至于政治秩序不良对国家经济的影响,则更无法以量数计。一位路界人士对此曾有沉痛的形容:

　　　　一车辆之扣留,铁道损失不过以数千元论,因而牵涉铁道营业,其影响所及,间接损失,奚啻数百万;数百万路款之截留,因之而动摇铁道资产,其影响所及,间接损失,奚啻数千万;信用之树立,延误一年,则坐失建筑数千里铁道之机会,国家暗受数千万乃至万万计之无形损失,而经济落后之危害,更非可以量数计。④

这段话虽然不免有夸张之处,但是却正确地指出了政治动荡不安对铁路及经济影响的广泛。

---

　　①　张公权,《抗战前后中国铁路建设的奋斗》(台北:传记文学出版社,重排本,1974 年),页 97。
　　②　张瑞德,前引书,页 28—30。
　　③　叶恭绰,《保持交通四政特别会计案》,收于俞诚之编,《遐庵汇稿》,上编,页 37。
　　④　孙科,《铁道行政施政方针提案》,收于:铁道公报编,《铁道部成立一周年纪念特刊》(南京:编者印行,1928 年),页 39—40。

　　各军阀对于铁路的态度也有所不同。大致说来,势力相对不稳定、地盘经常变动的军阀,较多采取短期的观点,对于铁路以取得最大的近利为目标;而位于边陲地区且长期割据一方的军阀,则较有可能采取长期的观点,对铁路加以维护,甚至从事建设工作。此外,军纪的好坏也影响到对于铁路的态度。如张作霖长期占据东北,闭关自守,对于势力范围内的京奉路居于独占的地位,无人与其竞争,因此所受到的破坏也较少。民国十四年,张作霖以运货舞弊之故,将京奉路正副局长悉予罢斥,任常荫槐为局长。常上任后,大力整顿路务,致力收回路权,扫除贪污恶习,又革除当时谚称"三字经,是免票;后脑勺,是护照"的积弊,因此收入大增。① 九一八事变后,许多京奉路员工分散至关内各路,甚至促进了许多路的改革。② 至于交通委员会利用京奉路收入推动铁路建设的卓越成绩,则更是众所周知的事实。③ 第二次直奉战争爆发后,各路所受影响最大者为京绥路,而收回车辆,恢复交通,路务发达,办理完善者,也以京绥路居首。此虽该路局局长宋良仲办事认真,也是由于此

---

　　① 政之,《大帅与非洲野蛮部落之酋长》,《国闻周报》,卷 2 期 20(1925 年),社评,页 1;黄恒浩,《张学良屈杀常荫槐》,《春秋》,卷 7 期 3(1967 年 9 月),页 2—3;李田林,《从行伍将军万福麟说起》,《传记文学》,卷 21 期 4(1972 年 10 月),页 12;徐永昌,《徐永昌将军求己斋回忆录》(台北:传记文学出版社,1989 年),页 77。一项资料指出,军人无票乘车,乃是张勋创行于津浦路,后风行各路。参阅:九峰,《整顿路电声中之路务》,《申报》,1923 年 11 月 29 日;《军阀损害路务之一斑》,《申报》,1923 年 12 月 15 日。

　　② 王奉瑞,《王奉瑞先生访问记录》(台北:中研院近代史研究所,1985 年),页 59。

　　③ 详见:章真利,《东北交通委员会与铁路建设(1924—1931)》,未刊硕士论文,台湾师范大学,1986 年。

时冯玉祥部队纪律严明,禁止军人扣车,从中维护所致。①

讽刺的是,列强为大多数中国铁路的重要债权人,因此对于铁路的营运状况极为关切。至少在北洋时代初期,地方军人对于铁路的控制遂有所顾忌,以免引起外人抗议,而铁路所受政治秩序不良的负面影响也因而得以减小。在人事方面,主要各路的督办、局长,通常均由地方军系提名,但是这些人与路上大多数技术人员仍需经中央政府任命,而不能由地方完全控制,因为若不如此,即无法为列强所承认。② 战争期间,由于列强与中国所订条约,铁路中遭破坏最少者为满铁等外国铁道,次为中东路等半外国铁道,外资铁路又次之。③ 如民国十一年第一次直奉战争时,吴佩孚即曾致电张作霖,请其在京奉路与渤海之间开战,脱离铁道,以免外人抗议。④ 又如民国六年湖南战起,冯玉祥奉命援闽,乘京汉车转陇海路至徐州,而后再开上海。由于陇海路系比国借款修筑,军队乘车必须先交半价运费,陆军部无法,转请财政部交涉,最后仍按规定缴交运费。⑤ 此外,内战时期地方军人每有强提或截留路款之举,外人势力较大的国有各路则可避免,如民国十三年第二次直奉

---

① 《冯玉祥惩办贪赃铁路员司》,《大公报》(天津),1925 年 2 月 9 日,页 4;政之,《大帅与非洲野蛮部落之酋长》,页 1。冯玉祥于国民政府时期扣留京绥路车辆,参阅:张式纶,《张式纶先生访问记录》(台北:中研院近代史研究所,1986 年),页 51。

② Andrew J. Nathan, *Peking Politics*, 1918-1923: *Factionalism and the Failure of Constitutionalism* (Berkeley: Universityof California Press, 1976), pp. 63-64.

③ 铁道省北京办公处,《一九二七年の支那鉄路》(北京:编者印行,昭和三年),序;金井清,《南京政府の治下に於ける支那鉄路回復の现状》,页 11—12;Tim Wright, *Coal Mining in China's Economy and Society*, 1895-1937 (Cambridge: Cambridge University Press, 1984), p. 107.

④ 《惝恍迷离之奉直战讯》,《大公报》(天津),1922 年 5 月 20 日。

⑤ 冯玉祥,《我的生活》(上海:教育书局,1947 年),页 322。

战后,京汉路全路收入被分割为五,而津浦路则因有借款关系,尚无各省截留之事,仅车至交界地点,分段稽查而已。[1]

国民政府统一全国后,致力于重建工作,抽换钢轨枕木,加固桥梁,添购机车、车辆,装设调度电话,各路运输能力均有所增加,即于民国二十五及二十六年的货运旺季,也多能随时疏运,而少有积压情事。此外,自铁道部成立后,又逐渐停止协饷并取消厘金及军事附加捐,去除了营运的障碍,业务也有所改良,如订立货运专价、特价制度,推动实施联络运输及负责运输等。与北洋时期铁路腐败的情形相对照之下,国民政府于抗战前对铁路建设的努力实不容忽视。[2]

①　《兵氛渐戢中之四大路》,《大公报》(天津),1924 年 12 月 15 日,页 4。
②　张公权,《抗战前后中国铁路建设的奋斗》,页 114—124;石西民,《最近中国铁道的整理问题》,收于:中国问题研究会编,《中国国民经济》(上海:编者印行,1937 年),页 361—370;天野元之助,《支那農業経済論》,册 2(东京:改造社,1942 年),页 454。国民政府时期在交通和运输上的显著进步,即使是对国民政府最为苛责的学者也都承认。参阅:Douglas S. Paauw, "The Kuomintang and Economic Stagnation, 1928-1937,"*Journal of Asian Studies*,16:2(Feb. 1957), pp. 213-214.

二　内部管理

第三章　铁路事业的组织运作

　　铁路一旦开始修筑,即面临管理的问题。组织结构是指一机构中部门或单位的安排方法,其间的联系关系,以及单位间上下地位的安排方法。组织结构的选择,影响了成员的角色和任务,也影响了他们的行为。本章拟对铁路机构内部各层组织结构的分化、沟通与协调等实际运作情形作一检讨并对其效能作一评估。

第一节　中枢管理机构的组织

　　近代铁路为一新兴事业,创办之初在政府各部中无所隶属。光绪十一年(1885),清廷设立总理海军事务衙门,翌年李鸿章即以铁路开通可为军事上的补给,请准清廷将铁路事务划归海军事务衙门管理。自此铁路事业在中央政府方面始有归属。光绪二十二年(1896)铁路总公司成立,为掌管一部分铁路建筑及业务的机构。光绪二十四年(1898),清廷以铁路与矿务为时政最要关键,事务繁重,于京师专设矿务铁路总局,特派总理各国事务大臣专理其事。光绪二十九年(1903),矿务铁路总局裁撤,归并商部。光绪三十二年(1906),邮传部成立掌管路、电、邮、航四政,下设路政司,主管部内路政之事,又设铁路总局,专管借款及各路行政事宜。[①]

民国成立后,邮传部改称交通部,原设之路政司及铁路总局事务并入交通部路政司,由路政司司长兼全国铁路督办之职。国民政府成立后,交通部仍其旧,民国十七年增设铁道部,将原由交通部所管铁路行政部分划归铁道部主管。部内设参事、技术、秘书三厅,工务(初称建设)、业务(初称管理)、财务(初称理财)及总务四司,及购料委员会、会计处、联运处、新路建设委员会、技术标准委员会等。直至民国二十七年,因抗战关系,紧缩机构,复将铁道部并入交通部。[②]

从以上的简要叙述中,可以发现中国铁路的中枢管理机构在组织结构上,共有以下二项弱点:

第一,指挥系统不一致。清末兴办铁路,因属于一种新政,为平抑反对派的势力,清廷多派封疆大吏兼任铁路督办大臣,以示郑重。如李鸿章、王文韶之督办关内外铁路、张之洞之督办粤汉铁路,皆其先例。其时一切制度未备,路线也不多。光绪二十二年(1892)清政府成立铁路总公司,以盛宣怀为督办大臣,其责任主要为统一向外借款的筹划。其时关内外铁路等仍独立设立督办大臣,不在总公司范围之内。由于关内外铁路及铁路总公司所办各路,借款合同上所载一切职权的执行

---

① 关于邮传部的成立,及其幕后所涉及的权力斗争问题,详见 Wellington K, K. Chan, *Merchants, Mandarins and Modern Enterprise in Late Ch'ing China* (Cambridge, Mass. : Harvard University Press, 1977), pp. 170-172.

② 交通部、铁道部交通史编纂委员会编,《交通史路政篇》(南京:编者印行,1935 年),章 1,页 73—131;凌鸿勋,《中国铁路志》(台北:畅流半月刊社,1954 年),页 32—33。

人均为督办,使债权者只知有督办,而不知有中央,导致政出多门,大权旁落。① 邮传部成立后,铁路行政悉由邮传部路政司主管,路政司的职权,虽规定为"管理监督已成之官办铁道,及筹议续修各铁道事宜"②,但是事实上骈枝机关依然杂出,路政司直辖者,仅有京张及商办各路,其借款与官办诸路,则设铁路总局以专管之。路政司与铁道总局权限区分又各有不明之处。历任邮传部尚书信任梁士诒,路政司应办之事,多归梁办,故铁道总局局长的权力渐次膨胀。③ 此外又有汉粤川铁路筹备处,各自独立,具有直接与外人交涉并执行借款合同的职权。至宣统元年(1909),更有津浦铁路督办公司,亦有独立之权衡。④

民国成立后,改邮传部为交通部,设路政、航政、邮政及电政四司,分掌部务,其组织虽与邮传部不相上下,但是路政稍归于统一,而旧有的铁路总局、汉粤川筹备处及津浦铁路督办公所等机关,均先后裁并于路政司。民国三年,公布修正交通部官制,其第四条关于路政司所辖事务如下:(1)关于筹划铁路建设事项;(2)关于管理国有铁路营业及附属营业事项;(3)关于监督地方公共团体及民业铁路事项;(4)关于监督陆上运输业事项。第五条所载路工司所掌事务如下:(1)关于管理国有铁路工务事项;(2)关于监督地方公共团体及民业铁路工务事项;(3)关于铁路材料之购置制造分配保管事项。第八条载铁路会计司所掌事务如下:(1)关于稽核各路进出款目册报事项;(2)关于稽核各路预算决算事

---

① 曾鲲化,《中国铁路史》(北京:燕京印书局,1924 年),页 136—137。

② 《交通史路政篇》,章 1,页 6。

③ 《邮部之鬼哭神号》,《民立报》,号 139(1911 年 3 月 4 日),页 30。故 1911 年梁士诒被弹劾去职后,尚书盛宣怀即奏请撤销,保署侍郎李经方兼任。

④ 孙科,《二十五年来之铁道》,收于:孙科,《孙科文集》(台北:商务印书馆,1970 年),页 577。

项;(3)关于管理各路公产公物事项;(4)其他关于铁路所属一切款目出入事项。① 故于此时,铁道行政实划归路政、路工及铁路会计三司分别掌管。其后虽稍有变革,然大抵铁道行政与邮、电、航三者并列,而为交通部范围以内之事项。

民国十七年,国民政府成立铁道部,设总务、理财、管理及建设四司,综理全国铁道。民国二十年,超然主计制度施行,国民政府下特设主计处,凡部与路所有办理会计、统计的机构及人员,均改归主计处统辖。② 虽然依照法令的规定,该项人员仍受铁路首长的监督指挥,但是由于管理职权分散,无法灵活运用,管理效能遂大为减低。

第二,营运权不自主。世界各国政府管理国有铁路的方式有二。一为由政府行政机关直接管理,如瑞士、日本、南非、苏联、德国、意大利等国;二为组织国家铁路公司管理,于公司理事会下设铁路总局,如澳大利亚、加拿大、比利时、法国等国。后者的目的在于使铁路脱离政治势力,而能实施企业化的经营,以提高效能。国有铁路由政行政机关直接管理时,也应采用以下各项措施,以图补救:(1)实施企业化的组织和管理,使内部组织严密,职权分明,免除推诿延搁,提高工作效率;(2)关于运输改进事项,准由工农商业团体参加研讨,或准其参与运价的审订,以保障公众的利益,并加强民路双方的合作;(3)使铁路会计及预算脱离普通行政预算及会计而独立,以铁路收入专供维持路产、改良扩充设备、展修路线及还本付息之用。③

---

① 《政府公报》,号 783(民国三年七月十一日)。

② 铁道部铁道年鉴编纂委员会编,《铁道年鉴》,卷 1(南京:编者,1933 年),页 55。

③ 金士宣,《铁路运输学》(成都:商务印书馆,1945 年)。德国铁路营运的个案研究,可参阅:Alfred D. Chandler, Jr., *Scale and Scope: The Dynamics of Industrial Capitalism*(Cambridge, Mass,: Harvard University Press, 1990), pp. 411-415。

我国邮政、电讯等事业，最初即设立总局，将政策的制订与业务的执行作明显的划分。至于铁路，创设初期虽亦曾设立铁路总公司、铁路总局等机构，但目的仅在于统一向外借款的筹划。加以早期铁路多系指定路线借用外债兴筑，因各有其债务束缚，故自始即为分线设局管理，后来路线渐多，遂感各路行车调度不能统一，效率降低；各路收支不统一，财政调度困难；材料的购置与分配手续不一致，使资产易受呆滞，主管路政的中央机关乃不得不于制订政策之外，直接处理业务之事，于行政与业务分开的原则有所违背。

铁道部成立后，有鉴于国有铁路系由主管部直接管辖，其组织不免"衙门化"，而未能以企业精神谋求业务的发展，故逐渐于新筑各路采取企业组织方式经营，如浙赣、湘桂、川黔等路均设铁路公司，使其在法定地位上有自主的营运权，主管部仅主持其政策与监督其业务。各公司以理事会为最高管理机关，下设总经理及工程（或管理）局长。组织虽然完善，但是实质上似乎仍未改变，各路虽有公司之名，而实权多仍操之于部，并未取得自主的经营权。[①]

当公营企业的政策制订和业务执行操于同一机构时，公众的利益即易于受到忽略。中国的铁路事业既不能实施企业化的组织与管理，也未将铁路会计及预算脱离普通行政的会计及预算而独立，除了偶尔举行的商运会议外[②]，并未能在制度上有可代表民众的设计，遑论设立

[①]　凌鸿勋，《中国铁路志》（台北：畅流月刊社，1954 年），页 34—36；Ling Hung-hsun，"A Decade of Railroad Construction，" in Paul K. T. Sih, ed.，*The Strenuous Decade：China's Nation-Building Efforts*，1927-1937（N，Y.：St. John's University Press,1970），p. 283.

[②]　例如：铁道部铁路商运会议办事处编，《全国铁路商运会议汇刊》（南京：编者印行，1931 年）。

研究发展部门以提高管理效能、改良营业方法。[1]

第二节　中枢管理机构与各路关系

本节拟探讨路政当局对各路的管理方式，侧重于检讨中央对地方控制的方式、幅度、政策、成效及其限制。

一、管理的方式

近代中国铁路的中枢管理机构虽在组织上被授予统管全国铁路的职权，但是实际上与各路的关系却随中央与地方政治势力的消长，地理位置的远近，以及中枢管理机构本身管理政策的不一致等因素而有所不同。在此，试就史料所示铁路中枢管理机构与各路关系的几种特色列举如下：

（1）营运管理

中国近代由于地方势力的兴起，铁路的中枢管理机构无论是在清代、北洋时期，或是国民政府初期，对于全国铁路均从未能够实施全面的统一管理。各地的地方势力各自支配其管辖地区的铁路。例如清代兴筑关内外铁路，名义上受清廷主管，但是实际上则由历任北洋大臣管辖，与清廷并无直接关系。此种地方主义于民国成立后日益增强。民国五年袁世凯称帝，致起反动，因而国内不能统一，自六年起交通界已进入分裂放任的时期。

株萍路自民国六年起，湘独立则归湘，北军立则归北，又时复分辖于湘赣。广三路七年由粤政府代管。广九路以亏折及外债关系仍属

---

① 麦健曾、朱祖英，《全国铁道管理制度》，收于：国立交通大学研究所北平分所编，《铁道问题研究集》（北平：编者印行，1936 年），册 1，页 154。

北,其后也由国民政府派员管理。吴佩孚则截留京汉路款,另派人管理南段。十一年第一次直奉战争以后,奉方据有京奉路关外段及东三省各路。① 民国十五年反奉战争爆发后,各路因战事关系四分五裂,如京汉路曾分为四部管理,津浦路分为三部管理,京奉路某一个时期曾有三个局长,京绥路也割为二段,这些重要的铁路均归各该处军事运输司令管理。② 民国十六年宁汉分裂,北京、武汉、南京三交通部对立,各自划分势力范围,所拥有的国有铁路英里数,据日人的估计分别为:北京政府2,972英里,南京政府930英里,武汉政府693英里,其他中间地带1,570英里。③ 民国十九年中原大战爆发,由于战争的规模巨大,因此铁路受损的情形也极为严重。例如京汉路即被分为三段,南段(武胜关以南)为铁道部管辖,中段为冯玉祥管辖,北段为阎锡山管辖。客货运输受分段管辖影响,营业收入几至不能维持。员工薪津无法按时发放,拖欠达数月之久。④

　　军阀长期控制铁路,最著名的例子即为奉系,自民国十一年退出关外后即一直控制东三省各路。十三年设立东北交通委员会,隶属于东三省保安总司令部,设委员长一人,由奉天省长兼任,委员十五人,由吉黑两省长及奉天简任各官署长官兼任。十七年二月东北政务委员会成立,改隶于政委会。⑤ 十七年底,东北易帜。十八年中国国民党二届四

　　① 张心澄,《中国现代交通史》(上海:良友图书印刷公司,1931年),页46。

　　② 章龙,《北方铁路工人生活之困状及自救》,《向导周报》,期165(1926年7月28日),页1646。

　　③ 铁道省上海办事处,《鉄道部成立後の支那鉄道》(上海:编者印行,1935年),页2。

　　④ 熊亨灵、何德川编,《中国国民党与中国铁路》(台北:中国国民党台湾区铁路党部委员会,1965年),页443。

　　⑤ 铁道部铁道年鉴编纂委员会编,《铁道年鉴》,卷1(南京:编者印行,1933年),页1267。

中全会决定,东三省外交、交通、财政分别移交国民政府中央指挥管理。就铁路方面而言,北宁、四洮、吉长等路为国有铁路,由中央直接管理;吉敦、吉海、洮昂、呼海各线为省有铁路,由中央监督①,以巩固铁路行政的统一,但是旋又决定东北的铁路委托东北交通委员会经营。于是所谓直接管理、中央监督,均成为具文。十九年度直辖国有、省有、民有九大铁路,收入总计达六千四百八十九万元②,全在中央控制之外。无怪铁道部长顾孟余民国二十一年于一次公开演讲中曾作以下的抱怨:

> 铁道部名为管理全国铁道的机关,可是能完全管理的,全国中不知有几条铁道,就广东讲,广九、广三、广韶三条铁路,半年来就与铁道部脱离关系,营业情形如何,中央不得而知,用人情形如何,局长是谁,也不得而知。叫他们报告,他们不理,可是那三条铁道的外国债务,却要中央为之偿付的。次言湘鄂铁路,中央费了大半年的力量才派去一个局长,再其次说北宁路(北平至榆关)、平绥路,这两路中央几全不能管,如整理营业、整理财务等,中央都不能过问。③

又如山西的同蒲铁路在晋系军人控制下,直至民国二十六年全面抗战爆发时,仍阳称接受指挥,阴则拒绝监督。④

虽然如此,铁道部自成立后,大致说来,对于各路的权威确有增强

---

① 宓汝成,《帝国主义与中国铁路(1847—1949)》,页 444。

② 《铁道年鉴》,卷 1,页 1269。自九一八事变后,东北交通委员会所有直属机关,大多均入日本掌握及军事扰乱中,故该会移至北平,至 1933 年裁撤。参阅:《国民政府公报》,号 1110(1933 年 4 月 20 日),页 1—2。

③ 顾孟余,《中国现有铁路状况》,《铁道公报》,期 298(1932 年 7 月 15 日),页 18—19。

④ 宓汝成,《帝国主义与中国铁路(1847—1949)》,页 444。

的趋势。①

（2）会计与预算程度

铁路在近代中国为新兴事业，会计科学且非国人所素习。清末采用本国资金修筑的各路，如津榆、株萍、京张等，管理财务，仅设总收支或收支处，以司现金出纳，所用账册仍沿旧式流水及粗疏的分户账，无所谓会计，商办各路也是如此。至于借款各路，则由债权者推派其国人为账务总管，办理会计，所以一切账簿组织、科目分类、收支手续、统计报告，各从所习，移植我国。如京奉、沪宁、道清、广九、津浦借英款者，袭用英国制度；京汉、正太、陇海借法、比款者，又以法、比为楷模。名目分歧，组织各异，各不相谋，间有政府派遣总核算等名目，协同办理，不过翻译洋账转报政府而已。中枢管理机构对于各路稽考办法，也是遵循普通机关报销办法，每年填造四柱清册，照例核销，名为察核，实同放任。②

我国铁路大多系举借外债筑成，还本付息即以所修筑的路产作抵，财务收支也与政府分离，另成统系，不与国家普通财政相联属。因此各路收支对于国家财政，自然形成特别会计，并非因营业性质而应用特别会计。宣统二年（1910），颁布统一国库章程，所有船路电邮各款均归交通银行经管，已隐然有特别会计之实。三年度支部奏定试办特别预算暂行章程，邮传部所管均在特别预算之内，交通方面之会计已成为独立的特别会计。民国成立，仍沿旧例，按年度编制特别会计预算，路电邮各机关均照旧例，各以其所收供其所支，有余解部，不足则由部拨补。

---

① Wayne Altree,"A Half-Century of the Administration of the State Railways of China,"*Papers on China*,3(1949),p. 91.

② 张毓骅，《我国铁道会计之沿革及其发展》，《交通杂志》，卷 2 期 1（1933 年 1 月 1 日），页 42。

民国二年交通总长朱启钤以交部行政应设特别会计提出国务会议通过,是为铁路特别会计之始。[①]

我国铁路自宣统二年即有预算的编制。各部照邮传部订定办法,编制下年度预算,其范围仅限于岁入、岁出两项。民国二年各路编制预算分资本及营业两种,每种分经常及临时两门,区分款目,估算编造,附以增减说明及资本措施理由。自此以后,各路预算书的编造及科目分类,全依会计则例所规定的格式及科目办理。[②]

民国二年,京汉铁路会办王景春鉴于各路部账目格式纷杂,紊乱无章,管理得失无从比较,成绩优劣难以考核,路产盈亏也未能尽悉,遂拟议统一铁路会计。交通部采其议,设立统一铁路会计委员会,指派部局精通会计人员,并延聘美国顾问亚当斯,共同筹议,根据会计原理,参得各路现行办法,讨论经年,议成各种会计统计则例十种。[③]施行三年,而后统一规模始立。当统一会计初告成功之际,欧美各国多极推许,谓此后铁路会计恐将取法于中国,盖有数点均采取世界最新理论与方法,而又能与事实切合,欧美尚未能通行者。会计统一的效果自实施后,即迅速获致。例如民国以前各路脚行的收入,多不归公,间有归公者,其入账的方法也参差不齐。自统一会计则例规定营业进款内列此科目,于是自民国三年起,全国各路此项进款不能复归各站员私有,据估计各路归公款项每年至少有五百万元。[④]

民国八年,交通四政特别预算由国会通过,十年政府公布国有铁路会计条例,规定国有铁路及其附属的营业收支,设立特别会计。凡建筑

① 张心澄,《中国现代交通史》,页 63。
② 凌鸿勋,《中国铁路概论》,页 127。
③ 曾鲲化,《中国铁路史》,页 460。
④ 遐庵年谱编印会,《叶遐庵先生年谱》,1946 年,页 22—23。

新路、展长路线、扩充改良路产或经营其附属营业所需的资金,先尽以铁路能提拨的盈余拨充,如有不敷则由政府拨付,或发行公债,或借款补充。因此在法律上及形式上,可谓已采特别会计制度。①

民国十一年以后,政权失驭,军阀并兴,划界分疆,形同割据,凡境内的财政机关,均为其外府,铁路有巨大的收入,自更据为己有。路款收支,均有定章,出入谨严,不容假借,自入军阀之手,即破坏成例,侵挪不已,又从而改窜会计制度,凡部定的精密科目不便于己者,另易以极简单的簿记,以图蒙混,甚至涂改数目,撕坏账簿,毁灭单据,凡足以证明收入情形者,无不席卷而去,或予以焚烧,以灭证据。② 如欲观察营业收支状况,实不可得,比较考核,更不易言。主路事者,既将铁路据为私房,恣意取求,正当用途,反多漠视,有款则支,无款则止,纵有预算,直等虚文。加以路线经常中断,进款锐减,行车急需,朝不谋夕,毫无整体的财政计划可言,所谓预算,不过应付部中的官样文章而已,遑论决算。③ 以致预算“编制之始,往往后于施行之期,而实用时又往往变更出范围之外”④。此外,铁路事业实行特别会计的定义,在于以特别的款项经营特别的事业,其有独立的精神,不与普通行政会计相混,以维护铁道的发展,诚属法良意美,但是军阀以为不便,推翻前制擅委局长,军运免费之不足,复强提路帑,攫取站款,甚至截留车辆,劫掠设备。而搜刮净尽,更以铁路名义发行公债,滥借外资,特别会计制度为之破坏无遗。

---

① 凌鸿勋,《中国铁路概论》,页 220。
② 叶恭绰,《交通行政权统一案》,收于:俞诚之编,《退庵汇稿》,上编,页 33。
③ 张毓骅,《我国铁道会计之沿革及其发展》,页 45。
④ 叶恭绰,《太平洋会议铁路问题意见书》,收于:俞诚之编,《退庵汇稿》,中编,页 179。

国民政府成立后,致力于铁路会计的整理工作,加强对各路的会计监督,重点有以下各项:

(1)特设监督机关以严考核:在部、在路特设监督机关,处理会计事项。铁道部会计长由主计处呈请简派,而受铁道部长的督察指挥,以处理全国铁路会计事务。总稽核由铁道部特派,可与局长(或委员长)并行,驻在各路,监督实施预算及考核款项收支。

(2)预算、决算的编制。预决算之法行之已久,而迄未实施,自会计长办公室成立,遵照中央格式,通饬各路汇编,编成之后,送交总稽核覆核,会签呈部,经部详细钩稽,如有删改,分别指示发还各路重编,再行呈送,然后由部汇齐编制,转呈中央政治会议核定公布。

(3)现金收支及存放之整理。凡各站每日所收现款,均需于一定时限内解缴总局,而总局也需于一定时限内送存指定的银行,不得违误。凡向银行支取款项,必须以局长(或委员长)、总稽核、会计处长会同签字的支票为凭,否则无效。至于支付薪工材料以及各项用费,均应依据预算,如有特别用款而为预算所无者,需于事前呈准,不得擅行动支。此外,各路库存现金至多以三千元为度,如有超过,应存银行,往来银行并需呈部核定。

(4)业经统一铁路会计统计委员会先后拟订公布施行的各种则例,应时势的变迁而加以修改。①

此一时期,中枢管理机构对于各路会计与预算的监督,虽有所增强,也有相当的成效,但是仍有其局限性,试分为以下二类加以说明。

(1)会计则例未作明确规定。论者以为,良好的会计制度共分为五部分:会计总则、会计科目、账簿组织、处理会计手续和预决算报告。而

---

① 张毓骅,前引文,页 45—46。

近代中国铁路会计有明文规定者,仅有会计科目一项而已。账簿组织和处理会计手续虽早已具备,但未作明文的规定,各自为政,不仅未有具体的、统一的办法,并且内容也不完善。预、决算报告,各路虽早已填报,但是也由于未作明文规定,每草率从事数字的增减,并无确定的计算方法,而执行时则几乎完全不依照预算办理,因此预算、决算乃无从比较,完全丧失了预、决算报告的意义。①

　　(2)不重视统计工作。充分而迅速的资讯,实为中央有效控制地方的必要条件。近代中国主持路政者,自始即不重视统计资料在铁路营运管理上的重要性,不明了统计部门的价值,而视之为浪费人力。② 良好的统计工作,必须格式合理、数字确实、编造按时。学者以为,近代中国的铁路统计,在格式上,较偏重财政、营业及其他各项状况的表现,而忽视各种工作效率的考核。虽然行车统计中关于货车运用,如停留时间、空车里程,已分别统计,可为考核成绩之用,但是对于货车行驶速度及货车装载情形,则有欠完备,以致仍然无法作整个运用效率的比较。在数字的准上,由于基本表格的不完备以及统计界说的不清楚,统计数字多欠确实。就行车统计而言,如各路货车停站统计,即有许多车辆的停站时间未计算在内,而停站原因的各种时间,尤多为臆造,毫不确实。又如各种货物列车统计,对于货物装载军队或旅客的重量,有照车辆载重量之半计算者,有按每车辆载重量十吨作一吨计算者。就机务

---

　　① 洪瑞涛,《我国铁道会计之研究》,《交通杂志》,卷 2 期 1(1933 年 11 月),页 29—40。

　　② Claude W. Kinder, "Railways and Colieries of North China, *Minutes of Proceedings of the Institution of Civil Engineers*, 103(1891), p. 298. 美国早期铁路界对于统计工作的重视及其在统计事业上所占的先驱性地位,可参阅:Alfred Chandler, *The Essential Alfred Chandler*: *Essays Toward a Historical Theory of Big Business*(Boston: Harvard Business School Press, 1988), pp. 130, 403.

统计而言,如机车用煤统计及车辆用油统计,每机车公里或车辆公里所用数量,竟与每路线公里所用者相同。在编造上,则每多延误。① 以铁路会计统计为例,民国初年,统一铁路会计的工作完成后,每年即有一本华、英文的铁路会计统计出现,其周密精确的程度尚在海关贸易统计之上。② 制度虽然良善,但是行政能力却无法配合。查各国此项报告例于翌年度第三月必须出版,违者常科以罚锾或将当事人撤退。因为一年度营业的盛衰消长,关键全在于此,政府赖以检讨政策,股东赖以观察盈绌,国民赖以比较优劣。但是会计报告的刊印,却每多延滞。如直至民国十二年底时,铁路会计统计总报告仅出版至九年度。③ 因此世人欲借此以为察往知来的媒介,已大失其效用,上层机构以及议会、舆论等外部监督机构也无法作有效的监督。又如自民国四年施行统一铁路会计制度后,每年预算、决算数的比较,每每相差甚远,尤以超出预算者为多,以致收支失其平衡,预算失其效用。此中原因大抵事前缺乏精确的估计,致使施政方针无可靠的依据,不免凭空臆断,或遵照上年度决算酌为增减。④

二、管理政策

近代中国铁路中枢管理机构对于各路的管理政策,常因与各路距

---

① 刘传书,《整理中国铁路统计之我见》,收于:刘传书,《铁路运转经济论丛》(未注出版地点,1948 年),页 149—152;刘传书,《粤汉区铁路与美国依利诺铁路运输效能之比较》,收于:刘传书,前引书,页 235。

② 叶恭绰,《李懋勋著铁路会计学序》,收于:俞诚之编,《遐庵汇稿》,中编,页 128。

③ 曾鲲化,《中国铁路史》,页 479—480。统计报告出版的延误,为近代中国政府统计工作的一项积弊。详见:朱君毅,《民国时期的政府统计工作》(北京:中国统计出版社,1988 年),页 78。

④ 凌鸿勋,《中国铁路志》,页 128。

离远近的不同而有所差异。例如北洋时期,交通部设于北京,因此对于京津要道的北宁路即特别注意,即使是普通案件,亦加过问,对于距离首都较远的各路,如京沪、沪杭甬、广九等路,即任其所为。国民政府时期也有类似的现象。铁道部设于南京,对于京沪、津浦二路,监督甚严,但是对于东北、西北各路,即采放任政策。[①] 这种管理政策上的不一致,一方面固然反映了中央与地方政治势力的消长,另一方面也反映了传统政治重中心而轻边陲的风气。

铁道部成立后,对于各路的监督有所加强,但是其管理政策贯彻于各项工作时,也有不一致的现象。例如铁道部颁布铁路局行政权限规程,以为各路管理权限的准则。对于各路财务、会计严加监督,各路运价均需呈部核准后方得施行,购办外洋材料或国内大宗材料,统由部集中办理,各路对于月薪超过百元以上职员的任用,也需由部核准。[②] 故铁道部对于各路进款与用款的监督,已较北洋时期为严密。但是,对于各路的行车、调度、工务、电务,以及机车车辆的修理,却仍持放任政策,未能加以严密的考核与监督。至于各路沿线经济调查、营业状况、管理方法,以及促进沿线农工商业政策,虽已渐加注意,但仍未能做到有效地步。[③]

---

① 金士宣,《怎样管理铁路业务》,收于:金士宣,《铁路运输经验谭》,页 99。
② 例如:《新宁铁路公报》,期 1(1930 年 8 月),页 105;《粤汉铁路广韶段月刊》,卷 1 期 1(1931 年 2 月),页 48。
③ 金士宣,《铁路运输学》,页 433—434。1930 年代,铁道部顾问汉猛德(F. D. Hammond)于视察国有各路后,也有类似的看法:"铁道部对于各路之财政预算、运输票价及人员诸项,监督颇严,但对于营业方法,如维持养路及修理诸项,则不甚注意。该部对于采办材料超过一定价格,监督颇严,并制定储管章程,但对于存货之数量则不甚注意。据余观察所及,该部对于营业之发展,致力颇少,而一任各路自由为政,亦不加以鼓励。"参阅:汉猛德,《汉猛德将军视察中国国有铁路报告》(台北:学生书局,重印本,1970 年),页 90。

由中枢管理机构对各路的管理政策可以看出,政府对于铁路事业似乎将其视之为一般性的行政机关,因此管理的重点在于防弊;而未将其视之为一企业,故未重视其营业的发展。

三、分线管理制

中国铁路自始即采取分线管理制,每一路线设一管理局,此因各路多系向外国借款兴筑,或自行集资兴筑,或将商营路线收归国有,故不论路线之长短,运输之繁简,各分设一局,直辖于部。以致战前关内七千余公里的铁路,竟分设有十二个管理机关,其中二路局仅有—四三及一六六公里的路线,而最大的路局路线长度也不过一千三百余公里。小路局掌管的路线虽短,组织却与大铁路无异,具体而微,自成一系统,增加了许多行政及其他的总务费用。故战前即屡有将国有铁路分区设立管理局,以便统筹管理的倡议。分线管理制除了增加行政的费用外,尚有以下各项弊端:

营运方面,由于各路均需自给自足,因此人员和设施均未能充分利用。如宣统元年(1909)时,全国铁路共有四十种不同类型的货车,而事实上仅需六种即已足够。[1] 铁路如作适当的合并,车辆即可作较充分的利用。据估计,以过去五分之三的车辆即可作相同数量的工作,每年可节省大笔的费用。[2] 分线管理制对于车辆的调度也有所不利。调度车辆的原则有二:第一在求车辆最高度的运用,减少空车行程。第二在

---

[1] Arthur Rosen baum, "Railway Enterpriseand Economic Development: The Case of the Imperial Railways of North China, 1900-1911," *Modern China* 2:2 (April 1976), p. 242.

[2] C. C. Wong, "Some Dangers of Railway Development in China and How to Prepare Against Them," in C. F. Remer, ed. , *Readings in Economics for China* (Shanghai: Commercial Press, 1933), p. 624.

求最敏捷的方法,调剂供求。据战前的统计,非经济所必需的空程数目,在英美约占总空程 7％—8％,在近代中国却占总空程 30％以上。除了设备不完全(如各路多未装设电话,而以电报调度车辆)的因素外,组织的不良也是重要的原因。由于车辆调度的事务,主要集中于几个大站,因此大都市的车辆调度即十分重要。以美国铁路为例,货车周转一次,平均约需 14.90 日,其中于途中行驶仅占 1.49 日,而车辆交换轨线的行驶及延误却占了 2.48 日。此项统计显示出美国铁路的二项缺陷:第一,车辆必须驶还原路,增加车辆浪费的时间;第二,各路线在不同的管理组织之下,运转不灵活,故需较多时间。车辆运转的浪费为私有铁道制度下所无法避免的,近代中国的铁道虽属国营,但是以借款关系,采用分线管理制,因此也有调度车辆的困难。[1] 政治环境的长期动荡不安,铁路管理机关的分歧,则使得困难更加倍蓰。

设备方面,因管理机关的繁复,机厂及材料厂也随之而增多。机厂多,不免规模小而效能减小;材料厂多,则不免多购材料,以致存料数量甚巨。即以胶济路青岛、四方二厂及车、工、机三处而论,民国十八年年底时,备用材料结存 300 万余元,十九年则为 330 余万元,而该路十九年全年营业收入仅一千二三百万元,二十年也不过 1,500 余万元。固定的存料约占各年营业用款 47％。姑且不论长令搁置废弃堪虞,即以利息一项而言,损失已相当重大。[2]

财务方面,中枢管理机构主管全国国有铁路,有统筹全局的酌盈济虚之责,对于营业亏折各路,不敷的维持费及到期的本息,不得不代为

---

① 洪瑞涛,《铁道整理与铁道统制》,《交通杂志》,卷 1 期 6(1933 年 4 月),页 51—52。

② 吴国明,《铁路材料之管理问题》,《交通杂志》,卷 5 期 4(1937 年 4 月),页 71—74。

筹措,对营业盈余各路,除支付营业用款、利息、债款本额,以及必需的资本支出外,也有提取其盈余解存国库之责。故盈亏拨补为我国财政上的重要一环。抗战前,国有各路虽同属铁道部管辖,然因债权或历史关系,其财务收支则严格划分。各路中有营业繁盛、财政富裕者,也有营业不佳、财政拮据者,虽由铁道部酌量提盈拨亏予以调剂,但是各路财力相当悬殊,以致不能平衡发展。① 营业旺盛各路,既可扩充设备,改进业务,员工待遇也较为优厚;营业清淡者,则收支不敷,债务不能履行,扩充设备更难顾及。

第三节　中枢管理机构与政府其他部门的关系

铁路中枢管理部门和政府其他部门之间,似乎缺乏协调,现以与财政部门的关系为例加以说明。

铁路的中枢管理机构和财政部门自始即处于完全分立的地位。政府的公债均由财政部负责,并以政府税收作为担保,如光绪三十四年(1908)的收回京汉铁路资金借款及宣统三年(1911)的湖广铁路借款,以盐税等作为担保;民国十七年的中比庚款借款,以关税作为担保。② 铁路方面对于财政部负责发行公债的还本付息,均不过问。至于发行公债以兴筑新路,延长或整理旧路时,由财政、铁道二部门代表政府,授权发行公债,折现后交与铁路部门,以实施其计划,并监督其用途,财政部门仅拟订发行公债条例,及核阅此项公债与已发行者有无抵触而已。铁路公债占中国外债的极大部分,但由两部门划分实施,其缺点实至为明显。

---

① 金士宣,《铁路运输学》,页 407—408。

② 严中平等编,《中国近代经济史统计资料选辑》(北京:科学出版社,1955年),页 191。

铁路中枢部门除发行公债外,又可向地方银行借款,而无需经过财政部门,且可直接购买外汇,向国外购买巨量材料。各铁路也可直接向外国资本家磋商借款,但在合同未签订前需得铁道部的核准,正在磋商或业已商妥的合同,则可无需呈报财政部。①

铁路当局和财政部门之间的缺乏连系与协调,由运价的制定中亦可看出。民国十九年,铁道部为平准各地粮食,将米、小麦、豆、玉米等农产品运价,由四等减至五、六等核收,此外又订有特定运价,论其等级已在第六等之下,较之原来运价,已降低百分之五十至七八十,路方损失达数百万元,但是内地米谷依然不能流通各省,洋米依然大量进口。推其原因,乃是由于当时财政部未能与铁道部采取一贯政策,同时征收洋米进口税,故洋米仍能畅销国内,以致米价有降无升,铁道部所作巨大牺牲并未达到预期的效果。实则对进口洋米征税与降低国米运价,乃如一车之两轮,二者相合则成效立见,分则徒劳无功。②

第四节　各路管理机构的组织

清代始办铁路之际,中央管辖路政机关,甫在草创之时,各路管理机构的组织,更无一定章制可供遵守。各路行政长官,有称铁路督办者,有称督办铁路大臣者,有称铁路监督者,有称办理铁路大臣者,有称铁路总办、会办者,有称铁路总监督者,至民国二年,交通部为统一各路称谓起见,乃特令各路局长官概称局长、副局长。③

各路管理机构在交通部未颁路局编制通则以前,亦紊乱异常,各路殊不一致。如有应归总务处执掌的职权,每掌于不相统率的华文案处、

---

① 汉猛德,《汉猛德将军视察中国国有铁路报告》,页123—125。
② 马寅初,《中国经济改造》(上海:商务印书馆,1939年),页126。
③ 《交通史路政篇》,章1,页322—323。

洋文案处、通译处、庶务处、稽查处、总参赞处、弹压处等职;会计处职权,则分掌于各自为政的总收支处、监查处、核算处、购料总管等处;而关于车务,又有行车处、车务局、行车总监等叠床架屋之名,只有厂务及养路二处组织较为简单,各路尚称一致。① 至民国五年,许世英任交通总长,以各路组织大多因借款关系,延用各债权国制度,各不相谋,不但权限不清,责任不明,且于交通部管辖各路统一会计上造成许多障碍,因此制定国有铁路局编制通则,于是年八月公布施行。分路局为管理局和工程局二种,已通车营业者称为管理局,尚在建筑中者称为工程局;又以路线长短、事务繁简,区分各路为一、二、三等;管理局设总务、车务、工务、机务及会计五处。② 这项通则虽然仅由部令公布,并非国家明定的法规,但是促使了各路管理组织的渐趋一致。

世界各国铁路,外段工作的组织可分为二种:一为分处制(departmental system),一为分段制(divisional system)。分处制将车务、机务和工务,分成三处管理;又将路线分为数段,每段设立车务、机务和工务段长,分辖于车、机、工各处长,各不相属(如下图)。

```
        ┌ 工务处长——工务段长
        │ 车务处长——车务段长
  局长  ┤ 机务处长——机务段长
        │ 总务处长
        └ 会计处长
```

分段制则为全线各段段长管理车、机、工三方面事务,下设车、机、工段长,分掌各项事务(如下图)。

---

① 《交通史路政篇》,章1,页323。

② 《政府公报》,号241(1916年9月4日)。

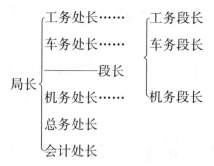

分处制通行于英国和欧洲的铁路①,其优点在于车、机、工各段长责任分明,其缺点在于各部门各自为政,不易合作,故仅适用于路线短而运输量较小的铁路。分段制通行于美国的大多数铁路,和分处制的中央集权不同,授权较为充分。②

中国早期铁路组织受英法影响较大,向采分处制,其弱点有以下几项:

(1)车、工、机、电、警各处合作问题

分处制的缺点在于运输的权力不集中,如车务、机务关系密切,时常发生纠纷。司机不服站长的指挥;车务、机务两段联络欠完密,迟误了行车;列车发生事故时,车务、机务双方职责的争执,均为常见的纠纷。根据组织的规定,发生问题应由站呈段转处,由本处与有关处长商洽办理,有关处长认为问题不甚明了时,又需行文所属段的员司调查,最后经相关的处长商洽妥当,方将办法发交各所属段站员司办理。一件公事常需经十余人转折,始可解决。路线长的铁道,如北宁、京汉,最

---

①　英国铁路的分处组织,详见于: Ray Morris, *Railroad Administration* (N. Y. ,1920),chap. 6.

②　Alfred D. Chandler,Jr. ,"The United States: Seedbed of Managerial Capitalism," in Alfred D. Chandler,Jr. and Herman Daems, eds. *Managerial Hierarchies: Comparative Perspectives on the Rise of the Modern Industrial Enterprise*(Cambridge. Mass: Harvard University Press, 1980), p. 16.

远的站和总局的距离,有长至二三日火车里程者,常因路程的迢远和手续的繁杂而延误时机。[①]

民国十九年,北宁路以分处制管理不便,将车务与机务两处所管行车有关事务合并,改设运输处,外线也改设运输段,将行车权集中指挥。惟以工务关系较少,未将工务段归并于运输段之内,仍由工务处直接指挥。此举确实增加了许多的运输能力。但是运输处成立后,车务、机务、电务三部分的工作集中于一处,事务及责任均加重,由于员工考绩奖惩等制度未作相应的调整,造成该处员司不满,乃提议恢复原有组织,因此北宁路试办运输处新制,即告撤消,至为可惜。[②]

(2)运输、营业部门未能划分

中国铁路的组织大多脱胎于英国旧制,在运输方面仅设车务处,而将营业之事附于车务处办理,实因早期铁路全属国营,业务具有垄断性质,又无公路竞争之故。国民政府统一全国后,深感业务推广的必要,乃将车务处分为运输处和营业处。此制度首先在北宁路施行,民国二十五年粤汉路完成后,即在此路全面施行,对业务积极争取。[③]

(3)委员会制及总稽核制

各铁路的管理制度均采局长制,但是民国十八年之后,铁道部曾一度将几个铁路管理局改为管理委员会。胶济路以从日人攘夺后接管关系,首先实行,津浦、京汉等路继之。委员会设委员长一人,委员四人,至内部分处、外线分段,则仍其旧。[④] 此种制度实为政治的产物,借以

---

① 洪瑞涛,《铁路整理与铁路统制》,《交通杂志》,卷1期6(1933年4月),页51。

② 金士宣,《怎样加强北宁路的运输组织和人事管理》,收于:金士宣,《铁路运输经验谭》,页17—19。

③ Ling Hvmg-hsun,"A Decade of Railroad Construction,"p. 283;凌鸿勋,《凌鸿勋先生访问记录》(台北:中研院近代史研究所,1982年),页120—121。

④ 《铁道年鉴》,卷1,页128—129。

调和各方政治势力。[①] 事实上，铁路各处均有处长，直接秉承委员长办理一切事务，其他各委员均无事可作。此项制度与民营铁路的理事会貌似而神非。民营铁路的理事会系由股东选出，以维护其利益及监督铁路之财政。总经理管理铁路，对理事会负责，理事会则制定应施行的政策；各理事并非专职，薪给也有限制，但胶济等路的委员制则不相同。施行政策系由铁道部所制定，管理委员会委员并支全薪。[②] 由于此种制度成效不彰，故实行不久即又复改为局长制。

此外，在经营铁路初期，洋总管及洋账房常掌有大权，路政当局为了要加以稽核，故有总稽核的设置，后来洋总管逐渐取消，会计处也多为中国人掌权，但是仍有总稽核一职。根据铁道部的规定，驻路总稽核直隶铁道部，不属局长管辖。所有会计处收支款项由会计处长负责核签报，应再送总稽核审核；一切支款及银行支票未经总稽核会同局长或委员长签署者无效。[③] 此种制度一如委员会制，亦为政治的产物，借以控制地方政治势力。就铁路经营立场而言，费用既多，手续亦繁，效能与经济两不得益。

第五节　公营铁路与民营铁路管理的比较

最后拟对清末官办与商办铁路的组织效能作一比较，借此明了近代中国两种企业经营方式的异同。

在内部组织方面，清末各铁路公司的组织多未健全，普遍不遵照商部所颁布《公司组织法》的规定行事，有些甚至与该项法律的精神与条

---

① 金士宣，《铁路组织制度与中国铁路组织问题》，《交通杂志》，卷 1 期 12 （1933 年 10 月），页 86。

② 汉猛德，《汉猛德将军视察中国国有铁路报告》，页 88—89。

③ 《铁道部特派驻路总稽核职掌规程》，《铁道年鉴》，卷 1，页 136—137。

文相抵触;在公司管理方面,企业精神不足而官场习气太重,因此经营腐败,所筹的有限款项常为经理人员轻易浪费,甚或据为私有,贪污中饱,甚至如广东商办粤汉铁路,以六百万两巨款,仅筑成三十一英里铁路①,与官办铁路并未有太大的差异。

在人才方面,铁路在中国为新兴事业,技术人才无法速成,不得不取之客卿,然政府中主持计划、具有世界眼光与交通常识者,既乏其人,而下此着有经验、能独当一面者也绝无仅有。政府高谈办路,而一切建设、管理、监督、审核,均无专门人才,各省绅民力争商办,人才尤为缺乏。总理、协理均为官僚巨绅,而毕业甫回国的留学生,竟可任以总工程司;又缺乏专业化的观念,本系建筑长才,而举为营业经理,毫无土木专长,而派充工程监督之事,所在多有。此外,商办各路又多无准备的财力,于是遂无克期完工的计划,而有劝募抽捐、零星凑集、枝节敷衍、作一日算一日的现象。铁路非其他企业可比,无整体计划,无大批经费,时作时辍,其危险实不可思议。② 就此而论,官办铁路所掌握的人力、物力资源,尚较商办铁路为多。

综上所述,清末官办与商办铁路的组织效能,自现代观点视之,自然均属落后,但是如将其置于当时的整个社会、技术环境中观察,或可获得较具同情的了解。

传统中国社会一向即缺乏经营大规模企业的经验。经营事业成功者,多赖个人能力及家族组织的力量,所有权与管理权未作区分,经营规模遂无法扩大。加以工商各业关于会计事务的处理,莫不因陋就简,草率从事,

---

① 李恩涵,《中国近代之收回铁路利权运动(1904—1911)》,收于:李恩涵,《近代中国史事研究论集》(台北:商务印书馆,1982年),页551。

② 同前注;阙名,《改良铁道会计说》,曾养甫等著,《粤汉铁路株韶段通车纪念刊》,论述,页13—14;曾鲲化,《中国铁路史》,页106—107。

业务的负责人多以会计为经营的末技,其得失无关宏旨,年终盈余取决于经理,故其决算表之编制,多无真实性可言。账簿又无划一格式,虽有精于计理者,也无从着手检查,因此倒闭之案时有所闻,而如数赔偿者少。[1] 由于企业普遍缺乏一套适当的稽核制度,挪用公款遂不可避免。[2] 由于国人不长于经营大企业,故"官办之生产事业固为调剂官僚舞弊发财之机关,私办之生产事业又大抵为经理、董事营私摆阔之根据地。政府办实业,根本不问成绩,股东组公司,始终不管业务。公机关固官僚化,私机关亦官僚化,甚且入股等于应酬,分红视为意外,冷淡随便,一若利害无关者然"[3]。以上的议论虽有言过其实之处,然确曾描述出部分实情。大型民营企业之成功者,多非由其组织的合理化所致,而是通过降低工资、延长工时、使生产合理化并减少一般性总务费用的方式达成。

由此可见,近代中国的社会、技术环境,对于铁路事业的经营(不论公营或民营),实未能提供积极的助力。

---

[1] 阙名,前引文,页 29。

[2] Hao Yen-ping. *The Comparador in Nineteenth Century China: Bridge Between Eastand West* (Cambridge, Mass.: Harvard University Press, 1970), p. 51.

[3] 《大公报》,1930 年 8 月 9 日。一位社会学家指出,在中国,公营企业的组织乃是模仿政府机构,而私人企业则是模仿家庭。参阅:Wong Siu-lun, *Emigrant Entrepreneurs: Shanghai Industrialists in Hong Kong* (Hong Kong: Oxford University Press, 1988), p. 172. 两项观察之所以不同,乃是由于前者所称的私人企业是股份开放的公司 (public company),而后者所指的则是股份不公开的公司(private company)。

第四章　铁路事业的人事管理(上)

　　铁路事业的人事管理,以所需人才之多,及其相互发生人事问题之繁,在铁路事业的各部分中,实居重要地位。且各部分事业均赖人力为之推动,所谓徒法不能以自行,故人事问题可谓各部分的中心工作。纵因设备方面稍欠完善,员工若能尽忠职守,自可获得相当的补救。我国铁路初因借款兴筑,路权旁落,铁路行政主于客卿,人员进退多操于外籍总工程司之手。高级职员多由外人充任,中下级人员也以民智未开,无从取才,初由各路招考遴选,继由本国籍职员推荐,不过也是就稍识洋文者加以考选后,予以短期训练,即加任用。职名、薪给原无定制,更无组织可言。自收回铁路权以后,乃有各路组织规程的厘订。当时人事方面,仅规定各路处长以上人员由部委派,余由各路自行遴用。至铁道部成立,陆续订定各铁路管理组织规程公布施行,并规定各级人员任免程序,高级职员由部派充,余则分别加委或核准备案。从此,人事进退考核渐入正轨。本章拟探讨中国近代铁路事业的员工数额,分析是否有冗员的存在,冗员的成因为何,以及路界如何培育及训练员工。

第一节 员额

　　战前国有铁路员工总数,根据铁道部民国二十四年度统计(除东北各路及北宁路关外段不计外),共有 129,829 人,其中员司 25,407 人,占 20%,工人 104,422 人,占 80%。铁路用人自应按照运输业务的繁简而增减其名额,但用人是否浮滥,管理是否适宜,应以营业路线公里或列车公里为标准加以比较。就国有各路全体而言,每公里路线平均员工数,民国五年为 8.8 人,民国十年增至 14.6 人,二十四年又增至 18 人。试以世界各地区员工人数比较,以每英里路线为单位,美国为 6 人,日本 20 人,"满洲国"25 人,中国国有铁路 27 人。[①] 其相差悬殊的原因,一为美国铁路利用机械程度较高,所需人力较少;二为美国铁路系属民营,雇用员工全依运输需要而定,冗员较公营铁路为少。铁道部顾问门泰尔(J. Mantell)于民国十八年视察全国国有铁路后,更明白地指出国有各路冗员常达 45%。[②] 由此可见冗员问题的严重。

　　上列数字均系就国有铁路全体而论,以下拟就民国二十四年英国铁道专家汉猛德考察国有各路所得资料略作分析,以明了各路及各部门之间冗员程度的差异。下列各表因受资料限制,粤汉路南段数字未能列入。陇海及胶济二路采用民国十二年的数字。

① 金士宣,《铁路运输学》,页 445。
② 陈晖,《中国铁路问题》,页 122。

表 14　国有铁路历年车务处职员人数表

路名	职员人数				1934 年对 1920 年职员人数增加之百分比率	1934 年对 1920 年总收入增加之百分比率
	1920	1927	1931	1934		
京汉路	1,848	—	1,996	1,601	13.4	16.6
北宁路	1,081	2,310	6,359	2,042	88.8	16.6
津浦路	1,003	—	1,841	2,595	158.7	26.7
京沪路	438	1,226	1,783	1,824	316.5	61.3
沪杭甬路	195	536	703	725	271.8	113.7
京绥路	604	1,114	993	886	46.7	40.0
正太路	414	432	556	576	39.1	42.1
道清路	81	126	147	156	92.6	25.0
陇海路	(1923) 402	508	435	913	127.1	(1923)77.2
广九路	90	142	152	159	(1923)76.6	130.0
粤汉路（北段）	46	350	343	404	15.4	(1927)175.0
胶济路	1,197	1,293	1,341	1,375	(1927)14.9	23.6
南浔路	(1923) 214	315	389	162	(1923)24.3	(1923)84.4

资料来源:汉猛德,《汉猛德将军视察中国国有铁路报告》,页 71—72。

车务方面,表 14 显示,广九、南浔及粤汉北路等线的数字较为令人满意;京汉、津浦、京沪、京绥、道清及陇海路则职员人数增加的比率,超过总收入增加的比率。如道清路总收入仅增加 25％,但是职员人数却增加了 92.6％。至于陇海路职员人数,增加将近两倍,主要是由于民国十三年以后路线延长之故。

在司机方面,通常车务发展时,司机人数的增加率应较一般车务人员的增加率为高,但是表 15 显示,司机增加率仍在车务人员增加率之下。国有各路中,仍以广九、胶济及南浔等路成绩为优良,京汉路尤为特殊,营业收入有所增加,但是司机人数反而减少。其余各线如北宁、津浦、京沪、沪杭甬、京绥及道清等,司机人数的增加则与收入之增加不能相称。陇海路虽然也是如此,但是可以用上述的理由加以解释。

国有各路大多完工于清末,至抗战前车辆及工具多已陈旧,故必需增加工人人数,但是也不应如京汉等路之大增人员。京汉路于十四年之间总收入增加 16％,但工人人数则增加将近一半。各路之间的差异颇大,例如正太路同一时期内,总收入增加 42％,但工人人数反而减少。

在各部门中总务处是最不需要扩张,以应付业务增加的部门,仅需略增会计、办事人员即可。表 16 显示,仅有京绥、广九、粤汉及沪杭甬等路,较为良好;其余各路则职员增加的比率,均高于收入增加的比率,尤以陇海、道清、正太三路,十四年之间,职员竟增加了三倍以上,为各部门中所罕见,其原因乃是由于总务工作较不需要专门知识,易于安插亲信之故。

以长期趋势观察,可以发现职员人数于民国时期呈持续增长状态,直至抗战前方有减弱的现象。最显著的例子即为陇海路,总务处职员数民国九年时为 191 人,民国十六年增至 297 人,民国二十年更增至 2,650 人,民国二十三年则减为 614 人。

在此仅就史料所及,对路界冗员众多的原因略作分析。

表 15　国有铁路历年机务处司机人数表

路名	司机人数				一九三四年对一九二〇年司机人数增加之百分比率	一九三四年对一九二〇年总收入增加之百分比率
	1920	1927	1931	1934		
京汉路	3,709	—	5,466	6,064	63.5	16.6
北宁路	3,208	4,520	5,678	3,322	2.5	9.0
津浦路	2,734	—	4,431	4,529	65.6	26.7
京沪路	1,600	2,286	2,576	2,706	69.1	61.3
沪杭甬路	815	1,009	1,125	1,219	49.6	113.7
京绥路	1,331	2,517	2,251	2,512	88.7	40.0
正太路	459	544	565	635	38.3	42.1
道清路	203	272	380	439	116.2	25.0
陇海路	470	735	1,412	1,392	196.1	83.6
广九路	(1923) 245	248	262	289	(1923)17.9	(1923)130.0
粤汉路(北段)	155	760	1,225	1,270	67.1	175.0
胶济路	1,883	1,950	2,037	2,274	(1927)20.8	(1927)23.6
南浔路	(1923) 355	396	425	398	12.1	84.4

资料来源:同前书,页 72—73。

表 16　国有铁路历年总务处职员人数表

路名	职员人数				一九三四年对一九二〇年职员人数增加之百分比率	一九三四年对一九二〇年总收入增加之百分比率
	1920	1927	1931	1934		
京汉路	1,274	—	2,171	2,008	57.6	16.6

(续)

路名	职员人数				一九三四年对一九二〇年职员人数增加之百分比率	一九三四年对一九二〇年总收入增加之百分比率
	1920	1927	1931	1934		
北宁路	735	1,269	2,158	1,635	122.4	9.0
津浦路	837	—	1,080	1,198	43.1	26.7
京沪路	270	485	483	516	91.1	61.3
沪杭甬路	246	425	324	434	76.4	113.7
京绥路	716	1,024	828	788	10.6	40.0
正太路	81	141	154	243	200.0	42.1
道清路	77	107	255	222	201.3	25.0
陇海路	191	297	2,650	614	221.5	83.6
广九路	(1923) 127	132	151	164	(1923)29.1	(1923)130.0
粤汉路 (北段)	10	297	398	373	25.6	175.0
胶济路	680	884	1,127	1,232	(1927)81.2	(1927)23.6
南浔路	(1923) 89	230	321	157	(1923)76.4	(1923)84.4

资料来源:同前书,页76。

一、滥引私人,增添机构

清末路界引用私人的情形已非常普遍。如唐绍仪于光绪三十二年(1906)担任邮传部侍郎,"所用丞参,皆具同乡亲戚,以贿而行,咨调司员,亦多以贿成者"[1]。据估计,唐于任职邮部期间所作 400 次

---

[1] 《中国日报》,1907 年 2 月 16 日,页 6。

人事任命中,即有 350 次与其私人有关。① 因此,当时甚至有人称邮传部为"股份公司"、"广东会馆"。② 更有进者,唐绍仪督办京汉铁路,受事之初,即撤换南北路行车监督,改派施肇基为全路车务处正监督,任人理财,权悉归施,"上自委员,下及查票、车首,多半因贿而得,道路侧目"。③ 施虽曾留学国外(曾获美国康奈尔大学文学硕士学位),但对铁路工程或铁路管理一无所知,只因系唐侄婿,才得此职位。④

由于路界用人浮滥的情形严重,朝廷言官遂常以汲引私人专章弹劾,以致邮传部成立不满四年,而因此引起甄别员司的案件前后已有三次:一为光绪三十二年(1906)十一月有人奏邮传部尚书张百熙任用员司瞻徇情面,奉明令着其认真甄择,分别去留案;二为光绪三十四年(1980)十二月御史谢远涵奏参邮传部尚书陈璧滥引私人,奉旨着邮传部堂官一律留心查看,切实甄别案;三为宣统二年(1910)六月御史胡思敬奏邮传部候补丞参添派过多,奉旨酌量裁撤,务须核实办理案。⑤

骈枝机构过多,不够精简,也是造成冗员的一项因素。试举一例以说明之。宣统三年(1911)正月二十四日,邮传部尚书盛宣怀奏撤铁路局长梁士诒、提调叶恭绰差使,图书通译局、官报处、交通研究所等四机

---

① George Ernest Morrison's letter to Valantine Chirol, 14 May 1907, in Lo Hui-min, ed, *The Correspondence of G. E. Morrison*, vol. 1, *1895-1912* (Cambridge: Cambridge University Press, 1976), p. 408.

② 《中国日报》,1907 年 2 月 16 日,页 6。

③ 《中国日报》,1907 年 2 月 16 日,页 6。

④ Lo,*op. cit.*, p. 408;施肇基,《施植之先生早年回忆录》(出版时地不详),页 27。

⑤ 详见《交通史总务篇》,章 1,页 279—296。

构一并裁撤[①],又将外官之在各厅司当差而未经奏留者,以及司员之未分科者,一律裁撤[②],共废去员司 130 人[③]。据估计,裁撤机构及各司员津贴减成发给,每年可节省 30 余万,而铁路局则尚未裁也。[④]

民国成立后,路界冗员情形更为严重。如民国四年著名的"交通大参案"中,京汉路部分的调查结果显示,局长关赓麟(与交通部次长叶恭绰同年进学)巧立名目,安插各界闲人,引用私人,不知约束。经查核路局民国三年职员表,总务处共有职员 107 人,其中无资格者 27 人;车务处共有职员 754 人,其中无资格者 304 人(内有段长、站长 70 余人);机务处共有职员 168 人,其中无资格者 5 人,全案后经平政院判决,关赓麟乃被解职。[⑤]

至于各地军阀,则视铁路为私产,掠夺其管理权,滥设管理机构,如吴佩孚为提取路款的便利,民国十一年于京汉路增设汉口办事处,以其心腹冯沄为处长。[⑥] 初设时,处内办事人员不过 15、16 人,经费至多不逾 2 万余元,但两三年后,员司竟增至 37 人,常年经费也增至 55,000

---

① 盛宣怀,《盛尚书愚斋存稿》,1939 年,卷 16,页 16—25;凤冈及门弟子编,《梁燕孙先生年谱》,出版地点不详,1939 年,上册,页 91—93;遐庵年谱汇编编印会编,《叶遐庵先生年谱》,出版地点不详,1946 年,页 14。也有的学者认为邮传部以专业化为借口,奏请用人不归吏部委派,而自行奏调专派,致使各处荐书如雪片飞来,无所安插,只好增设机构如参政厅。参阅:邮电史编辑室编,《中国近代邮电史》(北京:人民邮电出版社,1984 年),页 80。

② 《邮部之鬼哭神号》,《民立报》,号 139(1911 年 3 月 4 日),页 3。

③ 《民立报》,号 135(1911 年 2 月 28 日),页 2。

④ 《邮部之鬼哭神号》,页 3;《东方杂志》,卷 8 期 1(1911 年 3 月 25 日),中国大事记,页 16。

⑤ 《交通史路政篇》,章 2,页 938—943;《政府公报》,号 1286(1915 年 12 月 6 日),页 5;《政府公报》,号 1308(1915 年 12 月 29 日),页 30—31;《政府公报》,号 19(洪宪元年 1 月 24 日),页 4。

⑥ 《京汉铁路管理局公报》,期 58(1922 年 7 月上旬),页 321。

余元。交通部以该处所办事务较前并未若何纷繁,而员额、经费已超过一倍以上,故于十三年十二月下令裁处设所[1],但是受到各方牵制而未能实行[2],冯沄不但屹立不摇,甚至更升为路局副局长兼领汉口办事处处长[3]。

更有进者,每一路局局长的更动,即增添若干新人[4],而各部门的中下级员司也以主管者监督不严,任意增用,故冗员积年递增。如安福系的丁士源于京汉、京绥局长任内,共增加员司 1,020 余人,每年耗费薪金达 554,000 元之巨。[5]

国民政府成立初期,路界冗员依然不断增加,民国十九年时,一位路界人士曾有以下的观察:

> 各路仍狃故习,多事瞻徇,每一长官莅新,往往位置闲员,任意委派,多至数百人,少亦数十人,前车来轸,层累增加,进易退难,势同薪积。[6]

更有进者,由于大家均视铁路为富裕机构,因此许多无谓的附属机关均赖养活,如沿路设立的执政党各级党部、庞大的工会组织,以及附着于铁路的军事机构等,实为铁路的重大负担。[7]

路警数目的过多尤为明显。据一项资料显示,民国十二年时,全国

---

① 《京汉铁路管理局公报》,期 148(1925 年 1 月上旬),页 13。

② 《京汉铁路管理局公报》,期 190(1926 年 3 月上旬),页 39。

③ 《京汉铁路管理局公报》,期 214(1926 年 11 月上旬),页 10。

④ Margaret Mackpraitg Mackay, "China's Railways and the WarLords," *Asia* 34 (March 1934), p. 166.

⑤ 《京汉铁路管理局公报》,期 4(1921 年 1 月 15 日),页 15;西塘野史,《安福部》(出版地点不详,1920 年),下篇,页 28。

⑥ 《新宁铁路公报》,期 1(1930 年 8 月 31 日),页 68—69。

⑦ 邱光甫,《中国铁路及其发展的趋向》,页 55—56。

所雇用路警即已较铁路的实际操作者为多①,并且有日益增多的现象。或谓路警的增加乃是由于社会秩序不安,但是自民国二十年后国内治安已有显著的进步,而路警人数却仍然继续增加,于二十年至二十三年之间增加人数达 2,000 人之多。② 二十四年国有铁路各处员工分配情形如下:

表 17　国有各铁路员工分配表

单　　位	百分比(%)
局长室、总务处、总稽核室、会计处及除下列以外之其他各处	5.8
车务处	23.8
机务处	29.5
工务处	21.8
电务处	1.4
材料处	2.0
警察署	15.7
总　　计	100.0

资料来源:金士宣,《铁路运输学》,页 445—446。

　　表 17 所示,警察署占员工数 15.7%,总数超过 2 万人,实为他国铁路所未有的重大负担。

　　值得注意的是,随着铁道部对各路监督的加强,以及其他各种因素,至抗战前有一些铁路的冗员,已有明显减少的现象(见表 14 至16)。相反,铁道部本身冗员却仍然继续增加(见表 18)。在铁道部成立后的六年内,职员几乎增加了一倍,被铁路专家指为"实与现有工作

---

　　①　"Employees on China's Railways," *Far Eastern Review* 16(1920), p. 121.

　　②　《汉猛德将军视察中国国有铁路报告》,页 115。

太不相称"①,甚至顾孟余于铁道部长任内(民国二十一年三月至二十四年十二月)②,因"改组派"分子群集南京,要求工作,而粥少僧多,无法安置,乃以铁道部名义,斥公帑派遣若干人赴欧美考察或留学,借免烦恼,舆论颇多指责。③

二、组织不良

组织不良所造成的冗员,其损失至为巨大。最明显的即为铁路采分线管理制,各自为政,所造成的重复浪费。汉猛德将军的改革方案显示,国有铁路如能改采分区管理制,每年可节省一千万元以上。④

表18 铁道部历年职员人数表

年份 职别	十八年	十九年	二十年	二十一年	二十二年	二十三年	二十四年
部长	1	1	1	1	1	1	1
次长	2	2	2	2	2	2	2
顾问	1		3	5	6	10	7
技监		1	1	1	1	1	1
参事	4	4	4	4	4	4	4
秘书	10	10	10	13	12	14	15
司长	2	4	2	4	4	4	4
帮办					2	2	2

---

① 《汉猛德将军视察中国国有铁路报告》,页115。

② 许师慎编,《国民政府建制职名录》(台北:"国史馆",1984年),页186—240。

③ 马五先生,《顾孟余孤芳自赏》,《艺文志》,期234(1985年4月),页37—38;"改组派"自各地涌至实业、铁道两部,要求部长介绍工作,另可参阅:胡耐安,《谈西山会议与改组派》,《传记文学》,卷10期6(1967年6月),页77。

④ 《汉猛德将军视察中国国有铁路报告》,页89—102。

（续）

职别＼年份	十八年	十九年	二十年	二十一年	二十二年	二十三年	二十四年
会计长			1	1	1	1	1
局长				1	1	1	1
副局长				2	2		
委员长	1	1		1	1	1	1
处长	3	4	3	4	3	3	3
科长	13	13	14	22	23	22	23
专员	48	48	50	57	65	59	44
主任委员					1	1	1
专任委员			2	2		2	3
常务委员		2	1	1			
委员			2	8	10	3	3
技术员			3	2	2	3	3
技正	12	12	15	17	19	18	18
技士	15	12	20	27	31	27	26
技佐	11	5	7	6	13	8	10
股长	5	4	1	1	5	5	5
荐任科员			4	4	5	7	7
科员	158	115	171	204	218	226	223
办事员			11	11	10	9	9
事务员	11	51	38	40	48	61	65
督察员				13	26	13	16
编纂				4	5		
干事				11	11	11	7
助理干事				7	11	7	7
副工程司			1	1	1		

（续）

职别 ＼ 年份	十八年	十九年	二十年	二十一年	二十二年	二十三年	二十四年
绘图员			3	2	4	1	2
调查员	11	9	1				
会计员				1	1		
荐任官试署			1	1	2	3	3
荐任官学习			1	1		1	1
中央从政人员							5
委任官学习						1	1
调部办事	16	18	27	24	23	78	78
试用			9	4	8	10	8
电务员	9	10	10	10	17	18	17
书记官	44	44	50	48	62	57	61
司事				12	12	12	12
书记			10	8	9	12	13
雇员	60	62	69	59	100	73	77
练习生	1				6	12	19
统计生				2	1	1	
总计	438	432	548	649	789	805	809

附注	一、本表均以实职统计，所有兼职概未列入。 二、本表所列局长、副局长、处长、督察员、司事系路警管理局职员，委员长、干事、助理干事系职工教育委员会职员，荐任科员、办事员、书记系会计长办公处职员。 三、民国二十年设立会计长办公处、二十一年增设路警管理局及职工教育委员会，所有秘书、科长、科员、事务员均并入本部职员内统计。

资料来源：《铁道年鉴》，卷3，页16。

此外，铁路专家认为每公里铁路所需路工，平均不应超过1.5人。但是战前中国国有铁路的资料显示，符合上项标准者，仅有胶济一路，该路各段均有大队工人,且有手摇车的设备,得以于工作区域内迅速往来。正太路每公里需工 1.56 人,与此标准颇为接近(见表 19)。

表 19　国有各铁路经常雇用工队人数及每队工人人数

路名	经常雇用工人数	每公里平均人(数)	每队人数(流动队除外)
京汉	2,638	1.74	7
北宁	1,296	1.90	13—14
津浦	3,130	2.54	6—9
京沪	987	2.61	14—16
沪杭甬	757	2.33	12
京绥	2,344	2.35	6—8
正太	521	1.56	
道清	323	1.76	9
陇海	2,616	2.24	6—30
广九	266	1.74	9
粤汉北段	1,210	2.25	
粤汉南段	783	2.25	7—8
胶济	749	1.34	20
南浔	409	2.96	
总计	18,029		

资料来源:《汉猛德将军视察中国国有铁路报告》,页 8—9。

汉猛德将军认为,工队人数过少,也是需用工人太多的原因之一。由表 19 显示,只有少数路线雇用工队,每队工人在 9 人以上。由于每队工人应有工头 1 人、厨夫 1 人,此二人均不实际参加路上工作,因此工队人数过少,实属浪费。

表 19 指出,如将胶济路除外,各路共长 7,997 公里,路工竟需17,280人,平均每公里需 2.16 人,如每公里工人数减至 1.5 人,据估计每年可节省 1,125,000 元以上。[①]

三、节约观念尚未建立

一般说来,民营企业以追求利润为唯一目标,故力求降低营业支出,因此较有节约用人的观念,而政府机构或公营企业则较无此种观念,加以铁路事业经费较为充裕,员额较具弹性,故单位主管每多未能刻意节约用人,如民国二十一年交通界元老叶恭绰即曾于致陇海路潼西段工程局长凌鸿勋的信中,劝他不妨多用些人:

> 执事居有为之地,宜乘此机会多汲引真才,不但资以自助,且可预备将来,使工程人才能以继起及分功……工费方面出入三二十万极为平常,故多用数人、十数人,并不要紧,不必太拘滞,希望细细计划,多觅可造之才,为将来造成一班好手。不可只以目前尽职为了事,至望至望。[②]

由此封信函可以看出,路界人士常并非为图个人金钱上的利益,仅因缺乏节约用人观念,而多用人员。

以上分析了路界冗员众多的情形及原因。路界冗员虽然不断增多,裁撤冗员的行动也常常可见。发动裁员的行动,每多掺有各种不同的动机,试举例说明如下:

---

① 　前引书,页 10—11。

② 　凌鸿勋,《清末民初交通界领导者——叶恭绰》,《传记文学》,卷 32 期 4 (1978 年 4 月),页 85。

一、图利自肥

　　宣统元年(1909)，津浦铁路督办徐世昌、帮办沈云沛两大臣整顿北段路务，以裁汰冗员、优给办事人员薪水为实事求是之计，故新派北段总办段书云[①]，月领薪水至 1,600 两之多[②]，较原订薪水增高 600 两[③]。但是所谓冗员中之有奥援者，虽坐领薪水不办一事，也并未裁撤一员，而为掩人耳目起见，裁去素无奥援、实在办事的书记、翻译 50 余人，以此薪水调济总办的办公费。但是人员裁撤后，办事人手不足，公事积压太多，故又招 40 余人，日夜办公。由于裁汰之人均为穷于奥援、穷于运动者，因此当时某报称"津浦北路所裁去者，非冗员，实穷员耳"[④]。

二、排除异己

　　在公职人员的保障制度尚未建立前，裁汰冗员常成为政治斗争中用以排除异己的最佳手段。如宣统二年(1910)盛宣怀就任邮传部尚书后，铁路总局局长梁士诒为求表现，裁去京汉、京奉两路冗员 60 余人。但是据当时人指出，"其实所裁者，非特无梁士诒之私人，且或为梁士诒所日夕欲去之人，因梁之私人所处之地位，大半安插重要，事关洋务，去之甚不易"[⑤]。

　　又如民国十一年的大裁员，所涉及的范围之广，人数之多，尤属

---

① 《交通史路政篇》，章 2，页 2384。
② 《津浦之裁撤冗员如是》，《民吁日报》，1909 年 10 月 8 日，页 2。
③ 《交通史路政篇》，章 2，页 2391。
④ 《津浦之裁撤冗员如是》，《民吁日报》，1909 年 10 月 8 日，页 2。
⑤ 《梁士诒玩弄老盛》，《民立报》，号 130(1911 年 2 月 23 日)，页 2。

空前。

　　民国十一年五月十四日，北方学人蔡元培、王宠惠、罗文干、汤尔和、陶知行、梁漱溟、李大钊、丁文江、胡适等 16 人，于《努力周报》联合发表《我们的政治主张》一文，主张政治改革，裁兵裁官，以"好政府"为目标。[①] 次日，内务总长兼代交通总长高凌霨下令裁汰交部附设机关九处。[②] 据当时舆论界指出，高兼署交长，其唯一目的，即在廓清交通系人员[③]，所裁撤的机关均为与交通系有密切关系者[④]，被裁者约 300余人。据熟悉交部情形者表示，被裁各会处，大都为部员兼任，多不支薪水，仅支津贴，一概裁撤，每月所节不过万余元，而参事一厅，因有行走、办事、任事等种种名目，每月开支需三万余元，高不裁其大而裁其小者[⑤]，显然是基于政治的因素。高凌霨虽一面裁员，一面复添派参事上行走、秘书上办事及各科帮办多人。此项人物，"尤以某方面推荐，及内务部调任者为多"[⑥]，显与减政相背。

---

　　① 《我们的政治主张》一文为胡适于 5 月 11 日写成初稿，12 日于蔡元培住处开会讨论，参阅：中国社会科学院近代史研究所中华民国史研究室编，《胡适的日记》(香港：中华书局，1985 年)，页 352—353。全文刊于《努力周报》，期 2(1922年 5 月 14 日)，页 102。宣言末端所注日期为 5 月 13 日，但是事实上已先刊载于：《东方杂志》，卷 19 期 8(1922 年 4 月)，页 138—140。关于此宣言，亦可参阅：Charlotte Furth, *Ting Wen-Chiang：Science and China's New Culture* (Cambridge, Mass.：Harvard University Press, 1970), pp. 147-149；JeromeB. Grieder, *Hu Shih and the Chinese Renaissance：Liberalism in the Chinese Revolution*, 1917-1937 (Cambridge, Mass.：Harvard University Press, 1970), pp. 191-193；张忠栋，《胡适从〈努力〉到〈新月〉的政治言论》，《中研院近代史研究所集刊》，期 14(1985 年 6 月)，页 295—296。

　　② 《政府公报》，号 2231(1922 年 5 月 19 日)，页 6。

　　③ 《交通界人员之大更动》，《申报》，1922 年 5 月 17 日，页 7。

　　④ 《高凌霨对部务之积极》，《顺天时报》，1922 年 5 月 16 日，页 7。

　　⑤ 《交通部之减政观》，《申报》，1922 年 5 月 20 日，页 10。

　　⑥ 《交通部之减政观》，《申报》，1922 年 5 月 20 日，页 10。

　　五月二十四日,北京政府以高恩洪署交通总长,董康署财政总长。① 高到部的第二日,即实行裁员,被裁的人员,仅顾问、谘议即有200余人,顾问中有每月俸金多至5,000元者。② 二十九日一日内,高连续发表二十三道部令,裁撤各种机关人员,约两三千人。③ 经此裁撤,据估计,"交部每月可节省二十五万元,各铁路均将照民国预算案办理,路政处(疑为司之误——引者注)于是每年可省三万元,而部中复可省去一百万元"④。

　　吴佩孚的亲信董康、高恩洪二人以大刀阔斧的手段裁员后,犹恐其他各机关不能一例照办,乃由董于六月一日向内阁提出裁员呈文。⑤ 经众议决,呈请明令公布。次日,徐世昌于辞职出京当天下令裁员,"自奉令之日为始,除官制以内及考试分发人员外,其余各员,概行停支薪津,另候甄用"⑥。各部院历年添调人员,大多倍于官制原额,此次突然明令胥裁,顿失生计者据估计不下三四万人。⑦

　　各路局方面,交通部先后下令裁撤五督办处及各路副局长、副处长、副课长、调查员、差遣员、军事招待员、军事照料员、运输员、商务调查长、副调查长、商务调查员,以及顾问、谘议、工程顾问、律师等并无实

　　① 《政府公报》,号2237(1922年5月25日),页1。
　　② 《高恩洪整顿北交部》,《申报》1922年6月1日,页3;《财交两部之减政计划》,《申报》,1922年6月1日,页6。
　　③ 《政府公报》,号2244(1922年6月2日),页7—8;《高恩洪大倡裁员》,《申报》,1922年6月2日,页7。据另一项估计,交通部仅裁一千余人,见《努力周报》,期8(1922年6月25日)。
　　④ 《财交两部之减政计划》,页6。
　　⑤ 《顺天时报》,1922年6月2日。
　　⑥ 《政府公报》,号2245(1922年6月3日),页1。
　　⑦ 《北京之裁员潮》,《申报》,1922年6月6日,页7。

在职务的各项职员。① 此举造成路界震动,京汉路局并起罢工风潮。②

　　民国初年,政府财政长期处于窘困状态,有鉴于政府各部冗员过多,故厉行裁员,本不可厚非,然需出于大公无私,方不致招来各方反对。而民国十一年交通部的大裁员,主要对象为粤籍的交通系③,党派偏见过于浓厚,加以被裁各员中,也有各种不同的情况。有些虽属官制以外人员,但任职已久,办事勤劳,成绩为众所周知,既与长官所令派的亲戚、终年领薪而不上班者情形不同,也与实缺人员另有外差、不办一事徒领俸金者有别。今则一朝令下,编制以内人员,无论为贤为恶一概不动;而编制以外人员,不计贤肖,全遭摈斥,自易引起不满。④

　　更有进者,裁员后,高恩洪带百余人取代⑤,并且新任命的重要人物以山东人为多,因此颇有以鲁派取代粤派之说⑥。此外,高一方面裁人,一方面仍利用“调部办事”、“佥事上行走”、“主事上任事”等官制以外的名目,借以安插私人,也贻人以口实。⑦

---

　　① 《政府公报》,号 2244(1922 年 6 月 2 日),页 7—8;《政府公报》,号 2246(1922 年 6 月 4 日),页 5;《政府公报》,号 2253(1922 年 6 月 11 日),页 5—6。

　　② 《北京之裁员潮》,页 7。

　　③ 据一位当事者的回忆,高恩洪到部后,检阅部职员录,凡隶粤籍者一律免职。参阅:凌鸿勋,《凌鸿勋自订年谱》(台北:中国交通建设学会,1973 年),页 27;凌鸿勋,《凌鸿勋先生访问记录》(台北:中研院近代史研究所,1982 年),页 32。著者本人隶属粤籍,故记载或有夸大之处,但裁员目的在铲除交通系则为事实。

　　④ 《裁员令发后之反抗与救济》,《申报》,1922 年 6 月 10 日。

　　⑤ 《大公报》(长沙),1922 年 6 月 1 日,页 2。

　　⑥ 《昨闻之交部新消息》,《顺天时报》,1922 年 5 月 30 日,页 3。黎安友(Andrew J. Nathan)也指出,交、财二部开革交通系时代所任命的官员,或许意味着是为了替直系清路。参阅:Nathan, *Peking Politis*, 1918-1923: *Factionalism and the Failure of Constitutionalism* (Berkeley: University of California Press, 1976), p. 192.

　　⑦ 《交通部裁员之反响》,《大公报》(天津),1922 年 6 月 4 日,页 3。

六月十五日,天津《大公报》的社评《减政问题》,对此次裁员有客观的评论:

> 比者减政之说,又复大倡;骈指机关之裁撤,顷已见诸明令;各部局之裁员,亦已着手进行。此种锐进办法,未始不善,但吾人于此,尚不能无疑问焉。疑问为何? 曰现在之裁员,是否完全出于公心;裁汰旧员之后,是否能不再添用一般新员也。裁汰冗员,固属极大之善政,然若所裁汰之人员,仅为党派关系,而不问其人是否有用,是否应裁;又或专为腾挪空额,以便任用私人,则于国家,仍无丝毫之利益,而裁员之说,亦不过徒有形式而已。[①]

民国十三年十一月,曹、吴下野,由段祺瑞组织新内阁,叶恭绰重新出长交通部[②],下令各路局将二年前于裁员行动中被裁撤的副局长职位,再度恢复[③]。此举证实了《大公报》社评所作预言的正确性,同时也显示出对人不对事之裁员行动的局限性。

国民政府成立后,冗员仍继续增加,如京汉、津浦、沪宁、京绥、道清及陇海六线职员人数增加的百分率,与收入增加的百分率,以民国十七年与二十三年相较,超过三四倍以上。铁道部乃于民国二十五年采取下列步骤:

(1)限制各路局员司最高名额与最高总薪额。规定沪宁、沪杭甬、津浦、京汉、胶济、陇海、正太七路最高名额,计需裁汰 1,400 名,限于三年内次第裁减。

---

① 湛之,《减政问题》,《大公报》(天津),1922 年 6 月 5 日,页 3。

② 《政府公报》,号 3119(1924 年 11 月 29 日),页 7;《叶遐庵先生年谱》,页 22。

③ 例如:《交通史路政篇》,章 2,页 1627、2378;平汉铁路管理委员会编,《平汉年鉴》(汉口:编者印行,1932 年),页 22。

(2)限制各路自由用人。规定自二十六年起,各路员司出缺,月薪在六十元以上者,均应报部遴员派充。

(3)制定国营铁道员司资历审查委员会组织规程,及员司登记审查及叙用规则。对于员司的登记、审查及叙用,均定有详细规则,俾自次长以下,均不得徇情引进人员,而杜幸进之门。①

第二节　培育与训练

中国铁路创设之初,由于士大夫的守旧,社会风气的闭塞,群起排斥新法,虽有少数官绅高瞻远瞩,竭力推动新政,但是阻力迭起,艰辛万状。不得已乃举外债、借外才,以为一时救急之方。清末民族主义逐渐兴起,于是废债育才、收回自办的运动在各地积极展开,至民国时期,本国人才已能逐渐取代外人。

综观中国近代铁路界对于人才的培育和训练,主要途径可分为外国留学及实习、部设各校、铁路学堂等三种,兹分别叙述如下:

一、外国留学及实习

中国派遣学生出国学习铁路,始于同光年间第一次遣送幼童留美。这些官学生归国后,在清末民初政治、外交、军事、交通等方面均有广泛的影响。② 交通方面,梁如浩、唐绍仪、梁敦彦等人,于对外交涉上颇有

---

① 张公权,《抗战前后中国铁路建设的奋斗》(台北:传记文学出版社,重印本,1974 年),页 120。

② 宋晞,《容闳与一百二十名官学生》,《华冈学报》,期 2(1965 年 12 月),页199—234;高宗鲁,《中国幼童留美史》(台北:华欣书局,1982 年)。

贡献。① 铁路专门人才,著名者则有以下诸人:

詹天佑,同治十一年(1872)在美习工程,光绪七年(1881)自耶鲁大学毕业后返国,光绪十四年(1888)进入中国铁路公司服务,为置身铁路之始。三十年,督办关内外铁路大臣袁世凯拟提拨铁路部分盈余修筑京张路。惟关内外铁路有借用英国款项,以路收作抵关系,英国方面坚持如移款修筑京张,需用英国人为总工程师。俄国则以我曾允由北京向北筑路,如需借外款,先向俄商,俄使因此也出面阻挠。辩论年余,始与中英公司议定按年提拨余利办法,并声明不用洋工程师,以示与他国不相干涉。当时外人均怀疑中国是否拥有此项筑路人才,且有著论于报纸,谓此路工程困难,中国人能修筑此路的工程师尚未出生,引为讥诮。三十一年,袁世凯奉清廷核准,派陈昭常为京张铁路总办,詹天佑为会办兼总工程师,是为中国工程师负责筑造铁路之始,詹氏也自是得名。当时国内铁路工程人才尚少,詹氏特创为工程训练之制,初收工程学生,施以训练,按年考试,凭经验为升转,几年之间成就不少人才。詹氏嗣任粤汉铁路总工程司、会办、督办等职,为中国铁路界初期的重要领导人物。②

邝景阳(后改名邝孙谋),同治十三年(1874)赴美习土木工程,回国后历任京奉、桂萍、京张各路副工程师,粤汉、张绥各路总工程师等职,

---

① *Who's Who of American Returned Students*（Peking：Tsinghua College，1917），pp. 88，105-106；李恩涵,《唐绍仪与晚清外交》,《中研院近代史研究所集刊》,期 4（1973 年 5 月）,页 53—126。

② 詹天佑事迹详见：凌鸿勋、高宗鲁合著,《詹天佑与中国铁路》（台北：中研院近代史研究所,1977 年）；Lee En-han, *China's Quest for Railway Autonomy*，1904-1911（Singapore：Singapore University Press，1977），pp. 122-123。

勋名仅次于詹天佑。① 罗国瑞,同治十一年(1872)赴美,返国后历任萍乡铁路副工程师、浙江铁路总工程师、津浦铁路南段总办等职。② 黄仲良,同治十一年赴美,返国后历任沪宁铁路总办、粤汉铁路会办、津浦铁路局局长等职。③ 黄耀昌,光绪元年(1875)赴美,返国后历任京汉铁路南路会办、副局长等职。④

　　早期服务于路界的留美幼童,自返国后多先于海军或其他机构任职,以后才转入路界,但是均能脱颖而出,卓具贡献。⑤

　　光绪末年,商办铁路盛行,以公私费至外国学习路科者日渐增多。据统计,留学日本岩仓学校者有 150 人,东亚铁道学校 174 人,路矿学堂 131 人,东京铁道学堂 131 人,铁道院 53 人,共 568 人,以学工程管理者为多;留学比利时者 80 余人;留学美国者 60 余人;留

---

　　① 田原祯次郎,《清末民初中国官绅人名录》,1918 年,页 763—764;外务省情报部,《改订现代支那人名鉴》(东京:东亚同文会编纂部,1928 年),页 627;*Who's Who of American Returned Students*, p. 195; *Who's Who in China*, 1931, pp. 211-12;樊荫南,《当代中国四千名人录》(上海:良友图书印刷公司,1931 年),页 441;杨家骆,《民国名人图鉴》(上海:辞典馆,1937 年),页 2365。

　　② 中研院近代史研究所编,《海防档》,戊:铁路(台北:编者印行,1957 年),页 597;田原祯次郎,《清末民初中国官绅人名录》,页 771;*Who's Who of American Returned Students*, p. 139;外务省情报部,《改订现代支那人名鉴》,页 580。

　　③ 田原祯次郎,《清末民初中国官绅人名录》,页 525; *Who; Who of American Returned Students*, p. 134;外务省情报部,《改订现代支那人名鉴》,页 602。

　　④ *Who's Who of American Returned Students*, p. 139;《交通史路政篇》,章 2,页 865。

　　⑤ Thomas E. La Fargue, *China's First Hundred* (Pullman: State College of Washington, 1942), p. 107;胡光麃,《中国现代化的历程》(台北:传记文学出版社,1981 年),页 236—237。

学英国者数人,总计七百余人。① 民国以后,交通部除派郭元士赴法学铁路工程、王绍辉赴比学铁路桥梁、罗忠咏赴英学铁路经济,及潘承梁等五人赴美学铁路机械管理外,均改为修习实务员,以学术较深者,由部出资派往各国相关机构实地练习,期限为一至二年,民国六至八年共派夏全绶等 10 余人赴美,八年派龚理征等 20 余人赴日。十年以后,选派赵曾珏等 35 人留欧、吴绍曾等 27 人留美、杨昭恕等 4 人留日。② 据统计,由光绪三十四年(1908)起,至民国十四年六月止,历年派遣生员赴各国学习铁路者,总数达 600 余人,内派赴英国者 118 人、比利时 52 人、美国 235、日本 119 人、德国 37 人、俄国 6 人、奥国 41 人、法国 23 人、瑞士 3 人,其中视其留学目的可分为三类:一为留学生,赴大学或专门学校,以研究高深学术为主旨;二为修习实务员,赴公司、局、厂,以修习关于交通实务为主旨;三为实习生,与修习实务员性质略同,但待遇有别。③ 国民政府成立后,由铁道部选派留欧者,有许国保等 17 人,留美者有曹丽顺等 30 人、留日者孙乾 1 人。④

二、部设各校

中国铁路在创办之初,因人才缺乏,不得不重用客卿,嗣为补救计,

---

① 曾鲲化,《中国铁路史》,页 196—197。另一项资料则指留日人数为 639 人,参阅:《铁道年鉴》,卷 1,页 568。关于日本境内专为国人所设的铁路学校,可参阅:黄福庆,《清末留日学生》(台北:中研院近代史研究所,1975 年),页 135—136。

② 曾鲲化,《中国铁路史》,页 197;《铁道年鉴》,卷 1,页 568。

③ 叶恭绰,《交通教育略史》,收于:俞诚之编,《遐庵汇稿》(出版地点不详,1930 年),中编,页 253;《交通史总务篇》,章 3,页 472—473。

④ 《铁道年鉴》,卷 1,页 568。

乃设立交通大学,造就铁路专门人才。上海交大规模最大,电机、机械、土木、管理各科兼收,唐山交大则以培育土木工程师为主,北京交大则以造就管理人才为主。由清末以至民国时期,本国人才之能取代外人,肩负铁路建筑及管理的重责而成绩卓著者,以交大之功居多。① 交大的来源,乃是由三处学校合并而成,兹分述如次:

(1)南洋公学:光绪二十二年(1896),大理寺少卿盛宣怀奏设南洋公学于上海奉旨允准,并派盛为督办,二十三年(1897)正式开办。二十九年(1903)改名为上海商务学堂,三十年(1904)改隶商部,三十一年(1905)改名为商部高等实业学堂,三十二年(1906)改隶邮传部并改名为邮传部高等实业学堂。民国元年隶交通部,改名为上海工业专门学校,十年改称交通大学上海学校,隶北京交通大学总办事处,十一年改称南洋大学,十六年改称第一交通大学,十八年改设土木工程、机械工程、电机工程及铁道管理四学院,十九年增设科学学院,合北平、唐山两院同隶铁道部,二十六年转隶教育部。据统计,南洋公学自开办至民国十九年止,各科毕业生总数为 1,070 人;民国二十年时,在校生总数为 855 人,在职教职员总数为 174 人。②

(2)路矿学堂:创始于光绪三十一年(1905),原名铁路学堂,旋徇开平矿局之请,附设矿科,定名为路矿学堂,并改隶邮传部,民国元年改隶交通部,更名唐山铁路学校,二年改称唐山工业专门学校,十年改称交通大学唐山学校,十一年改称唐山大学,十七年改称第二交通大学,旋隶铁道部,并改称土木工程学院,二十年增设采矿冶金系,故改称唐山

---

① 民国时期,铁路人才的养成,除交通部直辖的交通大学外,尚有私立北平铁路大学、岭南大学、暨南大学及武汉大学等四校,曾由铁道部辅助经费,参阅:《铁路年鉴》,卷 1,页 549。

② 《交通史总务篇》,章 3,页 3—5;《铁道年鉴》,卷 1,页 541。

工程学院,二十六年转隶教育部。据统计,唐山路矿学堂自开办至民国十九年止,各科毕业生总数为 439 人;民国二十年时,在校生总数为 269 人,在职教职员总数为 43 人。[1]

(3)铁路管理传习所:成立于宣统元年(1909),直辖邮传部,二年(1910)增设邮电班,改称交通传习所,民国五年改为铁路管理及邮电二校,九年两校合并改称交通大学北京学校,十一年改称唐山大学分校,十二年改称北京交通大学,十七年改称第三交通大学,旋部令复改为交通大学交通管理学院分院,转隶铁道部后又改称北平铁道管理学院,二十六年转隶教育部。据统计,铁路管理传习所自开办起至民国十九年止,各科毕业生总数为 1,893 人;民国二十年在校生总数为 269 人,在职教职员总数为 69 人。[2]

经费方面,民国十年交通大学正式成立前,各校经费每年支出合计约为 40 万元(见表 20),改组为大学后,渐有增加,至十四年时,每年经费预算增至 586,000 元。[3]

民国十年交通大学正式成立之前,各校的资产总计尚不足 250 万元,其中南洋约 150 万元,唐山约 80 万元,京校约 20 万元,若按本科学生人数平均计算,每人约占 3,000 余元,而当时美国工科大学的房屋及设备(除地亩外),平均每一学生占华币 16,000 元。[4] 交大的经费虽远不如欧美先进国家的工科大学,但是在国内则非其他工校所能及,和各著名公私立大学相较也并不逊色(见表 21)。

---

① 《交通史总务篇》,章 3,页 15—43;《铁道年鉴》,卷 1,页 541—542。

② 《交通史总务篇》,章 3,页 45—245;《铁道年鉴》,卷 1,页 542。

③ 叶恭绰,《交通教育略史》,页 251—252。

④ 叶恭绰,《交通大学之回顾》,收于:俞诚之编,《遐庵汇稿》,中编,页 258。

表20　南洋、唐山、北京交通三大学历年支出经费表

单位:元

年度	南洋大学	唐山大学	北京交通大学
民国元年	134,609.810	88,711.860	20,902.540
民国二年	128,196.127	89,520.615	44,938.558
民国三年	151,779.121	84,448.659	51,937.008
民国四年	175,034.636	91,391.647	58,858.888
民国五年	154,070.450	84,872.949	63,296.282
民国六年	162,312.940	91,023.609	84,523.133
民国七年	165,446.617	94,157.286	91,390.487
民国八年	198,835.287	113,121.379	108,773.081
民国九年	186,126.495	106,340.114	137,045.598
民国十年	213,887.214	114,725.548	143,340.844
民国十一年	225,254.370	139,649.973	116,690.854
民国十二年	291,273.980	111,174.791	101,480.199
民国十三年	247,456.344	99,660.972	135,360.000
合计	2,434,283.391	1,308,799.402	1,158,537.472

资料来源:彭家煌,《南洋、唐山、北京交通三大学历年支出经费计算表》,《教育杂志》,卷19期2(民国十六年二月),页10。

表21　全国八所公私立大学岁入预算表

单位:元

年度 / 学校	民国五年	民国十四年	民国二十年
北京大学	320,000	888,459	761,886
北平师范大学	427,950*	471,320	866,892
清华大学	1,310,868	782,451	1,885,470

（续）

年度 学校	民国五年	民国十四年	民国二十年
交通大学	290,263	586,000	539,310
燕京大学		311,835	1,025,660
金陵大学		111,955	689,254
东吴大学		104,721	192,726
沪江大学		214,526	318,065

　　资料来源:贾士毅,《民国财政史》(上海:商务印书馆,民国六年),编3,页140;贾士毅,《民国续财政史》(上海:商务印书馆,民国二十一年),编3,页214—215;刘本钊,《二十年来清华之财政》,收于:《国立清华大学二十周年纪念刊》(北平:国立清华大学,民国二十年),页4;叶恭绰,《交通教育略史》,页251—252;Earl Herbert Cressy, *Christian Higher Education in China*: *A Study for the Year* 1925-1926 (Shanghai: China Christian Educational Association, 1928), p. 234;教育部编,《第一次中国教育年鉴》(上海:开明书店,民国二十三年),丁编,页34—35。

　　* 此类数字尚包括附属小学校经费在内。

　　表21显示,交通大学的经费在国民政府时期有相对减少的趋势。一项资料指出,民国二十年度全国十三所国立大学平均每位学生所占岁出预算数,交大名列第十一。[①] 但是在北洋时期,交大的经费虽不能和庚子赔款支持的清华相比,但是在各公私立大学中,则可名列前茅。交大的经费除了充裕外,来源的稳定也是清华以外的各大学所少见的。众所周知,直至民国二十一年以前,各级公立学校的经费均长期处于极

---

　　① 孙科、于右任、戴传贤、居正,《改革教育案》,收于:中国国民党中央委员会党史史料编纂委员会编,《革命文献》,辑54,《抗战前教育政策及改革》(台北:编者印行,1971年),页461—462。

度不稳定的状态。[1] 教育经费及教授薪俸经常折成发放,甚至中断[2],各校教职员及学生为此而请愿、罢课之事,更是时有所闻[3]。而交大的经费多由各铁路直接拨付或统由路政当局拨付[4],虽然间有因战事关系,路款支绌,致使经费欠解[5],但是相较之下,仍较其他学校的经费来源为稳定。

　　学生方面,清末由于科举尚未废除,且风气未开,愿意接受实业教育者有限。如南洋公学创办于光绪二十二年(1896),成立之初荐绅子弟多观望不前,就读者以寒门子弟居多,且有来而复去者。[6] 但是数年之间,情形已有所不同。光绪二十六年(1900)的入学考试,即有千人参

---

①　Ka-che Yip, "Warlordism and Educational Finances, 1916-27, in Joshua A. Fogel, ed., *Perspectives on a Changing China* (N. Y.: Columbia University Press, 1979);陈能治,《战前十年中国的大学教育(1927—1937)》,(台北:商务印书馆,1990 年),章 5。1932 年 7 月起,全国仅有教育经费十足发给,从此教育部的威信得以建立。参阅:胡颂平,《朱家骅先生年谱》,(台北:传记文学出版社,1969 年),页 28。

②　例如李璜于 1925 年 9 月至北京大学任教,教授月薪为 280 元,但是只领过两个月,至 1926 年时,每月则至多只能领到 50—60 元。参阅:李璜,《学钝室回忆录》(台北:传记文学出版社,1973 年),页 122。另可参阅:李书华,《碣庐集》(台北:传记文学出版社,1967 年),页 52。

③　著名者如 1921 年 6 月 3 日北京国立八校教职员及中小学校学生,因经费事至新华门请愿,被卫兵殴伤数十人,造成所谓"六三事件"。参阅:《政府公报》,号 1898(1921 年 6 月 5 日);号 1900(1921 年 6 月 7 日);《顺天时报》,1921 年 6 月 4 日;《北京国立学校教育经费独立运动记》,收于:舒新城编,《近代中国教育史料》(上海:中华书局,1928 年),页 146—176;马叙伦,《我在六十岁以前》(上海:生活书店,1947 年),页 72—75。

④　《铁道年鉴》,卷 1,页 541—542。

⑤　例如:叶恭绰,《交通教育略史》,页 251—252;夏坚白,《土木工程系的过去和现在》,收于:《国立清华大学二十周年纪念刊》,页 35;刘景山,《刘景山自撰回忆录(二)》,《传记文学》,卷 29 期 4(1976 年 10 月),页 94;凌鸿勋,《凌鸿勋先生访问记录》,页 39。

⑥　盛宣怀,《盛尚书愚斋存稿》,卷 8,页 31。

加,最后仅录取 70 名。① 又如光绪三十二年(1906)唐山路矿学堂开始于天津、上海、香港等处招收学生。上海地区参加考试者,首日达千余人,因注重英语听讲能力,至第四天只剩 400 人左右,最后录取 41 名。② 至于内陆地区,由于中学毕业生有限,愿意离乡深造者更少。宣统二年(1910),上海高等实业学堂于各省招考中学毕业生,每省至多 40 名,至少 20 名,咨送到沪,由该堂考取,分入专科肄业。结果华中、华南各省派送的官费学生,至多者不过 10 名,均未足额,如广东地区已有 70 余人报考,共录取 6 人;华北各省及东三省则虚无一人。③

随着社会风气的开通,中学教育的普及,以及交大声誉的建立,加以毕业后可分发工作,且有出国机会,投考交大者逐渐增多。如许多中学毕业生以上海交大列为报考的第一志愿,甚至有些学生首次投考不取,隔年再卷土重来。上海及附近的公私立中学,如扬州中学、南洋中学、浦东中学等,更以交大的课程作为配合的标准,期使课程能与其衔接,以利于学生毕业后投考。④ 唐校入学考试,竞争也颇为激烈,许多学生不避远程跋涉,前来投考。⑤

---

① Peter Buck, *American Science and Modern China* (Cambridge: Cambridge University Press, 1980), p. 103.

② 胡博渊,《唐院六十周年大庆回忆》,收于:交通大学工学院编,《交通大学八十年》(新竹:编者印行,1976 年),页 116。

③ 《广东提学使咨送上海实业学堂学生文》,收于:《交通大学八十年》,页 63;凌鸿勋,《交通大学十年忆旧》,收于:唐慧贞编,《国立交通大学》(台北:南京出版有限公司,1981 年),页 109—110。

④ 凌鸿勋,《交通大学十年忆旧》,页 107;《凌鸿勋先生访问记录》,页 42;于润生,《于润生先生访问记录》(台北:中研院近代史研究所,1986 年),页 6。一位民国六年进入南洋公学的学生,曾于其回忆录中有以下的记载:"在当时竟好像除了南洋公学,没有别的什么学校看得上眼!"参阅:邹韬奋,《韬奋文集》(香港:三联书店,1957 年),卷 3,页 27。

⑤ 卢宾侯,《五十年后随想录》,收于《国立交通大学》,页 141。

民初上海私人兴学的风气颇盛,有一所专科学校竟以"南洋路矿"为名[1],旨在与"南洋"、"路矿"二校比美,或借重二校盛名以事号召。[2]在东南地区颇负盛名的上海浦东小学,曾定南洋、北大、北洋、清华、唐山五校为升学目标。凡考取者,年给津贴奖金百元。[3] 交大二校于社会人士心目中之地位,由此可见一斑。

北京交大管理科,录取也不甚容易,如民国十三年的入学考试,录取新生80名,共约有2,000人报名。[4]

交大各校由于投考者众,所录取的学生素质自高。[5] 另一方面,交

---

[1] 《上海学校调查记》,《东方杂志》,卷12期8(1915年8月),内外时报,页10;The Educational Directory of China 1917 (Shanghai: The Educational Directory of China, 1917), pt. Ⅲ, p. 33. 据另一项较后出版的资料显示,上海市以"南洋"为名的中学,有南洋中学、南洋女中、南洋模范中学、南洋商科高级中学等。参阅:上海市通志馆编,《上海市年鉴》(上海:编者印行,1935年),页21—27。

[2] 卢宾侯,前引文,页141。

[3] 卢宾侯,前引文,页141。

[4] 王洸,《美哉平院》,收于《国立交通大学》,页82。

[5] 兹录1930年至1935年清华大学及交通大学本科录取率,以供比较。

录取率 年度	清华大学	交通大学
1930	18.0%	14.9%
1931	13.0%	19.5%
1932	14.3%	23.46%
1933	12.3%	19.15%
1934	11.0%	15.45%
1935	11.2%	12.3%

资料来源:清华大学校史编写组编著,《清华大学校史稿》(北京:中华书局,1981年),页124;交通大学校史编写组,《交通大学校史(1896—1949)》(上海:教育出版社,1986年),页227。

大自始即具有敦品励学的良好校风①,又实施严格的淘汰制度②,每年降级或不及格者为数甚多,其首尾两级人数之差,往往达三四倍之巨③。淘汰之严格,实为中国近代教育史上罕见的现象。④ 无怪清华举办的庚款留美考试,最初几年工程一科所录取者,几乎均为交大学生。⑤

民国五年七月,教育部评选全国教育成绩优秀的工科大学,唐山路矿学堂被评为第一。⑥ 民国十五年,交大创设工业研究所,曾向中华教育文化基金会请准补助 11 万元,作为经常费用。⑦ 应用科学方面,同

---

① 凌鸿勋,《交通大学十年忆旧》,页 119。

② 陈广沅,《四年唐山一年上海之交大生活》,收于:《国立交通大学》,页 255。交通大学校史编写组,《交通大学校史(1896—1949)》,页 83、164—165。直至国民政府时期,交大仍以管理严格著称,如北平铁道管理学院规定,学生如不上课,不论是否请假,每 4 小时扣平均分数 1 分,因此缺课者甚少。参阅:新晨报丛书室编,《北平各大学的状况》(北平:编者印行,增订版,1930 年),页 147。

③ 叶恭绰,《交通大学之回顾》,页 295。

④ 根据一项统计,唐山交大学生的毕业率尚不到 20%。参阅:马璠宝,《唐山交通大学》,收于:中国学生社编,《全国大学图鉴》(上海:良友图书印刷公司,1933 年),页 47。民初大学淘汰之严格,北洋大学亦为其一。据一位该校毕业生的回忆,报考时人数多达数千,录取 100 余人,经 6 年淘汰,至毕业时仅余 25 人。见李书田,《北洋大学五十年之回顾与前瞻》,《东方杂志》,卷 41 期 20(1945 年 10 月),页 520。清华大学的淘汰率也颇高。据一项统计,1911 年至 1921 年,清华共招收 1,500 名学生,除在校肄业 383 人外,历年被开除者 301 人,退学者 135 人,死亡者 45 人,毕业者仅有 636 人。参阅:《清华大学校史稿》,页 34。根据一项资料显示,1920 年代美国工程学科大学生能于 4 年内顺利毕业者,仅占 40%,其余则因身体、学力、经济、家庭等种种原因,或尚未毕业即离校,或需延长年限始能毕业。中国的工程学科,在 1920 年代以前,也有类似的情形,但是 1920 年代以后则毕业比例较高。参阅:茅以升,《工程教育之研究》,收于:南洋大学卅周年纪念出版物委员会编,《南洋大学卅周年纪念征文集》(上海:南洋大学出版股,1926 年),页 29。

⑤ 凌鸿勋,《我在沪校毕业四十年》,收于《交通大学八十年》,页 99。

⑥ 齐敏、孙士庆,《茅以升》(太原:山西人民出版社,1982 年),页 23。

⑦ 《铁道年鉴》,卷 1,页 547;交通大学编,《交通大学概况及课程一览》(上海:编者印行,1932 年),页 50。工业研究所所获其他补助,尚可参阅《凌鸿勋先生访问记录》,页 44—45。

时接受补助的机构仅有东南大学农科和湘雅医科大学。① 交大虽因学校改组,计划延期实施,致使指拨款项无形中断②,但是由此可以显示出交大的学术水准已为学界所肯定。

交大三校如作一比较,则以唐校入学最严、功课最紧、程度也最高,南洋次之③,京校殿后。京校的缺点在于教员少专任而多兼差④,且与政界过于接近,影响到课程及管理⑤。

交大虽然名列应用科学方面的知名学府之林,但是也并非全无缺点。在课程方面,过于偏重理论,而不甚切合实际,铁道管理科也有不重实地学习的倾向。⑥ 其次,教学方式过于西化。自附中一年级起,所有算学、生物、理化等学科,自始即采英文教科书,甚至课室问答也多用英语⑦,

---

① *The China Christian Year Book* 1926(Shanghai:Christian Literature Society,1926),p. 292.

② 《铁道年鉴》,卷 1,页 547;《校史记年》,收于:《国立交通大学》,页 36—40。中华教育文化基金会对交大研究所恢复补助的经过,可参阅:杨翠华,《中基会与民国的科学教育》,收于:黄一农、杨翠华合编,《近代中国科技史论文集》(台北:中研院近代史研究所,新竹:清华大学,1991 年)。

③ 凌鸿勋,《唐校与新中国建设》,收于:《交通大学八十年》,页 111。有人认为唐校位于北宁路机厂所在地,见习机会多,故学生功课最为优异。参阅:李诚毅,《故都的文化气息》,《春秋》,卷 6 期 2(1967 年 2 月),页 23。

④ 王洸,《美哉平院》,页 82—83;《铁道部改组北平交大分院训令》,收于:《交通大学八十年》,页 126。

⑤ 《努力周报》,期 8(1922 年 6 月 25 日),页 2。

⑥ 《铁道部改组北平交大分院训令》,收于:《交通大学八十年》,页 126。《汉猛德将军视察中国国有铁路报告》,页 85—87;陈广沅,《四年唐山一年上海之交大生活》,页 277;金士宣,《怎样加强北宁路的运输组织和人事管理》,收于:金士宣,《铁路运输经验谭》,页 25—26。铁路专家汉猛德建议,铁道业务新进人员必须先在铁路实习一年,然后入大学受课一年,再返铁路以学习员名义,作实际工作二年。参阅:《汉猛德将军视察中国国有铁路报告》,页 87。

⑦ 凌鸿勋,《交通大学十年忆旧》,页 112;于润生,《追记交大崇文尚武的精神》,收于:《国立交通大学》,页 78;蒋梦麟,《西潮》(台北:中华日报社,1959 年),页 44;曾润琛,《校园心影》,收于:交通大学建校九十周年扩大庆祝活动筹备委员会编,《交通大学九十年》(新竹:编者印行,1986 年),页 67;齐敏、孙士庆,《茅以升》,页 22。

致使学生必须耗费长时期的宝贵光阴学习英文,然后始能学习专业科目;入学试题的命题及作答之采用英文,更有碍于广泛吸收优秀学生。[①]

虽然如此,交大在课程上及教学方法上的这些弊端也非为其所独有,而是普遍存在于各大学的现象。学术风气一向徒知空谈学理而不重实验或实地操作,甚至"金工实习时,有服丝葛皮袍而行驶车床者;木工实习时,有假手工匠者。举凡在家颐指气使之态度,均以之施于工程实习上"[②]。中文工程书籍,寥如凤毛麟角,清季江南制造局时代尚有编译[③],自此以后则著者甚少[④],故各大学以西书为课本者十之八九[⑤]。

---

① 除教会学校外,内地一般中学均以中文本教科书讲授。参阅:凌鸿勋,《交通大学十年忆旧》,页 109。又如 1906 年唐山路矿学堂于天津、上海、香港等处招考学生。上海地区考场,除中文一科外,均由英籍教师监考,往来考场,遍询各生现已答至第几题,难否等语记录之,借以测验学生听讲能力。致使第一天参加考试者达 1,000 余人,至第四天仅剩 400 人左右而已。参阅:胡博渊,《唐院六十周年大庆回忆》,页 116;静观,《北京专门以上学校新调查》,《东方杂志》,卷 16 期 9(1919 年 9 月),页 187。直至 1930 年,北平铁道管理学院入学试题仍采英文。参阅:新晨报丛书编,《北平各大学的状况》,页 146—147。1935 年时,交大规定入学考试各科试题及答案,除国文、党义、英文、军训外,得用中文或英文。参阅:《交通大学投考须知》(出版地点不详,交通大学招生委员会,1935 年),页 101。

② 曹铭先,《对于中国工程教育之我见》,《教育杂志》,卷 16 期 3(1924 年 3 月),教育评坛,页 7。参阅:唐文治,《上海交通大学第卅届毕业典礼训辞》,收于:《交通大学八十年》,页 108,原文成于 1920 年。

③ 关于江南制造局翻译馆的工作成果及其流通情形,参阅:Knight Biggerstaf, *The Earliest Modern Government Schools in China*(Ithaca:Cornell Univ. Press,1961),pp. 189-192,198.

④ 1903 年,清廷颁布学务纲要五十六条,其中主张选外国教科书暂应急用云:"各种科学书,中国尚无自纂之本,间有中国旧借可资取用者,亦有外国人所编,华人所译,颇合中国教法者。但此类之书无几,目前不得不借用外国成书,以资讲习。"(《学务纲要》,湖北学务处,1904 年,页 34)。由此可见,本国教科书尚不敷应用。

⑤ 寿勉成,《我国大学之教材问题》,《教育杂志》,卷 17 期 3(1925 年 3 月),页 2—3;曹铭先,《对于中国工程教育之我见》,页 7;茅以升,《工程教育之研究》,收于:南洋大学卅周年纪念出版物委员会编,《南洋大学卅周年纪念征文集》,页 33。

即使是公立大学,科学方面课程也多以外语讲授,遑论洋人所办教会大学。① 就以上各点而论,交大实足以作为中国近代高等教育的一个缩影。

三、非部辖学校

中国最早的铁路教学机构为天津北洋武备学堂附设的铁道工程科,曾聘有铁路教习二人,一为德籍工程师包尔(Mr. Bor),光绪十六年(1890)至十九年(1893)之间担任铁路总教习;一为瞿恩图,光绪十六年至二十年(1894)之间担任铁路教习。② 此为应唐胥路需要而设,庚子年间义和团运动时停办,毕业生约 40 人,如沈琪、俞人凤、陈荫东、陈西林等为最著名者。③

中国最早的铁路专门学校,则为光绪二十一年(1895)津榆铁路公司所设的山海关铁路工程学堂,共有学生 60 人,庚子年间义和团运动时解散,学生中杰出者有苏日新、张鸿诰、耿友兰等人。④

光绪二十四年(1898)十月六日,矿路总局与总理衙门会奏扩务铁路公共章程二十二条,其中规定"凡承办矿、路,俱须设立学堂,以为储

---

① 黎诣远,《刘仙洲》,收于:清华大学校史组编,《人物志》,辑 1(北京:清华大学出版社,1983 年),页 14;Jessie Gregory Lutz, *China and the Christian Colleges*, 1850-1950 (Ithaca: Cornell University Press,1971), pp. 165,209. 又如上海的震旦大学,直至 1930 年代一切教授仍全用法文。参阅:虚成,《震旦大学》,收于:中国学生社编,《全国大学图鉴》,页 173。

② 王家俭,《北洋武备学堂的创设及其影响》,《台湾师范大学历史学报》,期 4(1976 年 4 月),页 324。1925 年版《中国名人录》列有三个著名的铁路工程师曾毕业于此科。参阅:*Who's Who in China*, 3rd ed. (Shanghai:The China Weekly Review, 1925),pp. 5-6,651-652,944-945。

③ 曾鲲化,《中国铁路史》,页 194;《交通史总务篇》,章 3,页 478。

④ 曾鲲化,《中国铁路史》,页 194。

材之地"①。因此,清末各铁路公司所附设的铁路学堂极多,前段所述交通大学中唐校及平校,即由铁路学堂发展而来。除此两校外,清末民初全国各地的铁路学堂可见表 22。

该表显示,近代的铁路学堂大多为商办铁路崛兴后,各省所设;随着商路的收归国有,铁路学堂也多同时取消。此类学堂造就的铁路基层干部极多,但是因路权关系,所授学科常以英、法、俄、日等文讲授,学生每多引以为苦。②

除了铁路学堂外,国内各路又多陆续设置车务见习所及训练所等机构,训练所需各级员工。民国二十四、二十五年间,铁道部陆续公布各路车站员工讲习会规则,遴选车务员工,讲习车务管理常识,复订定材料管理人员训练办法,训练材料管理人员。又制定各铁路职工教育实施通则,设立职工补习学校。③ 因此,抗战前后兴建各路,均于工程进行期间,即招致青年,设班训练运输、机务、会计人员,至通车时即分派各段、站练习,经过相当时期,均成为各路的基干,工作效能因而增高,其收获也颇为不小。④

表 22　清末民初全国铁路学堂一览表

校名	创办者	创办年代	停办年代	毕业人数
山海关铁路工程学堂	津榆铁路	光绪二十一年	光绪二十四年	60 人

---

① 宓汝成,《近代中国铁路史资料》(北京:中华书局,1963 年),页 528。

② 曾鲲化,《中国铁路史》,页 191。

③ 钱其琛,《七十五年来之交通教育》,收于:《交通大学六十周年征文集》(未注出版地点,1956 年),页 12;《铁道年鉴》,卷 3,页 1010—1027。

④ 金士宣,《铁路运输学》,页 442。关于近代中国初级铁路职业教育的缺点,可参阅:潘文安,《改进铁路职业教育之意见》,《教育与职业》,期 177(1936 年 9 月),页 510—512。

(续)

校名	创办者	创办年代	停办年代	毕业人数
关内外铁路工程学堂	关内外铁路	光绪二十五年		
铁道学堂	卢汉铁路	至迟光绪二十六年		至民国十三年共300余人
闽皖赣三省铁路学堂	闽皖赣铁路	光绪三十二年	宣统二年	62人
浙江铁路学堂	浙江铁路	光绪三十二年	宣统三年	约120人
江苏铁路学堂	江苏铁路	光绪三十二年	宣统三年	70余人
湖北铁路学堂	粤汉铁路	光绪三十二年	宣统三年	180余人
铁道学堂	京张铁路	光绪三十二年		
铁道学堂	四川铁路	光绪三十二年	民国三年	至少54人
江西铁路专科学校	江西旅沪学会	光绪三十三年	宣统三年	40人
郑州铁路专科学校	京汉铁路职员	光绪三十三年	宣统三年	120余人
路政学堂	津浦铁路	光绪三十四年		
车务电报学堂	津浦铁路	光绪三十四年	宣统三年	
铁路学堂	湖北省	光绪三十四年		
江西全省铁路学堂	江西铁路	光绪三十四年	宣统二年	
铁路学堂	洛潼铁路	光绪三十二年至民国元年	民国二年	
铁路学堂	正太铁路	宣统元年		
湖南铁路学堂	粤汉铁路	宣统元年	民国三年	800余人
路矿学堂	英国福公司	宣统三年	民国元年	
湖南交通铁路学校	袁德宣	民国三年	民国五年	32人

资料来源:王树槐,《清末铁路人才问题》,《台湾师范大学历史学报》,期9 (1981年5月),页153—159;曾鲲化,《中国铁路史》,页194—196;《交通史总务篇》,章3,页478—479;《交通史路政篇》,散见各页;苏云峰,《张之洞与湖北教育改革》(台北:中研院近代史研究所,1976年),页215;龙毓峻、龚业强,《记湖南铁路学堂》,《湖南文史资料》,辑8(1964年12月),页213—215。

至于工人工作方法,铁路创设初期,新工多由老练技工口头传授,费时费事,极不经济。至抗战前,各路多已普遍设立艺徒训练班,招致有志青年,施予技艺训练。[1] 各路的职工教育工作,因为经济能力与需要各有不同,故成效也颇不一致。虽然如此,中国近代民营企业的经营者,多不愿花费时间提供工人训练课程,以提高其技术水平。在一些规模较大的现代工厂中,仍然采取类似学徒制(pseudo-apprenticeship system),而未能尝试作训练工作[2]。只有铁路和印刷业等极少数工业,由于需要,方有适当的训练。因此,铁路为私人部门(private sector)训练了大量的技术工人,有助于技术的散布。至于铁路工人的确实总数,各方统计数字颇不一致。如据实业部的调查,民国二十二年,全国二十一条铁路工人总数为 99,754 人,除去日本占领下的东北七路工人 24,260 外,其余十四路工人为 75,494 人(见表 23)。

表 23　实业部调查全国二十一条铁路干线工人数

路名	工人数
北宁	19,980
京汉	14,689
津浦	12,033
京绥	8,810
胶济	6,347

[1] 金士宣,《铁路运输学》,页 442。

[2] 谢诺(Jean Chesneaux)对这种制度曾有以下的描述:"只不过是滥用一项古代的习俗,为雇用童工提供一个借口。借着习惯上的学徒合同,这些'学徒',需要完全服从,但是却大多无工资。"参阅:Chesneaux, *The Chinese Labor Movement*, 1917-1927 (Stanford: Stanford University Press, 1968), pp. 55, 83。

（续）

路名	工人数
京沪	4,971
陇海	4,813
湘鄂	4,012
沪杭甬	2,863
广韶	1,812
正太	182
道清	1,146
南浔	983
广九	749
沈海	3,412
四洮	3,009
呼海	2,343
吉长	1,809
吉敦	1,431
齐克	1,347
洮昂	1,324
总计	99,754

资料来源:实业部劳动年鉴编纂委员会编,《二十二年中国劳动年鉴》(出版地点不详,民国二十三年),篇1,页286。

但是根据铁道部的资料,民国二十二年十四铁路干线的工人总数则为81,448人(见表24)。

表 24　铁道部调查京沪等十四条铁路工人总数

路名	总务处	机务处	车务处	工务处	会计处	共计
京沪沪杭甬	360	3,874	2,397	2,795	28	9,454
津浦	568	5,634	2,862	4,371	40	13,475
京汉	724	5,359	4,272	4,582	107	15,044
北宁	371	5,917	1,994	1,719	9	10,010
京绥	151	3,666	1,754	3,431	37	9,039
陇海	102	1,939	1,038	2,976	63	6,118
胶济	415	3,264	1,449	1,064	23	6,215
湘鄂	146	1,430	967	1,653	37	4,233
正太	46	1,016	516	585	35	2,198
道清	80	468	318	483	11	1,360
南浔	34	340	294	440	23	1,131
粤汉南段	111	794	378	835		2,118
广九	47	348	176	476	6	1,053
共计	3,155	34,049	18,415	25,410	419	81,488

注:粤汉铁路南段会计处工人人数与该路总务处工人人数合并。
资料来源:前引书,篇1,页284—285。

以上两项数字出入颇大,其原因一方面是由于当时人事管理制度的未上轨道,另一方面则是由于流动工人的众多。①

综观中国近代铁路人才的培育与训练,一如他类人才的养成制度,似有偏重上级而忽略下层的趋势。交通大学入学资格极难,教授程度极高,课程训练极严,并有派遣出国之举,所造就者为铁路高级人才,必须予以中上级位置,方得用其所学。但是由于铁路事业尚未发展,所需高级人才有限。自1930年代起,各路对于交大毕业生的分发即逐渐引

---

① 根据铁道部的统计,1933年时,各路流动工人将近有10,000人,尤以工务处为多。

路名	总务处		机务处		车务处		工务处		共计	
	流动工人	非流动工人	流动工人	非流动工人	流动工人	非流动工人	流动工人	非流动工人	流动工人	非流动工人
京沪沪杭甬	—	388	757	3,117	403	1,994	917	1,878	2,077	7,377
津浦	—	608	—	5,634	—	2,862	100	4,271	100	13,375
京汉	—	831	—	5,359	1,221	3,051	—	4,582	1,221	13,823
北宁	—	380	—	5,917	—	1,994	495	1,224	495	9,515
京绥	—	188	917	2,749	385	1,369	1,207	2,224	2,509	6,530
陇海	—	165	348	1,591	259	779	553	2,423	1,160	4,958
胶济	—	438	328	2,936	—	1,449	297	767	625	5,590
湘鄂	—	183	—	1,430	299	668	—	1,653	299	3,934
正太	—	81	185	831	189	327	60	525	434	1,764
道清	—	91	—	468	60	258	182	301	242	1,118
南浔	—	57	—	340	53	241	56	384	109	1,022
广九	—	53	—	348	15	161	56	420	71	928
粤汉南段	—	111	—	974	80	298	152	683	232	1,886
共计	—	3,574	2,535	31,514	2,964	15,451	4,075	21,335	9,574	71,874

说明:一,本表会计处所有流动工人及非流动工人均并入总务处内。

二,机务处非流动工人内包含机厂工人、车房工人及水泵工人。

资料来源:实业部劳动年鉴编纂委员会编,《二十二年中国劳动年鉴》(未注出版地点,1934年),编1,页285。

以为苦,且常有不尽其才者。相对地,中下级人才的培育与训练工作,则未能因应路界的需要,如民国十二年胶济铁路自日人手中接收之际,以一时需要,铁路中下级职员 800 余名,竟致无法罗致。[1] 又如民国二十二年粤汉路株韶段开工,技术人员除原有者外,所有高级工程司,系向北宁、京汉、陇海、胶济等路择优调用;低级技术员司,除部派上海及唐山交大实习生及新归国的留学生试用外,并曾就近选录湖南大学毕业生 10 余人,此外则北洋、北大、清华、中央、浙江、中山、武汉等校,均曾录取高材生数人,以资训练。由此可见,至此时高级与低级人才均已不虞匮乏。最感缺乏者,则为中级技术人才。因民国以后,路工停顿,后辈无实地练习机会,故想物色有四五年铁路工程经验,足胜助理员之选者,至为困难,因此不少系取自各处公路者。[2] 不重视中级技术人才的养成,实为近代中国工程教育的一项重大缺点。[3]

---

[1] 高凤介,《我国铁路人才之教养问题》,《交通杂志》,卷 3 期 5(1935 年 3 月),页 102。

[2] 曾养甫等著,杨裕芬等编,《粤汉铁路株韶段通车纪念刊》(出版地点不详,1936 年),页 58。

[3] 同济曾设中等技师养成所,成效昭著,惜因用德文,致学者不多。参阅:庄泽宣,《我国工程教育之前途及母校之责任》,收于:庄泽宣,《我的教育思想》(上海:中华书局,1933 年),页 199—203,原文于 1925 年出版。

第五章 铁路事业的人事管理(下)

本章接上章之后,讨论近代中国铁路事业的人事管理问题,重点将置于铁路员工的组成、任用、待遇及升迁等项,最后并将对铁路与邮电事业的人事管理作一比较。

第一节 组成与任用

服务于铁路的员工,如依职位高低区分,可分为中枢管理阶层、各路管理阶层及普通员工三类。本节即分别讨论其社会组成、专业化程度、任用途径,以及与政局的关系。

一、中枢管理阶层

光绪三十二年(1906)正月,官督商办的中国铁路总公司正式裁撤,全国铁路行政在名义上归由商部接管,但是由于业已完工的关内外铁路和拟议中的津镇路,以及正在修筑的京张路,均在北洋大臣袁世凯的控制之下,而已完工的京汉路与正加紧修筑的沪宁路,则在唐绍仪的控制之下,因此商部综理全国路政的权威,实系有名而无实。① 三十二年九月,清廷改定中央官制,新置邮传部,掌管路电邮航四政,所有商部及各督办大臣所管铁路,均归该部接办,至是中央始有管理交通事业的中枢机构。邮传部的成立,固缘于光绪三十一年的下诏变法,改革官制,根本的原因则在于铁路事业此时已成为政府重要财源所在。② 由邮传部历年主管的名单(见附录一)可以看出,该部一直是在袁世凯的控制之下。张百熙之出任首任尚书,即由于袁知其久值南书房,熟习内事,乃与通婚媾,并屡于慈禧前称其贤,始能获得此职。但张百熙与左侍郎唐绍仪不睦。张欲多用大学学生,唐则欲用其乡之豪商富侨,双方争持不相下,张并称病不视事,御史王步瀛乃奏劾张、唐不和,妨碍部务,二人遂同奉上谕严行申斥,不久张即病故。③ 继任者为岑春煊,为慈禧亲信,但是任期亦短(不到一月),与庆亲王奕劻发生冲突后即下任。④ 其后的尚书、大臣职位,除偶为盛宣怀一系所踞外,大致均由袁世凯的亲信(始陈璧、徐世昌、沈云沛、唐绍仪、杨士琦等)出任。⑤ 邮传部设尚书一名、侍郎两名,辖丞政厅(下分船政、路政、电政、邮政、庶务等五司)。三十三年(1907)设立铁路总局,总办借款各路事宜,以梁士诒为首任局

① 李恩涵,《唐绍仪与晚清外交》,收于:李恩涵,《近代中国史事研究论集》(台北:商务印书馆,1982年),页478。

② 据估计,邮传部的直接收入约为其他各部收入总和的五倍,而其中来自铁路者即占95%以上。参阅:Stephen R. Mackinnon, "Liang Shih-i and the Communications Clique," *Journal of Asian Studies* 29:3 (May 1970).

③ 费行简,《近代名人小传》(台北:文海出版社,重印本,出版时间不详),页137—138;李恩涵,前引文,页491。

④ 岑春煊,《乐斋漫笔》,《中和月刊》,卷4期5(1943年5月),页24—27;沈云龙,《清末民初之岑春煊》,收于:《现代人物述评》(台北:文海出版社,增订本,1967年),页129—139。

⑤ 详见附录一。

长。[1] 由于邮传部的经费几乎完全来自总局,故局长的地位崇高。梁士诒自三十三年二月任邮传部五路总提调,旋改任铁路总局局长,初则管京汉、沪宁、道清、正太、汴洛五路,后增京奉、广九为七路,又经营展筑之津浦、吉长、株萍为十路;加以奉命筹设交通银行,担任首任帮理,影响所及,由铁路交通而至财政金融,并与列强进行交涉,更改合同,权重一时,于是在袁世凯、唐绍仪等人屏蔽之下,结合僚属,相互提携,隐然自成一系,即为民国以后著名的交通系。[2]

　　民国成立后,交通部由于仍然拥有大量不动产,经手路电邮船的收入,与外国政府及公司议定借款,并掌管交通银行,附属局所所用的人,在各行政机关中也最多,因此在政府各部中的重要性一直持续不衰。[3]与财政部相同,首长的学历及专业经历均较他部首长为佳,平均年龄则较低。[4] 据统计,民国六年至十七年之间的交通总长,前后共有十七人次,其中曾出国留学或是有办理铁路(或其他洋务企业)经验者占十二人次;次长十四人次中,曾出国留学或具专业经验者占十三人次。[5] 直至北伐以前,北京政府内阁虽屡有更换,但是交通总长、次长多由交通

---

①　《邮传部奏议类编》,路政,页 124—125。

②　《梁燕孙先生年谱》,上册,页 93;Mackinnon, *op. cit.*,581-602;毛知砺,《梁士诒与交通系的形成与发展》,《政治大学历史学报》,期 2(1984 年 3 月),页 203—205。

③　半山,《交通之裁员》,《大公报》(天津),1922 年 5 月 18 日;Sih-Gung Cheng, *Modern China: A Political Study* (Oxford: The Claredon Press, 1919), p. 87;Nathan, *Peking Politics*, p. 68;军阀混战期间,中央政府收入不稳定,交通事业的收入遂成为国家的重要财源,交通部的地位也就日形重要。参阅:平野和由,《军阀政权の经济基盘——交通系·交通银行の动向》,收于:野泽丰、田中正俊主编,《讲座中国近现代史》,卷 4(东京:东京大学出版会,1978 年),页 57。

④　Lucian W. Pye, *Warlord Politics: Conflict and Coalition in the Modernization of Republican China* (N. Y.: Praeger, 1971), pp. 145&151。

⑤　根据附录一统计得出。

系充当。该系与徐世昌善、袁世凯亲;与段祺瑞善、张作霖亲;与国民党也有不浅之缘。与吴佩孚一派,因有奉系的关系,故不甚良好。[①] 民国时期势力的根据,初为财政委员会及外交委员会,后为财政部、交通部、内国公债局及劝业专使署,后援者为新银行团、懋业银行、交通银行、中英银公司等。资本总额约为一亿元,成员散布全国交通机关及美国、南洋方面[②],而以梁士诒、叶恭绰为首领。梁士诒于武昌之役后,由于握有财源,且有同系为后援,成为旧官僚中的实力派,为袁世凯所倚重。梁尽力擘画政务,筹措军费,袁任临时大总统后,被任命为总统府秘书长,权重一时,后又兼任交通银行总理[③],然表面上的威权,并未十分显赫。二次革命结束后,国民党系的稳健派和进步党有相互提携的趋势,袁世凯见此情形,恐将不利于己,乃嘱梁士诒别组御用党,借以压抑。梁乃利用其财力及势力,吸收一部分进步党员,合国会同志会、潜社、集益社等政团组成公民党[④],并令部下全部加入,俨然具有政党首领的实力,舆论界称其为"小总统"或"二总统"[⑤],而交通系也借此而大加团

① 园田一龟,《支那新人国记》(大阪:屋号书店,1927年),页438。

② 谢彬,《民国政党史》(上海:学术研究会,1926年),页177—178。1922年直奉战争后,交通系的势力大受挫折,据一项估计,当时京奉路中的交通系员司,即计有300余人之多。参阅:《京奉路将有变动》,《大公报》(天津),1922年5月12日。以上二项资料对于交通系的范围,采取较为广义的界定。路界人士刘景山则采取狭义的解释,认为旧交通系只可说是二个半人的团体,梁士诒、叶恭绰二个人加上郑洪年半个人。参阅:刘景山,《刘景山先生访问记录》,页40。

③ 毛知砺,前揭文,页25。

④ 张玉法,《民国初年的政党》(台北:中研院近代史研究所,1985年),页131—137。

⑤ 《梁士诒ノ地位二関スル観察》,收于日本外务省,《日本外交文书》,大正三年,册2,页776—777;《梁燕孙先生年谱》,上册,页187。北京的名记者黄远庸则指梁士诒事实上几为"无冠之总理",参阅:黄远庸,《近日之系》,收于:黄远庸,《远生遗著》(台北:文星书店,重印本,1962年),卷2,页221。

结,成为有力的团体①。叶恭绰,广东番禺人,光绪三十三年(1907)入邮传部五路提调处办事,为梁士诒属下,于赎回京汉路的过程中,始则筹措赎路款项,继则擘画交涉方略,自此成为梁最重要助手,扶摇直上,民国以后历任交通部路政司长、铁路总局局长、次长等职,并曾多次出任交通总长。②

　　交通系在铁路及金融方面的支配力对于民初政局的影响,可以举民国六年张勋复辟前后交通系所扮演的角色为例,加以说明。六年七月一日,张勋拥溥仪复辟。下诏设内阁议政大臣七人、阁丞二人,京部院官制及各衙门名称均沿清制。③ 段祺瑞闻讯即通电反对,经与叶恭绰晤商结果,由叶与交通银行商定,预备军饷二百万元④,同时又自日本和德国方面获得援助⑤。段即赴马厂与第八师师长李长泰计,立开全师会议,一致赞成推段为讨逆军总司令,并组织总司令部,叶任交通处长,粮糈也由其向交行筹垫。时各路多在交通系控制之下,故军事运输调度裕如,如汉粤川路督办詹天佑被任命为邮传部尚书,也由于叶的劝告而不北上就职。⑥ 张勋复辟失败后,段祺瑞于七月十五日第二次

---

　　① 谢彬,《民国政党史》,页 59—60;李剑农,《中国近百年政治史》,页 406。

　　② 详见:庵年谱汇稿编印会编,《叶遐庵先生年谱》(出版地点不详,1946年);Report: Changes in the Political Monograph for China, August 26, 1920. in U. S. Military In telligence Reports: China, 1911-1941, Reel 6, No. 0660.

　　③ 胡平生,《民国初期的复辟派》(台北:学生书局,1985 年),页 224—227。

　　④ 《梁燕孙先生年谱》,上册,页 374。

　　⑤ 林明德,《近代中日关系史》(台北:三民书局,1984 年),页 143;胡平生,前引书,页 323;李国祁,《德国档案中有关中国参加第一次世界大战的几项记载》,收于:"中华民国"史料研究中心编,《中国现代史专题研究报告》(台北:编者印行,1974 年),页 326—327。

　　⑥ 《叶遐庵先生年谱》,页 52。

组阁,曹汝霖及叶恭绰重新出任交通总长及次长。① 此次内阁为段系军阀、研究系及新交通系所组成的混和内阁。交通系自民国五年帝制运动失败后,势力暂时隐退,其重要成员梁士诒、朱启钤、周自齐(均曾任邮传部或交通部首领)且被通缉在案②,但是叶恭绰仍能充分控制交部人事。叶将铁路、电政二司先行派定,而将邮政、航政二司留予曹派;铁路方面,则仅留京绥一局予曹③。由以上一段史实可以看出,交通系以其在铁路及金融方面的势力,成为各方争取的对象,即使势力衰弱仍能影响政局;也由于这种影响力,交通系于袁世凯死后仍能维持下去,直至北伐前。

国民政府成立后,由于政权基础的变动,交通系在政治上已无影响力,因此北洋时期交通部领导阶层大多由交通系担任的情形不再存在,而是随着新政权各派政治势力的消长,由不同派系的代表出任。但是由于路政事务常需涉及对外交涉,故领导阶层多曾出国留学,不少是获有硕博士学位的专门人才,军人极少,次长且大多曾服务于路界或政府其他财经部门。④ 由于政治局势的不安定,内阁改组频繁,各部首长的任期多十分短暂,路政管理机构也不例外,但是大致说来,仍较北洋时期的任期为长,如顾孟余和孙科担任部长均超过三年。⑤ 民国十七年

---

① 论者以为段祺瑞因交通系首领梁士诒通缉令尚未撤销,有所顾忌,乃任梁之亲信为交次,以示酬庸。参阅:沈云龙,《徐世昌评传》(台北:传记文学出版社,1979 年),页 313。

② 《梁燕孙先生年谱》,上册,页 349。关于新旧交通系的异同,参阅:《新旧交通系的实力比較》,《滿鉄調查月報》,卷 1 期 1(1919 年 12 月),页 23—24。

③ 曹汝霖,《一生之回忆》(香港:春秋杂志社,1966 年),页 168。

④ 参阅:附录一。至于次长以下重要职务,则不少仍由北京交通部时代的人物担任,如赵世瑄、沈蕃、韦以黻、刘成志、张竞立等。参阅:铁道省北京办公处,《一九二七年の支那鉄路》,页 16。

⑤ 参阅:附录一。

以后,部长之下分设政务次长及常任次长(二十年改名常务次长)各一
人①,但是政、常次长均随部长转移,并未达成原有设计的目的,甚至政
务次长的任期尚有长于常务次长的现象②。以下,试就历次首长变动
所反映的各派势力消长情形略作叙述。

　　民国十四年三月大元帅孙中山逝世后,大元帅府改为国民政府,被
视为右派首领的孙科,遭受排挤,出走上海。十五年春,因吴铁城的斡
旋,再返广东。③ 元月,国民党召开第二届全国代表大会,孙科被选为
中央执行委员,复任广州市长、广东省政府建设厅长,十一月出任交通
部长,仍兼以上各职。④ 民国十六年九月,宁汉合作,双方对于大团结
的国府财政部长均主张另易新人,旋由伍朝枢建议,调武汉方面的交通
部长孙科为财政部长,而以接近宁方的王伯群充任交通部长。因为以
孙科接管财部,宋子文自不便有所留难,而王伯群与当时代替下野的蒋
总司令统率北伐第一路军的何应钦系内亲,如此安排,殊为得计。⑤

　　民国十七年九月,蒋胡合作,十月,国民党中央常务会议通过中华
民国国民政府组织法及中国国民党训政纲领,成立五院制国民政府,蒋

　　① 　钱端升等,《民国政制史》(长沙:商务印书馆,1939 年),上册,页 239、265。

　　② 　参阅:附录一。

　　③ 　赖泽涵,《北伐前后的孙科(民国十三年至民国十九年)》,《中华学报》,卷
7 期 1(1980 年 1 月),页 77—83。

　　④ 　孙科,《八十述略(上)》,《传记文学》,卷 23 期 4(1973 年 9 月),页 13。张
国焘认为孙科是在汪兆铭和鲍罗廷(Michael Borodin)的安排下出任交通部长,参
阅:Chang Kuo-t'ao, *The Rise of the Chinese Communist Party* (Lawrence: Uni-
versity of Kansas Press, 1971), vol. 1, p. 481.

　　⑤ 　马五先生,《一段政治恩怨史》,收于:《政海异闻与麻将艺术》(台北:自由
太平洋文化事业公司,1964 年),页 144—145;郭廷以,《中华民国史事日志》,册 2
(台北:中研院近代史研究所,1984 年),页 260;何辑五,《贵州政坛忆往》(台北:中
外图书出版社,1982 年),页 287。

介石任主席,谭延闿、胡汉民、王宠惠、戴传贤、蔡元培分任五院院长。孙科任考试院副院长后兼铁道部长,交通部长则仍由王伯群担任。① 十九年,中原大战后,蒋胡因约法问题发生争执②,十一月十二日,国民党中央第三届执行委员会第四次全体会议(三届四中全会)开幕,胡汉民任主席,会中推选国民政府主席蒋介石兼行政院院长③。十二月四日,蒋对内阁改组,交通部长王伯群、铁道部长孙科等各部首长多获留任。④ 二十年二月,胡汉民与蒋介石对约法问题意见不和,被幽禁于南京东郊汤山,引起轩然大波,铁道部长孙科等留沪不归⑤,部长职位遂由政务次长连声海代理⑥。

九一八事变后,各界一致呼吁南京与广州合作,十二月十五日,蒋介石辞去国民政府主席兼行政院长职,下野返浙。广州的中央党部及国民政府撤销,改设中央执行委员会西南执行部、西南政务委员会、西南军事委员会。十二月二十二日,由京、沪(汪派)、粤三方选出的第四届中央执行委员会第一次全体会议(一中全会)开幕,选出林森为国民政府主席,孙科为行政院长,蒋、汪、胡为中央政治会议常务委员兼中央执行委员会常务委员,但均未到职。⑦ 孙任行政院长,实为各派相争下

———————————

① 郭廷以,《中华民国史事日志》,册2,页395—399,蔡元培未就任。

② 郭廷以,《近代中国史纲》,页607—608。

③ 郭廷以,《中华民国史事日志》,册2,页646、650。

④ 郭廷以,《中华民国史事日志》,册2,页654。

⑤ 郭廷以,《近代中国史纲》,页608;蒋永敬,《胡汉民先生年谱》(台北:中国国民党中央委员会党史委员会,1978年),页504—508。

⑥ 许师慎,《国民政府建制职名录》,页166。

⑦ 郭廷以,《近代中国史纲》,页629;沈云龙,《广州非常会议的分裂与宁粤沪四全代会的合作》,收于:张玉法主编,《中国现代史论集》,辑8(台北:联经出版公司,1982年),页127—152。

的产物。① 孙上任后,以路界元老叶恭绰为铁道部长。② 叶与国民党的关系渊源已久,曾任广州大本营财政部长,十三年曾奉国民党总理孙中山之命北行,与张作霖、段祺瑞诸人商谈合作。其出任孙阁交长,实系于此。③ 二十一年一月,孙以财政无办法,蒋汪又均不支持为由,辞职赴沪④,铁道等部长也相继辞职,与孙同去留⑤。当时蒋汪已开始合作,一月二十八日,中央政治会议决议,以汪为院长,调孙科为立法院长,以示安抚。⑥ 二十九日,宋子文任行政院副院长兼财政部长。三月六日,蒋介石任军事委员会委员长。⑦ 蒋与汪合作下,军事系统由蒋负责,党的系统由蒋汪共掌,行政系统则多由汪派所占。内阁中汪派人物有铁道部部长顾孟余、常务次长曾仲鸣,实业部部长陈公博、政务次长

① 张同新,《国民党新军阀混战史略》(哈尔滨:黑龙江人民出版社,1982年),页 480;Jch-hang Lai, "A Study of a Faltering Democrat:the Life of Sun Fo, 1891-1949," unpublished doctoral dissertation, University of Illinois, 1976, p.153.

② 《叶遐庵先生年谱》,页 314;郭廷以,《中华民国史事日志》,册 3(台北:中研院近代史研究所,1984 年),页 123;Comments on Current Events, December 23, 1931-January 5, 1932. in U.S. Military Intelligence Reports: China, 1911-1941,Reel 1, No. 0650,p. 2.

③ 凌鸿勋,《清末民初交通界领导者——叶恭绰》,《传记文学》,卷 32 期 3(1978 年 3 月),页 52。

④ 郭廷以,《中华民国史事日志》,册 3,页 130;Paries M. Coble, Jr., *The Shanghai Capitalists and the Nationalist Government*, *1927-1937* (Cambridge: Harvard University Press,1980),pp. 95-106.

⑤ 《叶遐庵先生年谱》,页 334;许师慎,《国民政府建制职名录》,页 182—187; Cunningham to Johnson, Jan. 19, 1932. in Confidential V.S. State Department Central Files, China:Internal Affairs, 1930-1939, Reel 45.

⑥ 郭廷以,《中华民国史事日志》,册 3,页 131。

⑦ 郭廷以,《中华民国史事日志》,册 3,页 132、144。

郭春涛,内政部政务次长甘乃光及侨务委员会委员长陈树人等。①

民国二十二年十一月孔祥熙继宋子文出任财政部长后,采取利用国家银行扩大信用的政策,以因应财政危机,必须向中央、中国、交通三银行通融借款。中央银行虽在财政部掌握之中,但实力较逊,因此亟需将中国、交通二行置于财部直辖之下。② 二十四年二月二十八日,孔宋往汉口与蒋商讨改组中国及交通银行事宜。③ 三月,中央政治会议决议发行公债一亿元,以救济工商业。以其中二千万元增加中国银行官股,改中行总经理为董事长制,派宋子文任董事长,中行原总经理张嘉璈则调为中央银行副总裁(总裁为孔祥熙)。二十八日财政部训令下达后,张宣告辞职。④ 十二月,国民

① 许师慎,《国民政府建制职名录》,页 182—187;罗敦伟,《五十年回忆录》(台北:中国文化供应社,1952 年),页 71;Han-sheng Lin, "A New Look at Chinese Nationalist 'Appeasers'," in Alvin D. Cox and Hilary Conroy eds. , *China and Japan: Search for Balance Since World War I*(Stanta Barbara: ABC-Clio, Inc. ,1978), p. 226.

② 姚崧龄,《张公权先生年谱初稿》(台北:传记文学出版社,1982 年), 页 140。张氏本人也曾明白地指出:"财政首长一再认为三个银行应该统一,归国家管理。如是政府可随时命令银行贷款,比较容易。换句话说,财政当局要拿银行当作国库,我却以为银行是银行,国库是国库,这一点,意见不合,所以造成了我离开中国银行的最大原因。"参阅:张公权,《张公权先生自述往事答客问刊误补述》,《传记文学》,卷 30 期 4 (1977 年 4 月),页 130。

③ 郭廷以,《中华民国史事日志》,册 3,页 447。

④ 此次事件经过,详见:姚崧龄,《张公权先生年谱初稿》(台北:传记文学出版社,1982 年),页 140—141;姚崧龄,《中国银行二十四年发展史》(台北:传记文学出版社,1976 年),页 193—195;Chang Kia-ngau, "Toward Modernization of China's Currency and Banking, 1927-1937," in Paul K. T . Sih, ed. , *The Strenous Decade: China's Nation-Building Efforts*, 1927-1937 (N. Y. : St: John's University Press, 1970), pp. 154-156;Coble,*op. cit.* , pp. 172-187;Andrea Mc Elderry, "Robber Barons or National Capitalists: Shanghai Bankers in Republican China," *Republican China*, 11: 1 (November 1985), pp. 53-67. 改组对于政治结构的影响,可参阅:Y. C. Wang,*Intellectuals and the West* , p. 449. 中央、交通、中国、农民四行结合为国家银行集团,对金融的影响,可参阅:王业键,《中国近代货币与银行的演进(1644—1937)》(台北:中研院经济研究所,1981 年),页 82。

党召开第五届中央执行委员第一次全体会议(一中全会),推定胡蒋为中央常务委员会正副主席,汪蒋为中央政治会议正副主席,林森连任国民政府主席,蒋孔为行政院正副院长。① 蒋院长希望党外人士参加政院工作,特派张群征询张嘉璈可否就铁道、交通、实业三部中选任一席,张遂选铁道部长一职。②

　　除了部长之外,次长(不论政次或常次)也为政治性任命,与北洋时期无连续性存在。如孙科于铁道部长任内的次长先后有连声海、王征、黎照寰、黄汉梁等人,其中王、黎、黄三人均为孙留美同学,连(粤人)则为老国民党,曾任广东大元帅府印铸局长、广东省政府秘书长、国民政府秘书等职。③ 至于司、科长及以下的人事,则与北洋时期具有连续性。④

二、各路管理人员与工程人员

　　清末的交通事业,大多以普通官吏主其事,而辅以洋匠,偶有专门

---

　　① 　郭廷以,《中华民国史事日志》,册 3,页 538;蒋永敬,《胡汉民先生年谱》,页 539—540。

　　② 　姚崧龄,《张公权先生年谱初稿》,页 144;Coble, *op. cit.*, p. 206. 张氏曾自述出长铁道部的理由:"一则可以贯彻在中行时代所抱辅助铁道建设之志愿,二则希望实行中山先生建筑十万里铁路之大计划。"参考:张公权,《张公权先生自述往事答客问刊误补述》,《传记文学》,卷 30 期 4,页 130。

　　③ 　参阅:附录一;简又文,《宦海飘流二十年(三)》,《传记文学》,卷 22 期 6 (1973 年 6 月),页 73;Comments on Current Events, December 23, 1931-January 5, 1932. in U.S, Military Intelligence Reports: China, 1911-1941, Reel 1, No. 0650, p. 2.

　　④ 　凌鸿勋,《凌鸿勋先生访问记录》(台北:中研院近代史研究所,1982 年),页 57。根据一日人在抗战前的观察,国民政府国营铁道的统制机关铁道部属于广东派,一如国营金融机关中国银行属于浙江派。参阅:橘朴,《支那社会研究》(东京:日本评论社,1936 年),页 270—271。

人才,均沉屈于下僚,其人数也极为稀少。① 留学国外习铁路者,人数过少,且返国后未必服务于路界。如詹天佑留美时,于耶鲁大学习土木工程及铁路,返国后先被派在福州船政局习航海,结业后登舰服务,其后任教于广东水陆师学堂。② 此外,早期留学生于国外学习又多有限,充其量仅能成为技匠(skilled artisans),只有部分留学生能够超过技匠的地位,而成为中国最早的铁路工程师。③ 直至光绪二十三年,根据一项调查,留洋学生在外国学习铁路工程,返国后在津榆铁路历经多年,可充任工程师者,仅有詹天佑和邝景阳二人。④ 因此,由光绪初期至詹天佑以建筑京张路崭露头角止,几无铁路专门人才可言。加以初期筑路多借外款,故路上的工程、行车、机务以至会计等高级主管,多由外人担任。⑤ 一般职务方面,光绪二十九年(1903)商部综管路政前,各路用人之权多操于督办,以通晓洋语为登庸原则,有无学识不问,援引冗滥在所不免,因此士大夫多以买办、细崽视之。⑥ 各路自邮传部接管后,用人始渐知取才学校。光绪三十三年(1907)九月,尚书陈璧以陈瀚、范

---

① 叶恭绰:《交通救国论》,收于:俞诚之编,《遐庵汇稿》,中编,页199。清末各路主管的任用资格,"大率以候补道为合格,而上或京堂,次亦直牧"。参阅:关赓麟,《京汉铁路之现在及将来》(北京:京汉铁路管理局,1914年),页189。

② 凌鸿勋、高宗鲁合编,《詹天佑与中国铁路》(台北:中研院近代史研究所,1977年),页89—92、259—260。

③ Thomas E. La Fargue, *China's Ftrst Hundred* (Pullman: State College of Washington, 1942), p. 60.

④ 盛宣怀,《盛尚书愚斋存稿》,卷2,页6—8;清末一位路界人士也有类似的观察:"查欧美诸国,铁路司理人(manager)皆由专门大学校毕业,经历铁路工程多年,然后为铁路各董事公举而任司理,故有学有识,虽事业繁重,而能措置自如也。我中国铁路之业初兴,铁路职员有此资格能胜斯任者,惟詹天佑一人而已。"参阅:胡栋朝,《中国铁路指南》,页147。

⑤ 凌鸿勋,《中国铁路志》,页137—138。

⑥ 曾鲲化,《中国铁路史》,页137。

其光毕业于俄国森堡铁路学堂,熟悉工程,特奏请调归部用,此为调用铁路专门人员之始。宣统元年(1909)九月,留学日本铁路毕业生首凤标等四人,禀部录用,经部按学科试验及格,分交各路任用,是为铁路人员甄试之始。同年十月,邮传部创办交通传习所,凡在铁路管理、工程等班毕业者,照章分发各路见习,各路以此项人员为最多。①

邮传部时期,铁路人才虽然来源较为广泛,但是人数仍然不足。少数留学生归国后服务于路界者,多集中于邮传部的图书通译局和交通研究所②;习工程者,除詹天佑等少数人外,其余许多工程师或学有专长,但缺乏实际经验,以致在技术水准上,即多不合,如川汉铁路正工程师粤人胡栋朝,北洋大学堂工科毕业,留学美国康奈尔大学,获有土木工程硕士学位,但在工程设计与执行上,实无经验(在美国时仅担任过铁路、桥梁、机车各厂绘图员)。因此川汉路在设计上即多错误,建路工程的进度也甚为缓慢。③ 由于工程人才的缺乏,少数人才在各路之间流动的情形非常普遍,而铁路本身所提供的在职训练也成为人才培育的重要方法。例如光绪三十一年(1905)京张路开工,当时北洋、南洋及唐山各校均尚未有土木科或铁路科的毕业生,会办兼总工程司詹天佑手下干部,即多由关内外铁路调来,其中一部分于山海关铁路学堂毕业。其工程助手邝孙谋、颜德庆、沈琪、俞人凤、陈西林、翟兆麟、张鸿诰、徐士远、柴俊畴、苏以昭、耿瑞芸等人,其后均曾肩任他路的工程要

① 《交通史路政篇》,章 1,页 332—333。

② 《邮部之鬼哭神号》,《民立报》,号 139(1911 年 3 月 4 日),页 3。

③ 李恩涵,《中国近代之收回铁路利权运动(1904—1911)》,收于:《近代中国史事研究论集》,页 551;Lee,*China's Quest for Railway Autonomy*,p.135. 胡栋朝的传记资料尚可参阅:《中华国有铁路广九线职录》(出版地点不详,1934 年),页 1;桥川时雄,《中国文化界人物总鉴》(北京:中华法令编印馆,1940 年),页 277。

职。① 虽然如此,技术人才在质和量上仍未能符合需要,以致至宣统三
年(1911)止,中国铁路由中国人自筑者,尚不及十分之一。②

不仅工程技术人才缺乏,铁路的管理人才也极为不足。清末各路
总办和会办的名单显示,几乎所有的人接受的都是旧式的教育,很少有
人拥有经营大规模企业所需管理方面的知识。詹天佑和罗国瑞二人或
为例外,但是他们基本上也只是工程师,仅受过工程方面的训练。京张
路修筑期间,首任总办陈昭常为极有效率的行政人才,与会办詹天佑合
作无间,但是他其他的行政负担过重,并且不久即转赴东三省任职。由
于许多铁路均系以外资修筑,因此铁路主管多精通外文,有些并曾担任
洋务方面的工作。如郑清濂精通法文,任职京汉路多年,后来担任汴洛
铁路总办,京汉铁路总监督、总办。光绪三十一年(1905),唐绍仪出任
督办沪宁路大臣,唐奏派钟文耀为随办,代表督办驻沪办事,钟曾任驻
美使署通译官及驻小吕宋总领事官。广九路总办魏瀚,曾留法习造船,
回国后经岑春煊奏赴粤襄办洋务及总办制造局。光绪三十三年(1907)
出任津镇路北段总办的李德顺,精通德语,曾随使德,其后并主持天津
洋务局。③ 这些洋务派官僚虽未受过专业的教育,但是与一般官吏相
较,观念较新,且较具企业精神。邮传部成立后,梁士诒先后担任五路

---

① 凌鸿勋,《詹天佑先生年谱》,页52。

② 王树槐,《清末铁路人才问题》,《台湾师范大学历史学报》,期9(1981年5
月),页22。

③ 详见:Lee, op. cit, pp. 136-137. 福州船政局所派遣的留学生在早期路政
中所扮演的角色,可参阅:林庆元,《福州船政局史稿》(福州:福建人民出版社,
1986年),页338—342。至于买办在早期铁路管理中所扮演的角色,则可参阅:
Yenp'ing Hao, *The Contpradore in Nineteenth Century China : Bridge Between
East and West* (Cambridge, Mass. ﹔ Harvard University Press, 1970), pp. 145-
146.

总提调及铁路总局局长,权重一时,于是在袁世凯、唐绍仪等人的屏蔽之下,结合僚属,相互提携,交通系的雏形于焉建立。至清朝覆亡前,此系已控制了全国极大多数的铁路——京汉铁路会办暨京奉铁路代理总办关赓麟、张绥铁路总办关冕钧、吉长铁路总办孙多钰、广九铁路总办梁士诒等,均为交通系的成员,只有在津浦铁路的影响较小。①

清末时期,风气未开,各路管理阶层多不识企业管理为何物,也未将铁路视为社会服务事业,而视为宦途②,正如同此一时期一位学者所说的:

> 我中国已成铁路,多属外人管理,一切执役于斯者,仰仗外人之鼻息,听彼指挥,并不识管理责任为何物;其有不属外人,自为经理者,又半系候补人员,聊以驿长、监查为美差,可借以为升调任选之资,于运输之要义、管理之天职,不暇深究也。③

更重要的是,各路领导阶层的任期每多短暂,对于员工的士气有不利的影响。清末于关内外铁路担任总工程司的金达(Claude W. Kinder)对此曾有深入的观察:

> 至今,由于主管更动迅速所产生的不稳定,造成了非常不良的影响。很少有中国员工对于规章和主管的承诺具有任何信心。一般的想法是,如何在被下任总办赶走以用其亲信或亲戚前,尽量搞

---

①　详见:Mackinnon,"Liang Shih-iand the Communications Clique,"pp. 591-597.

②　一路界人士指出:"我国铁路在创办之初,即视宦途,故往昔呼站长为老爷。最可笑者,对于此种老爷,竟有叩头请安之举,铁路员司遂亦以官老爷自居,恶习既深,改革不易。"参阅:赵辕,《铁路整理声中之一点管见》,《交通杂志》,卷1期6(1933年4月),页237。

③　五丁,《铁路管理篇》,《牅报》,号1(1907年5月),页86—87。

钱,搞得越多越好。①

民初时期的各路领导阶层,大致上可以民国九年的直皖战争为界,分为两个阶段加以观察。直皖战争后,中国正式进入军阀混战时期,铁路大多为各军阀控制,所有局长、处长均由军阀指派私人,资格若何,学识、经验如何,每多不顾。② 各军阀于自行派遣后,仅咨部加给一委而已③,甚至直接由地方当局令委④。试以京汉路为例,该路民国九年以前的历任局长大多曾受过新式教育。如为交通系则学历较高,不少曾留学国外,经历也较为专业化;如非交通系出身,则一般说来学识、经历较差。民国九年以后的局长,则常由军人担任,学识、经历均缺乏。任期方面,民国九年以前,首长任期大多为一年至二年之间,唯一超过三年的首长为交通系的关赓麟。⑤ 关氏系广东南海人,光绪二十四年(1898)与叶恭绰同案中秀才,三十年(1904)中进士,曾留学日本弘文速成师范科。三十二年(1906)入邮传部,历任路政司主事、员外郎、电政司郎中、丞政厅佥事、铁路总局提调等职,为梁士诒得力助手,重要性仅

---

① FO 228/2492,Doc. 53. 原文未见,转引自 Arthur Rosenbaum, "Railway Enterpriseand Economic Development: the Case of the Imperial Railways of North China, 1900-1911,"*Modern China*,2:2 (April 1976),pp. 236-237.

② 金士宣,《最近平绥路车务方面整顿之概况》,收于:《中国铁路问题论文集》,页 188。

③ 袁德宣,《交通要政根本解决刍议》,《交通公报》,号 923(1925 年 6 月 3 日),附录,页 8。

④ 例如广三铁路自 1918 年粤省革命军兴后,即由粤省管辖,局长由粤省令委。1923 年滇军入粤,占据此路,并派员管理。1924 年 1 月滇军内变,旋由大本营令委局长管理,然实权仍操之于滇军。1925 年 5 月滇军被逐,复由粤省管理。参阅:《交通史路政篇》,章 2,页 4999。

⑤ 关于京汉路历年首长出身背景资料,详见附录三。

次于叶恭绰。[①] 京汉路局长虽屡易其人,但是专业部门的主管亦有久任者,如陈振家自光绪三十四年(1908)起即担任总核算职务(民国三年改称为会计处长),直至民国九年始卸任。[②] 民国九年以后,局长任期则大多在一年以下,全路且时分为南北二局,各有首领。局长随军、政权之转移为进退,各处长又随局长以进退,计民国十五年三月至十六年十二月间,南北二局共更换局长十四人之多。[③]

技术人才方面,清末以来的工程人员,至民国成立后,多已能独当一面,负责重任。一些历史较久的铁路,作为磨炼工程人员的场所,贡献甚大。如下表所示,清末进入京奉路的一些工程司,至民国以后,许多均成为各路的工程主管。

表25　京奉铁路历任华籍工程司表

姓　名	经　历
詹天佑	本路驻札工程司升任京绥铁路总工程司
邝景阳	本路驻札工程司升任张绥铁路总工程司
翟兆麟	本路工程司升任津浦铁路北段总工程司
俞人凤	本路工程司升任津浦铁路总工程司
颜德庆	本路工程司升任粤汉铁路局局长
沈琪	本路工程司升住津浦铁路总工程司
陈西林	本路工程司升任京绥铁路总工程司
劳之常	本路工程司升任浦信铁路局局长
柴俊畴	本路工程司升任京绥铁路总工程司

资料来源:《交通史路政篇》,章2,页177—178。

---

① 《叶遐庵先生年谱》,页 10—13;Mackinnon,"Liang Shih-i and the Communications Clique,"p. 590;毛知砺,《梁士诒与交通系的形成与发展》,页 206—207。

② 《交通史路政篇》,章2,页870。

③ 参阅:附录三。

民初时期,至欧美及日本留学的中国工程司回国人数日渐增多。在国内受工程教育的工程司,则多数系出身于上海工业专门学校(后改为交通大学上海学校)、唐山工业专门学校(后改为交通大学唐山学校)、北京大学、北洋大学、青岛特别高等专门学校、同济医工专门学校(后改为同济大学)、北京交通传习所(后改为交通大学北京学校)等校。① 清末邮传部时期,各路用人已渐知取才学校,民国以后更引而申之,兼重经验。于是各路机械、工程、事务、会计等部门的主管,如处长、段长、厂长之类,大多为各专门之人。② 民国三年交通部路政局特订定招致专门学生实习规则十四条及铁路人员资历证明书规则十二条呈部公布实施③,新进基层人员素质因此得以提高。中国工程司的能力,自宣统元年(1909)京张路完工后,即获得普遍的承认。此后所有以本国资本修筑的铁路,如宜归、广韶、张包、株萍、沈海、吉海、呼海等路,完全均由中国工程司所担任,同时在借款各铁路上,中国工程司也取得较为重要的地位。在此时期,虽然各外国总工程司对中国工程司的能力已有所了解,但对于总段长以上的职务,仍不免于引用外人。于是以湖广铁路借款而修筑的川粤汉铁路,乃设置一优级副工程司职位,专由曾于中国自筑铁路上担任总段长而位置较高的中国工程司担任。至民国十八年陇海路修至灵宝,嗣后中国所有铁路,无论由借款或由本国资本所修筑,均由中国籍的总工程司及各级工程司担任,无复引用外国工程司者。④

―――――――――――

① 萨福均,《三十年来中国之铁路工程》,收于:中国工程学会编,《三十年来之中国工程》,页 2。
② 叶恭绰,《交通救国论》,收于:俞诚之编,《遐庵汇稿》,中编,页 200。
③ 曾鲲化,《中国铁路史》,页 142。
④ 萨福均,前引文,页 1—2。

综观民初时期,影响各路领导阶层任用的因素主要有以下三种:

(1)交通系:此系以梁士诒、叶恭绰为首领,结合僚属而成。据此系一成员的估计,民初经叶恭绰吸引造就及派遣留学有专长之士即有数千人之多[1],可见其势力之庞大。交系成员多分布于交通、金融界,国有各路的局长多为该系充当。在交系所掌握的铁路上,各级管理职位则均由该系担任。[2] 在交系势力范围内,如有外人加入,则常遭排挤。如民国六年七月段祺瑞二次组阁。众所周知,此次内阁为段系、研究系及新交通系所组成的混合内阁。交通总长为曹汝霖,次长为叶恭绰,当时路界仍由交通系所控制。曹上任后,任刘梦飞(留比习土木工程兼习矿务,时任京汉路工程司)为京奉路副局长。交通系以京奉路为重要路线,人事、购料等事不愿有他系外人加入,故发动新闻界加以攻击,迫使曹将部令收回。[3] 交通系的排除异己虽然减少了许多吸收人才的机会,但是在民初政局变幻无常、政潮迭起的环境下,交通系长期掌握中国铁路,减少了此一企业所受政潮的不利影响,而能在路界维持相对安定的环境,有些路局甚至得以独立于政潮之外,如长期为交通系所踞的陇海路,其督办施肇曾即能久任达十余年,任何政潮均能危而复安。[4]民国十一年直奉战后,交通系的势力大受挫折[5],但是主要铁路仍由其

---

[1] 《叶遐庵先生年谱》,页23。

[2] 例如:大石,《奉国战争中之京绥铁路工人》,《向导周报》,期179(1926年10月25日),页1871—1873。

[3] 曹汝霖,《一生之回忆》,页169。

[4] 《吴佩孚势力伸入陇海路》,《大公报》(天津),1923年8月2日。

[5] 谢彬,《民国政党史》,页79;Odoric Y. K. Wou, *Militarism in Modern China：The Career of Wu P'ei-Fu*,1916-39(Dawson：Australian National University Press,1978),p. 219;刘桂五,《"交通系"述论》,《社会科学战线》,1982年期3,页183—185。

成员控制,直至国民政府成立后才告没落①。

　　(2)各地军系:现以吴佩孚为例,说明各地军阀对路界人事的控制。民国九年直皖战争后,吴佩孚先后担任直鲁豫三省巡阅副使及两湖巡阅使,所辖的五省地盘中,有京汉和陇海两大铁路。京汉路在直皖战争前,一切用人行政之权,纯由交通部主持,直皖战后,汉口至郑州一段,遂归直军管辖。十一年吴佩孚复委赵继贤为局长,自此京汉路南段完全在吴控制之下,所有管理铁路的重要职位均由其任命。② 陇海路因借款关系,实权操于外人,吴无法畅所欲为。因其驻在地洛阳,适属陇海路的汴洛段内,遂百计想插足干涉。此路中国当局,久为交通系所据,而此一时期交通部首长多由直系担任,吴乃授意于交通总长高恩洪,将督办陇海路十余年的施肇曾除去,并保张祖廉以代。张氏资格虽浅(本充施氏顾问),指挥较易,此为吴佩孚干涉陇海路的第一步。其后张氏误用前京汉路某处长孙逊长汴洛局。吴以孙乃交通系健将,电部议拒,对张姑念平日尚勤于路事,成绩尚好,乃置而不问,孙亦不敢到差。后又改派岳昭燏接充,但仍不免与孙带同一色彩,终亦呈同一命运,此为吴佩孚干涉陇海路的第二步。③ 民国十二年六月,交通部任京汉路会计处长陈振家为汴洛铁路局长。吴初疑其为安福系,电部拒之,后虽经多位政要为之声辩,但是吴仍暗中保其同乡赵德三(山东平度人,前交通部路政司长,时任胶济路局长),可见吴不能忘情于安系,亦

　　① Mackinnon,*op. cit.*, p. 582.

　　② 《吴佩孚委法人为京绥路局长》,《大公报》(天津),1922 年 5 月 9 日;Lucian W. Pye,*Warlord Politics: Conflict and Coalition in the Modernization of Republican China*(N. Y.: Praeger,1971), p. 57.

　　③ 《吴佩孚势力伸入陇海路》,《大公报》(天津),1923 年 8 月 2 日;《交通史路政篇》,章 3,页 580—582。

即干涉该路的第三步。① 除了京汉、陇海二路外,吴佩孚又接管了萍株路,任命其亲信谭道南为局长。②

自吴佩孚掀起直皖战争时,因据有京汉铁路,截留路款作为军费,擅加车辆作为军用,于是各地军阀纷纷仿效,相率掠夺各路,而路政遂破坏不堪。北京交通部既以应付困难,遂思而及于最下策,凡某路在某军系势力范围内者,即由某军阀推荐或保举某路局长。初意本在用燕赵之人,缓和燕赵之策,以为不如此,即无法解决任意截款与任意扣车的困难。不料此风一开,各军阀遂视铁路为私家物,不问其人有无交通知识,只要属于左右或亲近之人,则争相保举。一路主政者既不得人,而其被牵引而来者,则不问可知,于是路政之腐败日益加甚。③

军阀对于铁路机构的人员任用虽有极大的影响力,但是仍然无法做到全面的控制,其所受到的阻碍主要来自两方面。第一,对于列强的顾忌。铁路督办(如同商埠督办)这类重要的职位,在分配时均需获得北京政府的合作,而不能由地方军阀完全控制,因列强为大多数铁路的主要债权人,若非如此,即无法为列强所承认。外人对于中国铁路的关心使得军阀对铁路的控制有所顾忌,而北京政府名义上(以及部分实质上)对于国有各路的控制,也因而得以保持。例如,主要铁路的局长通常均由地方军阀提名,但是这些人以及路上的大多数技术人员,仍由北京政府任命。④ 此外,有些以外资修筑的铁路,实权操于外人之手,军

---

① 《吴佩孚势力伸入陇海路》;《交通史路政篇》,章 3,页 582。

② "News from Central China," *China Weekly Review* 28:1 (March 1, 1924), p. 24;《交通史路政篇》,章 2,页 3475。

③ 熊亨灵、何德川编,《中国国民党与中国铁路》(台北:中国国民党台湾区铁路党部委员会,1965 年),页 339。

④ Nathan, *Peking Politics*, pp. 63—64.

阀也无法畅所欲为。① 军阀不能彻底控制铁路的另一项因素为缺乏大量的铁路营运人员。铁路的营运涉及专门技术,其专业人员一时无法全面更换。例如,民国十一年一月,直系军人赵继贤取代交通系的俞人凤为京汉铁路局局长。② 所有局内人员,除副局长水钧韶称病引退外,其余不免一番更动。各处主管均易新人,但是大多仍由路局内部提升。③

(3)地缘性团体。现以胶济铁路为例,说明地缘性团体对于路界人事的影响力。胶济路的职员工人,自始即分为山东、浙江两派,暗斗轧轹颇甚。浙江派以交通部为靠山,山东派则以本地之有力者为护符。两派均努力扩充势力,以致纷扰不绝。民国十三年十二月,交通部任命阚铎为局长,朱庭祺为副局长。④ 就任后,将旧职员 106 名更换免职,其中不少为占重要地位的山东派。山东派因此群起反阚,阚不得已,于十四年二月初将局务托之副局长,独自返京。山东派犹不甘心,决彻底驱逐浙江派,张宗昌也电请中央撤换阚、朱,并保荐赵蓝田(山东胶县

---

① 例如上述吴佩孚在陇海路的例子。

② 参阅:附录三。

③ 例如车务处处长张保荣原为副处长、副处长何开成原为副段长兼保定分段长,工务处处长王寿原为工务副处长、副处长陈肇煊原任分段长,总务处处长林尊鼎原为汉口地务处第三课课长、副处长金国宝原为通译课课长,机务处处长钮孝贤原为机务处副处长,会计处处长陶立原为总务处检查课办事员、副处长刘文嵩原为该处检查课课长,警察处处长钱秉钰原为军事运输襄理员、副处长章万年原为警务段长,材料处处长陈恕原为工务分段长,材料总厂长李永明原为车务处电务课课长。参阅:《交通界人员之大更动》,《申报》,1922 年 5 月 17 日。

④ 《交通史路政篇》,章 2,页 5089。交通部原任命朱庭祺为局长,山东省则发表李钟岳为局长。参阅:《胶路两局长之最近形势》,《大公报》,1924 年 11 月 25 日。

人,曾任京绥铁路局局长、鲁案交通处长)为局长。[1] 机务处长孙继丁、车务总段长马廷燮二人为山东派的领袖,联结全路工人,于二月八日举行全路大罢工,全路因之停驶。[2] 时山东省军务督办郑士琦派胶济路前临时局长李钟岳(粤人,时任新城兵工厂厂长)出任调停,省长龚积柄复招集商务总会及本地有力人士协议解决风潮办法,交通部也派专人前来。经各方协议结果,承认罢工的全部要求。其解决条件如下:第一,阚铎、朱庭祺免职;第二,任命李钟岳为临时局长;第三,阚朱二人所任命的职员全部免职;第四,计核课长陈天骥、运输课长鲍锡藩、第二分段长陈承栻,协助阚朱排斥山东人,一律免职。至此,山东派完全胜利,工人复工,二月十一日夜,列车照常行驶。[3] 地缘性团体的影响力,于此次罢工事件中可见一斑。

北伐成功后,虽然在形式上全国业已统一,但是实质上各地残余军阀仍然存在,政治、社会之动乱不安与北洋时期相较,并未有缓和的趋势。路界人事,如同其他政府部门,呈现出浓厚的军事色彩。各路领导阶层的组成及任用方式,均为前一时期的延续,局长每多由军人担任,文人局长的学历虽较过去提高,但是出身路界者反而减少,经历专业化

---

[1] 《申报》,1925年2月9日;《胶济路罢运罢工》,《申报》,1925年2月12日;王清彬等编,《第一次中国劳动年鉴》,编2,页320;外务省情报部编,《现代支那人名鑑》,页115;刘景山,《刘景山先生访问记录》。

[2] 《鲁胶路商人罢运驱阚》,《申报》,1925年2月7日;《胶济路停车后状况》,《申报》,1925年2月13日。

[3] 《胶济路停车后状况》;《第一次中国劳动年鉴》,编2,页320;Chesneaux, *The Chinese Labor Movement*, p. 504.

程度似有降低的趋势。① 试以民国二十三年度十三位国有铁路首长的出身背景为例,加以说明。学历方面,大学毕业以上程度者六人(其中包括硕士三人),军校毕业者五人,不详者二人。经历方面,出身铁路或其他相关事业者四人,出身军界者五人,出身一般党政机构者三人,不详者一人。② 任期方面,国民政府成立初期,各路领导阶层任期仍十分短暂③,稍后则任期较能长久④。

综观此一时期,影响各路首长任用的因素,主要有以下几项:

(1)中枢政治、军事领导阶层。北伐成功后,内战依然频仍,军事运输为作战行动,把握车辆固所必需,行动消息也要保密,因此铁路局长每多需为军事最高当局所信任者方得充任⑤,如民国二十一年二月出任津浦铁路管理委员会委员长的邱炜,浙江龙游人,保定军官学校毕业,历任陆海空军总司令部交通处处长、兵站副监、军政部交通司司长

---

① 根据以下各项资料观察所得结论:(1)《中华国有铁路津浦线职员录》(出版地点不详,1932年);(2)《中华国有铁路京沪、沪杭甬线职员录》(出版地点不详,1932年);(3)《正太铁路职员录》(出版地点不详,1933年);(4)《中华国有铁路广九线职员录》(出版地点不详,1933年);(5)《全国铁路职员录(广九线)》(出版地点不详,1934年);(6)附录三、四。北洋时期,各军系领袖常以文人局长兼任交通司令、运输司令等军职,但是国民政府成立后,却常有以交通司令、运输司令兼任局长职务者,例如京汉路的董希成、刘懋德、萧仁源,京绥路的周培炳,津浦路的朱曜、周迪评、韩文友等。参阅:铁道省北京办公处,《一九二七年の支那铁路》,页45—46。

② 根据附录四统计所得数字。

③ 如北宁路车务处文牍课课长金士宣自1929年5月到差,至1932年8月调职止,共历时3年半,其间除正处长为英人外,副处长共更换4人,副课长也更换了5次。参阅:金士宣,《怎样加强北宁路的运输组织和人事管理》,收于:金士宣,《铁路运输经验谭》,页32。

④ 《汉猛德将军视察中国国有铁路报告》,页133。

⑤ 陈佰庄,《卅年存稿》(台北:东南印务出版社,1959年),页2之101。

等职①；又如民国二十一年四月担任正太铁路局局长的王懋功，江苏铜山人，保定军官学校毕业，历任粤军统领、旅长、广州卫戍司令、国民革命军参谋长、东征军参谋长、第二师师长等职②。文人出任局长者，也有许多与中枢政治、军事领导阶层关系良好，例如民国十六年三月出任京汉铁路管理委员会主席的蔡增基，为交通部长孙科的同乡及留美同学，历任广东省议会议员、两广都司令部外交委员等职③；民国二十一年一月升任京沪、沪杭甬铁路管理局长的陈兴汉，也是"太子(孙科)派"成员之一，广东中山人，历任粤汉铁路段长、总段长、车务处长，大本营庶务司司长及兵站铁道运输局局长，粤汉铁路管理局兼广三铁路局局长，京沪、沪杭甬铁路局车务处副处长，铁道部专员等职。④

　　(2)地方军系。此一时期，各地军系势力仍大，对所占地区的铁路人事任命，拥有相当大的影响力。据一项资料显示，民国十七年时，国有各路主政人员，除湘鄂、津浦两路完全由交通部主持任命外，其余均为实力者所派定。⑤ 如长期为奉系所占据的东三省，自民国十三年起即设有交通委员会，委员长由奉天省长兼任，各交通机关均受其指挥，民国十九年时，直辖国有、省有、民有九大铁路⑥，直至民国二十二年四

---

　　① 《中华国有铁路津浦线职员录》，页1。

　　② 《正太铁路职员录》，页1；傅润华，《中国当代名人传》(上海：世界文化服务社，1941年)，页28。国民政府主席兼行政院长蒋介石与路界人事的关系，可参阅：橘朴，《支那社会研究》(东京：日本评论社，1936年)，页290；刘健群，《银河忆往》(台北：传记文学出版社，1966年)，页179。

　　③ 参阅：附录三。蔡增基事迹，另可参阅：铁道省北京办公处，《一九二七年の支那铁路》，页8—12。

　　④ 《中华国有铁路京沪、沪杭甬线职员录》，页1。

　　⑤ 熊亨灵、何德川编，《中国国民党与中国铁路》，页339。

　　⑥ 《铁道年鉴》，卷1，页1268—1269。

月始裁撤①。担任铁路局长者,也多与地方当局有密切的关系,如民国十八年出任洮昂、齐克二路工程局长的万国宾,即为东北边防军副司令长官万福麟(司令长官张学良)之子②,民国十九年兼任东北交通委员会材料购办委员会主任委员及呼海铁路公司协理③。

在地方军系与中央政府时分时离的地区,则路界人事的任免,常反映出中央与地方势力的消长。试以粤汉铁路株韶段修筑期间的人事问题为例,加以说明。

民国二十年十二月,国民政府主席兼行政院长蒋介石宣布下野,二十年元旦,广州中央党部及国民政府撤销,另设中央执行委员会西南执行部、西南政务委员会、西南军事委员会,事实上照旧独立。④ 粤汉路广韶段及广九、广三路名义上虽为铁道部直辖,但实际上则全受粤省当局控制,局长均为西南政务委员会所派。⑤ 铁道部长顾孟余对此即曾有过公开的抱怨:

> 铁道部名为管理全国铁道的机关,可是能完全管理的,全国中不知有几条铁道。就广东讲,广九、广三、广韶三条铁路,半年来就与铁道部脱离关系,营业情形如何,中央不得而知。用人情形如何,局长是谁,也不得而知,叫他们报告,他们不理,可是那三条铁

---

① 《国民政府公报》,号 1110(1933 年 4 月 20 日),页 1—2。

② 刘绍唐主编,《民国人物小传》,册 6(台北:传记文学出版社,1984 年),页286;孙源楷,《交通圈内四十年》(出版地点不详,1970 年序),页 6。

③ 外务省情报部编,《現代中華民国満洲帝国人名鑑》(东京:东亚同文会,1937 年),页 458。万氏事迹另可参阅:张庆泗,《万国宾(1904—1990)》,《传记文学》,卷 57 期 3(1990 年 9 月),页 138—139。

④ 郭廷以,《近代中国史纲》,页 629。

⑤ 凌鸿勋,《十六年筑路生涯》(台北:传记文学出版社,1968 年),页 29;《凌鸿勋先生访问记录》,页 97。

道的外国债务,却要中央为之偿付的。①

　　时南京国民政府有鉴于中日关系日益紧张,亟需完成粤汉路,但铁道部对物色负责筑路的人选颇感困难,因为如以一非粤籍人士担任局长,恐遭西南当局排斥,但又不愿找一与广东过于接近的粤籍人士担任。最后乃决定由陇海铁路潼西段工程局局长兼总工程司凌鸿勋担任粤汉路株韶段工程局局长兼总工程司。凌氏系广东番禺人,历任华北各路工程方面职务,虽和胡汉民有世交关系,但与广东当局并无密切来往。② 株韶段大部分位于湖南境内,当时湘省主席何键乃向铁道部保荐湘人担任工程局长。凌既上任,何不得不求其次,向凌保荐副局长若干人、总工程司若干人、处长、总段长、课长、段长等,更不下几十人,总计百余人。凌均未接受,但允诺录用湘籍青年工程人员及湖南大学的毕业生。③ 株韶段完工后,粤汉路全线通车,过去分为三段的铁路自应合并为一,设立粤汉铁路管理局。其时西南与南京国民政府尚有隔阂,新任局长有待安排。铁道部长张嘉璈乃于二十五年三月至广州访西南方面的军政领袖陈济棠,商洽粤汉路统一后首任局长人选,经陈同意,仍以凌鸿勋担任。④

　　(3)列强势力。此一时期,列强成为影响路界人事的新增因素,最明显的莫过于抗战前日本对华北铁路的介入。民国二十四年十二月十八日,国民政府为保全华北,对日本容忍,成立冀察政务委员会,于河

---

　　① 顾孟余,《中国现有铁路状况》,《铁道公报》,期298(1932年7月15日),页19—19。

　　② 《全国铁路职员录(粤汉线株韶段)》(出版地点不详,民国二十四年),页1;凌鸿勋,《十六年筑路生涯》,页28;《凌鸿勋先生访问记录》,页95—97。

　　③ 顾孟余,前引文,页19;凌鸿勋,《十六年筑路生涯》,页33;《陇海粤汉湘桂筑路回忆》(台北:畅流半月刊社,1953年),页22。

　　④ 姚崧龄,《张公权先生年谱初稿》,页152;《凌鸿勋先生访问记录》,页120。

北、察哈尔二省实施轻度自治。① 冀察政务委员会委员长宋哲元于就职后,受日方影响,未先商得南京国民政府同意, 即径行委任陈觉生为北宁铁路局局长,张维藩为平绥铁路局局长。② 陈觉生,广东中山人,日本东京帝国大学毕业,历任国民革命军第三集团军一等秘书、农矿部视察专员、外交部条约委员会委员、行政院驻平政务整理委员会顾问兼农村指导员养成所副所长、天津特别市政府参事、平津卫戍司令部总参事、冀察政务委员会委员等职。③ 张维藩,河北丰润人,保定军官学校毕业,历任国民军第一军营长、团长、陕西省政府参议、西安县县长、陕西建设厅长、第二十九军参议长、察哈尔省政府委员兼建设厅长等职。④ 自此,华北两条深具战略意义的铁路,均在冀察政委会直接管理之下。铁长张嘉璈闻讯后赴北平挽救,在动身前仍先将二局长加委,俾易与宋哲

① 郭廷以,《近代中国史纲》,页 658;李云汉,《宋哲元与七七抗战》(台北:传记文学出版社,1973 年),页 117—127;Winston Kahn, "Do-ihara Kenji and the North China Autonomy Movement, 1935-1936, " in Alvin D. Coox and Hilary Conroy, eds. *China and Japan: Search For Balance Since World War I*, p. 196.

② 姚松龄,《张公权先生年谱初稿》,页 145;U. S. Departmentof State, *Papers Relating to the Foreign Relations of the United States* (Washington, D. C. : U. S. Government Printing Office, 1935), vol. III, p. 499. 有人甚至认为陈觉生之出任北宁路局长,完全为日本关东军奉天特务机关长土肥原贤二所推荐。参阅:孙逊,《华北经济的殖民地化》,收于:中国经济情报社编,《中国经济论文集》,集 3(上海:生活书局,1936 年),页 40;司徒重石,《抗战期间华北伪组织内幕》,《春秋》(台北),卷 8 期 6(1968 年 6 月),页 22。

③ 外务省情报部编,《现代中華民国满洲帝国人名鑑》,页 368;王奉瑞,《王奉瑞先生访问记录》(台北:中研院近代史研究所,1985 年),页 56。

④ 外务省情报部编,《现代中華民国满洲帝国人名鑑》,页 315。

元谈判。①

　　至于各路的专门人才,此一时期由于国内所培育人才的累积,留学生归国人数的增多,逐渐已能因应需求,而其中部设之交大所占地位尤为重要。据估计,民国十七年时,各路员司出身于交大三校者即有七百余人,虽然仅占各路职员总数百分之三四②,但是多已跻身领导阶层。如民国十八年时,交大北平分校毕业生服务于铁路,曾任及现任各处长、段长以上职务者,约已有四十余人③;早期培育的铁路工程人才,至此时也多能独当一面,如铁道部成立后,锐意展筑新路与整理旧路,筑路的领导者及重要干部即多为交大唐山、上海二校毕业生④。除交大

----

　　①　张公权,《抗战前后中国铁路建设的奋斗》(台北:传记文学出版社,1974年),页 6;姚崧龄《张公权先生年谱初稿》,页 145;Comments on Current Events,December 21, 1935-January 3, 1926. in U. S. Military Intelligence Reports:China,1911-1941, Reel 2, No. 0379.

　　②　　　　　　　　　1928 年交通大学毕业生服务各路统计表

路别 \ 分处	总务	工务	车务	机务	会计	材料	警务	总计	占职员总数百分比(%)
北宁	9	43	59	8	3		0	122	3.1
京汉	18	35	45	3	13		5	119	3.2
津浦	2	12	62	13	12		1	102	4.8
京绥	3	28	47	11	15	4	0	108	4.7
吉长	3	2	6		4		0	15	3.8
道清	0	1	4	2	2	0		9	3.1
正太	0	1	2	1	0			4	1.0
四洮	2	8	16		1			27	3.3
呼海	1	10	6		0			17	4.1
京沪杭	6	26	27	27	13	1		100	4.3
陇海	3	11	5	3	2		0	24	2.8
胶济	3	18	42	11	8		0	82	4.5
共计	50	195	321	75	73	15	6	729	

　　资料来源:《铁道年鉴》,卷 1,页 544—545。

　　③　《铁道部改组北平交大分院训令》,收于:交通大学工学院编,《交通大学八十年》,页 125。

　　④　凌鸿勋,《唐校与新中国建设》,收于:《交通大学八十年》,页 111。

外,其他各大专院校毕业生服务于路界者,也日渐增多。[1] 因此,至1930年代初期时,据现有零散的各路人事资料显示,国有各路于局长以下,除总务处长以地位特殊,多由军人或非路界人士担任外,其余各部门主管的学历普遍均较过去为高,大多毕业于大专院校专门科系,不少且曾出国留学,经历也有专业化的倾向。[2]

铁路各部门中,则又以工务部门和机务部门人才最盛,学识、经历的专业化程度最高。试以粤汉铁路株韶段工程局为例,加以说明。民国二十四年的资料指出,该路自总工程司以下的各级重要工程人员,几乎全为大学专门科系毕业(见表26)。

表 26　民国二十四年度粤汉铁路株韶段工程局各级工程人员学历统计表[*]

学历＼职称	硕士	交大	交大以外大学	专科	职业学校	中学	总计
总工程司	1						1
副总工程司							1
正工程司		4	1		1		6
副工程司	2	7	2	1			12
帮工程司	3	9	4	2	2	1	21
工务员		1	1				2
工程助理员		20	19	3	1	2	45

[*] 均以最高学历统计,如交大毕业后出国取得硕士项学位,则仅列于硕士项下统计,于交大项下不再重复计算。

资料来源:《全国铁路职员录(粤汉线株韶段)》,页8—94。

---

[1]　萨福均,《三十年来中国之铁路工程》,页2。
[2]　同第168页注释[1]。参阅:邱光甫,《中国铁路及其发展的趋向》,页39。

该表显示,大学以上程度者,在编制内工程人员所占比率分别为:正工程司 83.3%、副工程司 51.7%、帮工程司 76.2%、工程助理员 88.9%,工务员仅有两人,均为大学毕业,素质之高,可见一斑。其中正、副、帮工程司又多出身交大,如民国二十四年时,局长兼总工程司及工务课长兼副总工程司以下的五个工程总段长中,即有四人出身交大[①],可见部设交大培育铁路高级人才的目标,至此已初步实现;至于工程助理员中交大毕业生所占比率较小(44.4%),乃是国内工程教育逐渐发展,各大专工科毕业生进入路界服务人数增多所致。[②]

由于铁路人才在量和质上的进步,此一时期所有与借款有关的铁路,如陇海铁路延长线(灵潼段、潼西段及西宝段)、粤汉铁路株韶段及沪杭甬铁路杭曹段等,均由国人担任总工程司及各级工程司,自力完成,不特成绩优异,不亚于外国工程司,而工作上尤能表现出十分经济、有效及迅速[③];至于旧路的行车管理,也几乎全由本国人负担责任[④]。相对地,国有各路所雇用的洋人,则逐渐减少。据统计,民国十五年时,国有各路共有外籍职员 378 人[⑤],至二十三年时仅剩 59 人(见表 27),且多为借款合同中所规定者。

---

①　《全国铁路职员录(粤汉线株韶段)》,页 24—81。

②　株韶段开工后,为培养工务及机务人才,实习生乃选自交通大学、中山大学、岭南大学、北洋大学、湖南大学和中央大学毕业生:参阅:凌鸿勋,《凌鸿勋先生访问记录》,页 110。

③　萨福均,《三十年来中国之铁路工程》,页 2。值得注意的是,日本早在 1877 年即可自力兴筑铁路,而无需外工程司协助,时距开始兴筑铁路只有七年之久。参阅:Daniel R. Headrick, *The Tentacles of Progress: Technology Transfer in the Age of Imperialism 1850-1940* (New York: Oxford University Press, 1988), p. 90。

④　凌鸿勋,《中国铁路志》,页 138。

⑤　铁道省上海办事处,《鉄道部成立後の支那鉄道》(上海:编者印行,1935 年),页 9。

表27 民国十七至二十三年国有铁路外籍职员数统计

单位:人

国籍＼年度	十七年	十八年	十九年	二十年	二十一年	二十三年
英国	82	73	47	45	44	32
日本	80	103	95	86	12	12
法国	51	39	37	30	17	5
美国	—	3	4	5	3	2
德国	—	—	—	3	3	2
比利时	15	8	8	5	2	2
意大利	11	5	4	3	6	2
苏俄	1		1	1	1	1
荷兰	2	2	2	1	1	1
希腊	1	1	2	—	—	—
瑞典					—	—
丹麦	—	—	—	—	—	
罗马尼亚	1		1	1		
波兰					1	
卢森堡	1				1	
捷克	1					
不详	1	—		—	—	
总计	248	237	202	182	93	59

资料来源:铁道省上海办事处,《鉄道部成立後の支那鉄道》(上海:编者印行,1935),页9—10。原书缺少民国二十二年数据。

至于路界基层职员,由清末起直至国民政府成立前,绝大多数均为介绍而来,既无切实的学识,也没有相当的训练。[1] 即使是铁路附设训练班的学员,亦多为介绍保送,而非公开招考。[2] 国民政府成立后,新

---

[1] 金士宣,《最近平绥路车务方面整顿之概况》,收于:《中国铁路问题论文集》,页187。

[2] 金士宣,《怎样加强北宁路的运输组织和人事管理》,收于:《铁路运输经验谭》,页26。

路才渐采用公开招考和训练办法,旧路新增员工,均需经过考试[1],并以学识、经验、体格、资格等项标准选拔。由于此一时期教育的逐渐普及,且就业市场呈相对饱和状态,故实行考试制度后,员工素质得以提高。如北宁铁路于民国十八至二十一年之间,曾数度公开招考车务人员。其中货物员考试部分,共有一千五百余人报名,仅录取八十人;女客票司事考试部分,报名者达百余人,均为中等以上学校毕业生,仅录取三十人。[2]　虽然如此,经由考试方式进入路界服务者,直至抗战前,仍仅占极微小的比例。

三、铁路工人

严格来说,中国直至光绪七年(1881)始有铁路通车营业。唐胥铁路当时隶属于开平矿务局,由于"路矿兼营"之故,铁路工人并非固定于路上,但是仍不失为中国的第一批铁路工人。光绪十三年(1887),唐胥铁路展修至天津,并脱离开平矿务局而独立经营,中国铁路工人开始从矿业工人中分离出来。据估计,直至十九世纪末,中国铁路工人仅有三千人左右。[3]　二十世纪以后,一些主要的干线如京奉、京汉、津浦等路开始修筑或营运,铁路工人的人数也随着运转路线的展延而增多(见表28),至抗战前已增至二十万人之多。[4]

---

[1]　金士宣,《最近平绥路车务方面整顿之概况》,页 187。国民政府时期卖缺舞弊之事,仍时有所闻。据一项资料显示,一大站站长的代价,等于一等县缺。参阅:谭鲁,《铁路员工舞弊之一斑》,《人间世》,期 20(1935 年 1 月),页 9。

[2]　金士宣,《四年以来在北宁铁路运输处之工作》,收于:《中国铁路问题论文集》,页 93—95。

[3]　宓汝成,《帝国主义与中国铁路(1847—1949)》,页 542—543。

[4]　宓汝成,《帝国主义与中国铁路(1847—1949)》,页 544。此项估计将职员也列入计算。

表 28　中国国有各铁路工人总数统计表

单位:人

调查单位 年代	北平社会调查部	交通部
1913	57,318	
1914	71,173	
1915	93,466	
1916	91,501	59,857
1917	96,130	60,447
1918	99,939	63,795
1919	105,166	73,615
1920		77,622
1921		89,043
1922		91,356
1923		144,288
1924		153,348

　　资料来源:高纲博文,《中国鉄道労働運動の発展とその構造》,《历史评论》,期 328(1977 年 8 月),页 27。

　　中国近代的铁路工人来自何处?现就筑路时期及营运时期分别加以讨论。

　　铁路在工程时期,以路基筑造,需用人力甚多。路基的开挖普遍以土方为最多,也有一部分的石方。土方工程的填挖大部分均靠人力。虽工作成绩亦视熟练与否,但以工作性质简单,普通工人仅需体力充沛即能胜任。华北地区由于气候关系,每年农作时间较短,农闲时间较长。农民于农作余暇任铁路劳役,获得额外报酬,可用以补贴家计,且学有若干技能。因此早年京汉、津浦、汴洛等路修筑时,大量工人咄嗟立致,以后包工招募工人也多以河北、河南、山东等省为主要来源。[1]
如光绪三十年(1904)山西正太铁路开办,招集穷民数千从事修筑,直
隶、山东二省穷民前往者,络绎不绝。[2] 又有许多筑路工人为来自他地
的移民,如民国初年,陇海路郑州以东沿线工人以安徽帮居多[3],显然
是该省乡民因黄河泛滥,大量流入河南、苏北所致。至于石方的挖掘,
虽有赖炸药,但钻凿药眼在压气机未曾普遍施用以前,仍借人力,而河
南石工独以成绩著称,平时归农,一旦有大量石方工程,即号召成队,为
路工作。华南地区以天时地利较优,农作较忙,乡民体力不如北方,大
量工人的招集不似北方之易,而工价又每比北方为高,故担任筑路工人
者较少。[4] 光绪年间,台湾修筑铁路即以人工过贵,路款不足,而由官
方调派兵勇担任筑路工人。[5]

表29 民国二十二年国有各铁路流动工人与非流动工人人数比较表

单位:人

路名	总务处[a]		机务处[b]		车务处		工务处		共计	
	流动工人	非流动工人	流动工人	非流动工人	流动工人	非流动工人	流动工人	非流动工人	流动工人	非流动工人
京沪沪杭甬	—	388	757	3,117	403	1,994	917	1,878	2,077	7,377
津浦	—	608	—	5,634	—	2,862	100	4,271	100	13,375

---

① 凌鸿勋,《中国铁路概论》,页236。

② 张玉法,《中国现代化的区域研究——山东省(1860—1916)》(台北:中研
院近代史研究所,1982年),页769。

③ 罗章龙,《陇海路大罢工》,收于:中国革命博物馆编,《北方地区工人运动
资料选编》(北京:北京出版社,1981年),页50。

④ 凌鸿勋,《中国铁路概论》,页236—237。

⑤ Kent,*Railway Enterprise in China*,p.18;吴铎,《台湾铁路》,《中国社会
经济史集刊》,卷6期1(1939年6月),页165。

(续)

路名	总务处a		机务处b		车务处		工务处		共计	
	流动工人	非流动工人	流动工人	非流动工人	流动工人	非流动工人	流动工人	非流动工人	流动工人	非流动工人
京汉	—	831	—	5,359	1,221	3,051	—	4,582	1,221	13,823
北宁	—	380	—	5,917	—	1,994	495	1,224	495	9,515
京绥	—	188	917	2,749	385	1,369	1,207	2,224	2,509	6,530
陇海	—	165	348	1,591	259	779	553	2,423	1,160	4,958
胶济	—	438	328	2,936	—	1,449	297	767	625	5,590
湘鄂	—	183	—	1,430	299	668	—	1,653	299	3,934
正太	—	81	185	831	189	327	60	525	434	1,764
道清	—	91	—	468	60	258	182	301	242	1,118
南浔	—	57	—	340	53	241	56	384	109	1,022
广九	—	53	—	348	15	161	56	420	71	928
粤汉南段	—	111	—	794	80	298	152	683	232	1,886
共计		3,574	2,535	31,514	2,964	15,451	4,075	21,335	9,574	71,874

资料来源:实业部劳动年鉴编纂委员会编,《二十二年中国劳动年鉴》(出版地点不详,民国二十三年),篇1,页284。

a 会计处所有流动工人及非流动工人均并入总务处计算。

b 机务处非流动工人内包括机厂工人、车房工人及水泵工人。

铁路于筑成后,进入营运时期,部分于暇时雇工筑路的农民遂放弃农业而专以保路为生①,也有的仍然维持流动性质,因此各路均有相当比例的流动工人,其中尤以工务处为多(见表29)。此外,车站上的搬

――――――――――――

① 少还,《全国铁路总工会与铁路青年工人》,《中国青年》,期101(1925年11月7日),页18。

运工人,许多来自铁路附近的乡村①,其中也有不少是农民用以为副业②。

至于铁路界的技术工人,最重要的是机械工人,故此处仅以机械工人作为讨论对象。中国近代路界的机械工人来源,主要有以下几种:

(1)外资工业。近代机械工人的产生,始于鸦片战后外资工业的雇工,如道光二十五年(1845)外资开始在广东设立船坞。五年以后,上海也出现了外资的船坞,所雇用的熟练技工,第一批即来自广东。③ 甲午战后,列强在各通商口岸大量设厂,自行训练了许多粗细工人、工头。④

(2)国人自营的公民营工业。1860 年代,清廷开始经营近代军事工业,其中尤以江南制造局、福州船政局和天津制造局三大局最为重要,日后陆续创办的中小型兵工厂,技术工人多与此三局有关。⑤ 现将近代军事工业中雇佣工人、有史料可寻者,列举其来源如表 30。

---

① 根据日人 1941 年所作的一项调查,天津火车站的运输工人中,有 62% 来自天津,其余大多来自附近的县份。参阅: Gail Hershatter, *The Workers of Tianjin*, *1900-1949* (Stanford: Stanford University Press, 1986), p. 269.

② 例如:张厚昌,《豫省农民生活之所见》,收于:陈伯庄,《平汉沿线农村经济调查》(上海:交通大学研究所,1936 年),附件,页 47。

③ 上海市工商行政管理局、上海市第一机电工业局机械工业史料组编,《上海民族机器工业》(北京:中华书局,1979 年),页 50。

④ 吕持平,《三十年来中国之技工训练》,收于:中国工程师学会编,《三十年来之中国工程》,页 1032。

⑤ 王尔敏,《清季兵工业的兴起》,页 150。

表 30　中国近代军事工业雇佣工人来源表

局名	创建年代	主要出身地域	备注
江南制造局	1865	福建、广东、宁波	
天津机器局	1867	1870 年以前职工均为北方人，李鸿章接办后，所雇华匠，均自香港等洋厂募来，并以洋匠及闽、广、江、浙人监制	
西安机器局	1869	宁波	
兰州机器局	1871	广东、福建、宁波	
广州机器局	1874	广东	大多为在外国机器厂、锅炉厂和造船厂学徒出身
山东机器局	1875	浙江、直隶	广东工匠工资过高，故未用
四川机器局	1877	湖南、江苏、山东	
吉林机器局	1881	宁波	
云南机器局	1884	广东	

资料来源：黄式权，《淞南梦影录》，收于：王锡祺，《小方壶斋舆地丛钞》，光绪十七年，帙 9；李鸿章，《李文忠公全集》，奏稿，卷 31，页 10；*North China Herald*，May 4，1872，p. 345；张焘，《津门杂记》，光绪十年，卷中，页 9—10；*Foreign Relations of the United States*，1880，p. 275；丁宝桢，《丁文诚公遗集》，光绪二十年，奏稿，卷 12，页 44—46；卷 17，页 39—41；H. E. M. James，*The Long White Mountain*，pp. 284—285；金钟润，《洋务运动时期的兵工业》(未刊硕士论文，台湾师范大学，1983 年)，页 187。

据统计，光绪二十年(1894)时，清政府经营的军事工业和炼铁业雇用工人人数，约为一万二三千。[①] 至于早期的民营工业，大多集中于各

---

① 孙毓棠，《中国近代工业史资料》，辑 1(北京：科学出版社，1957 年)，页 1186—1189。

通商口岸,甲午战前民营造船、铁工、机器修理业的雇佣工人,则已有二万七千余人。①

综上所述,清廷开始修筑铁路时,机械工人的出身,当以来自广东、福建、天津、宁波、上海等地者居多。② 兹再以几所铁路机厂工人的出身背景为例,加以分析。

京奉铁路唐山制造厂,设立于光绪十四年(1888)③,开办时英人自香港募集广东籍的技术工人④。民国初年时,全厂工人共有二千五六百人,工匠以广东人为最多,天津次之,本地人极少。唐山人为苦力者居大多数⑤,亦有粤籍工匠系间接进入唐山工厂者。如中共早期的一位工运领袖邓培,广东人,光绪二十四年(十四岁)至天津做学徒,二十七年(1901)进入唐山机厂。⑥

京汉铁路开办时,原分南北两段,每段各设一机务修理厂,北设长辛店,南设江岸。⑦ 长辛店机厂的技术工人多来自德州、天津及广东,体力工人则多就附近定州一带招募而来。⑧ 德州之所以能够成为长辛

---

① 孙毓棠,《中国近代工业史资料》,辑 1(北京:科学出版社,1957 年),页1201。

② 此种趋势与其他产业工人类似。参阅:郑学檬,《中国工业无产阶级的产生及其早期的状况》,《史学月刊》,1960 年期 4,页 10—11。广东机械工人在清末铁路上所扮演的角色,详见:李伯之、任公坦,《广东机械工人奋斗史》(台北:中国劳工福利出版社,1955 年),页 20—22。

③ 《交通史路政篇》,章 2,页 260。

④ Chesneaux,*The Chinese Lobor Movement*,p. 53.

⑤ 无我,《唐山劳动状况(一)》,《新青年》,卷 7 号 6(1920 年 5 月),页 1;许元启,《唐山劳动状况(二)》,《新青年》,卷 7 号 6(1920 年 5 月),页 7。

⑥ Chesneaux,*The Chinese Labor Movement*,p. 401.

⑦ 《交通史路政篇》,章 2,页 1108。

⑧ 房文祖,《罗章龙谈中国劳动组合书记部北方分部》,收于:中国革命博物馆编,《北方地区工人运动资料选编》,页 11;张国焘,《我的回忆》,《明报月刊》,卷 1 期 5(1966 年 5 月),页 75;中国劳工运动史编纂委员会编,《中国劳工运动史》,册 1,页 171。

店技术工人的重要来源之一,乃是由于德州兵工厂培养了大批的工匠(该厂于宣统年间每日可出枪弹万粒,生产力超过山东机器局)①,加以又位于津浦铁路沿线,对外交通方便所致。江岸机厂工人,则以来自湖北、福建及江浙者为多。② 如民国十二年京汉路发生的"二七惨案"中,江岸工会共死伤六十四人,其中省籍分配分别为湖北三十六人、福建十三人、江苏四人、广东二人、安徽一人、不详三人。湖北人中以出身孝感、黄陂、鄂城等县者为多。③ 这些县份的经济情况相对贫瘠,且距汉口较近,故至汉口就业者极多。汉口工业发达较早,各大小工厂培育了不少的技术人员,如著名的资本家刘歆,生于光绪二十七年(1901),所创办的歆记工厂,每年均招学徒百余名,学习各种机器,至民国初年时,各机器厂及铁路工匠多出其门。④ 二七大罢工中死伤的十三名福建籍江岸工人,则全部来自闽县。⑤ 闽县为福州船政局的所在地,也是中国早期技术工人的重要产生地之一。光绪二十九年(1903)出版的《闽县乡土志》载:"各色工匠、船政艺徒、诸厂官工、机器公司手工、局所劝工习艺人等,以及官私小工、出境雇匠、出洋佣工,约居人丁十分之一有奇。⑥"二十世纪初,清廷修筑卢汉路时,即有数千名技术工人系招募自

---

① 张玉法,《中国现代化的区域研究——山东省(1860—1916)》,页 390。

② 楼梧老人,《二七回忆录》(北京:人民出版社,1957 年),页 37;耿耘,《林祥谦》,收于:工人出版社编,《中国工人运动的先驱》,集 1(北京:编者印行,1983 年),页 109—110。

③ 根据下列资料统计所得数字:湖北工团联合会、京汉铁路总工会联合办事处,《二七工仇》,《近代史资料》,1955 年期 1,页 71—76。

④ 侯祖畬修,吕寅东纂,《夏口县志》,1920 年,补遗,页 9。

⑤ 《二七工仇》,页 71—76。

⑥ 郑祖庚纂修,《闽县乡土志》,1903 年,页 243。

福州船政局。[1] 江岸地区有条街道,由于居民全为福建籍的工人和家属,因此称为福建街。[2]

铁路工人由于引用方式的特殊(将于稍后叙述),致使其成员的组成长期保持着浓厚的地域性色彩。如铁路机匠及司机,直至 1940 年代,仍以唐山、上海及广东人为多。[3]

中国近代铁路工人的招募方式,与其他行业的工人相同,可分为以下三种:第一,学徒制。各路机器厂均招收学徒,学习期满,升充工匠。[4] 第二,包工制。铁路上较不需要技术的工作,如铺设铁轨及土方、石方工程等,多采包工制,工人由包工头负责招募。[5] 第三,路方直接雇用。主要为技术工人和长时期需要的工人。

在学徒制及包工制之下,工人引用之权多操于工头及包工头之手。学徒或工人进入铁路界,每需付"运动费"[6],任职后又常遭剥削,处于不利地位,故屡因此而罢工,要求取消包工制。早期工会要求取消包工制的目的,与其说是希望有一相对自由的劳工市场,毋宁说是工会希望

---

① 庞百腾,《中国早期发展经历中的西方技术人员和技术援助:福州船政局 (1866—1875)》,《国外中国近代史研究》,辑 3(北京:中国社会科学出版社,1982 年),页 324。

② 耿耘,前引文,页 108。

③ 凌鸿勋,《中国铁路概论》,页 237。

④ 例如:《交通史路政篇》,章 1,页 507—510。

⑤ Ghesneaux, *The Chinese Labor Movement*, p. 59. 关于包工制的功能和缺点,可参阅:Tim Wright, "A Method of Evading Management-Contract Labor in Chinese Coal Mines before 1937, "*Comparative Studies in Society and History*, 23:4 (October 1981), pp. 656-678; Idem,*Coal Mining in China's Economy and Society*, *1895-1937* (Cambridge: Cambridge University Press, 1984), pp. 166-167.

⑥ 例如:《京汉路工人昨日罢工》,《晨报》(北京),1922 年 8 月 25 日。

能够取代包工头招募工人时的地位。① 故罢工时所提条件,常要求各厂进退工人,工人俱乐部或其他名义的工人团体应有介绍权或决定权。② 国民政府成立后,各路工会也常有向路方要求取消包工制之举,但此时的目的则在建立自由的劳工市场。③ 至于路方直接雇用的方式,用人之权名义上虽操于路局,但是由于公开的竞争性甄选办法未能建立,工人的录用通常仍需透过中间人(如员司或工头)。④ 国民政府成立后,各路中下级员工的选用,逐渐采取考试的方法,录取的标准也日益客观。如北宁铁路机务处新雇小工,先由处考试文字,察看体格年岁,再送唐山、秦皇岛工厂考试技能;擦车夫、司炉、司机的考试,均需先行送医院检验体格、目力、听力,合格后再考文字书写、诵读,如属合格,除擦车夫外,再以考绩、技能决定。⑤

铁路工人招募的方式虽然有所不同,但是在选用过程中,家庭、个人的"关系"及贿赂等因素之居重要地位,则并无二致。检阅铁路工人

---

① Chesneaux, *The Chinese Labor Movement*, p. 62.

② 例如:《京汉路工人昨日罢工》;《交通史路政篇》,章 1,页 520;邓中夏,《中国职工运动史》,页 27;罗章龙,《亢齐春晓,北方风云——记早期的北方工人运动》,《天津文史资料选辑》,辑 17(1981 年 10 月),页 14;《正太路工人全体罢工》,《晨报》,1922 年 12 月 16 日;《正太路工人大胜利》,《晨报》,1922 年 12 月 29 日。

③ Chesneaux, *The Chinese Labor Movement*, p. 54.

④ 王清彬等,《第一次中国劳动年鉴》,编 2,页 420。

⑤ 金士宣,《四年以来在北宁铁路运输处之工作》,收于:《中国铁路论文集》,页 100。亦可参阅:孙继丁,《九十回忆(三)》,《山东文献》,卷 2 期 2(1976 年 9 月),页 16。

的回忆录或传记,经常可以看到经由亲友介绍进入路界的记载。① 路方似将此视为一种对员工的福利措施,如宣统三年京汉铁路厂务处即明文规定,机器厂招收学徒,该路人员子弟或从前旧员子弟享有优先收录之权。② 员工得介绍亲友亦多为各路不成文的规定。另一方面,铁路工人的社交圈多以工人为主③,较外界易于获知此行业的就业机会,这也是占优势之处。工人进入路界,如系透过间接关系介绍,则常需花费"运动费",其数额甚至为每月薪资的一定比例(此点将于稍后叙述)。

　　至于铁路工人的教育水准,则普遍低落。自创办铁路以来,各路间也有工人补习学校或艺徒学习所之设置,但是由于学校的主管机关或为路局各处,或为铁路工会,或为国民党铁路党部,教育制度既不划一,教育行政也漫无标准,故成效极其有限。④ 路局各部门工人的知识水准,以机务处工人最高,工务处次之,车务处最低。⑤ 但是即使是机械工人,所受教育仍然有限,学习技术均由学徒练习开始,并无机械常识,

---

　　① 　如民国初年京汉铁路上从事工人运动的林祥谦,原为马尾造船厂学徒,后由姊夫介绍,转至京汉路江岸机厂任钳工。参阅:耿耘,《林祥谦》,页107。近代部门吸收新人时,介绍的重要性一如传统部门,参阅:Yiu-chung Ko, "The Labor Movement in North China, 1900-1937," unpublished doctoral dissertation, University of California, Santa Barbara, 1981, p. 17.

　　② 　《交通史路政篇》,章1,页508。父子任职于同一铁路的例子,参阅:罗章龙,《陇海路大罢工》,页41。

　　③ 　如1921年,中共于陇海铁路徐州车站建立组织,即利用工会委员遍布全国各铁路、矿山、轮船及各大工厂担任技术工人、师傅的数十位亲友,推广中共报刊。参阅:罗章龙,前引文,页50—51。

　　④ 　邓飞黄,《三年来之中国劳工教育》,《革命文献》,辑55(1971年5月),页274—275。

　　⑤ 　邓飞黄,前引文,页274—275。

文盲亦占多数。[1]

随着教育的普及,各路新进工人的程度虽然有所增高,但是就一般教育水准而论,仍然十分低落。直至民国十九年,全国铁路工人中仍有将近一半为文盲。[2]

最后,拟就现有的零散资料,对铁路工人的心态作一描绘。近代中国铁路工人的价值观和态度具有以下几项明显的特征:

(1)自我评价低。民国以来,知识界虽有人倡"劳工神圣"之说,但是铁路工人仍有相当程度的自卑感,如民国九年中共开始于华北劳工界展开活动,京汉路长辛店机厂的工人(尤其是老年工人)即对从事工运的青年学生抱持若即若离的态度,当时称之为"工学界限"问题。[3]

(2)重视教育。铁路工人由于对其所从事职业的自我评价低,故虽能力有限(铁路工人子女大多无法接受相当教育)[4],但是仍希望其子女能接受教育。民国九年,中共工运人员向长辛店铁路工人询问何者

① 陈真编,《中国近代工业史资料》,辑4(北京:三联书店,1961年),页808。

② 《铁道年鉴》,卷1,页563。至1930年代中期,一项天津铁路工人的调查显示,识字者占受调查人数的78.57%,较各地一般工人为高。参阅:刘东流,《天津铁路工人家属的婚姻疾病与教育程度的调查》,《新中华》,卷5期13(1937年7月10日),页120。至1949年,中共对天津铁路装卸工人所作调查则显示,文盲占54%。参阅:《天津市搬运工人年龄、工龄、成分、家庭、文化程度的调查统计》,收于:中华全国总工会编,《搬运工人工会工作参考资料》(北京:工人出版社,1950),页42。毫无疑问,搬运工人在铁路工人中属于知识程度较低者。

③ 房文祖,《罗章龙谈中国劳动组合书记部北方分部》,收于:中国革命博物馆编,《北方地区工人运动资料选编》,页11—13。当时由于"工学界限",学生与工人不易接近,故李启汉、杨殷等人曾采用结拜兄弟、歃血为盟的方法与工人建立友谊。但是旋即发觉此种方式缓不济急,且易滋流弊,遂决定禁止采用。参阅:前引书,页11。

④ 例如:李次山,《上海劳动状况》,《新青年》,卷7期6(1920年5月),页60,所载上海沪宁路车站工人情形。晚近学者对于天津工人的研究,也有类似的发现。参阅:Gail Hershatter, *The Workers of Tianjin*, *1900-1949* (Stanford: Stanford University Press, 1986), p. 67.

为其最需要之物,工人经商议后表示最需要员工子弟小学①,由此可见铁路工人重视子女教育的一斑。

(3)具有相当的国家观念,但对政治持畏惧态度。民国十年冬,陇海路全体机务工人因洋员苛虐,实行罢工,工人态度极为强硬。时河南省督军赵倜及省长张凤台派代表张文卿和王宝华与工人接洽。张王二人向工人演说太平洋会议与中国存亡的关系,万不可因争一部分人的人格(工人以争人格为计)而招致国际共管的大祸,结果据当时报纸的报道,工人"闻者皆感泣,立即承让开车"②。记者报道新闻,难免有夸大不实之处,但是仍可看出至少铁路机务工人已具有相当的国家观念。但是他们又认为自己生活苦、知识浅、力量薄,只求安分守己工作,从事政治活动乃是不自量力的举动,易遭危险。③ 对于政治活动的恐惧,尤以成年工人及待遇较好的工人为甚。④

由以上所描绘的各种特征可以看出,铁路工人的专门知识和生活程度虽较一般工人为高,但心态则似乎并未有不同之处。

第二节　待遇与升迁

本段依次讨论铁路员工的待遇及福利、保障及升迁。

一、待遇及福利

中国近代铁路员工的待遇,一般说来要较其他行政机构为佳。清

① 房文祖,《罗章龙谈中国劳动组合书记部北方分部》,页 13—14;张国焘,《我的回忆》,页 76。
② 《补述陇海罢工风潮之蛛丝马迹》,《晨报》,1921 年 12 月 6 日。
③ 房文祖,前引文,页 11;张国焘,前引书,页 76。
④ 少还,《全国铁路总工会与铁路青年工人》,页 17—18。

末唐绍仪主持路政时,即以交通事业易于贪污为由,力主用人需厚其廪给,使无后顾之忧。且此辈日与外籍职员共事,或且临其上,尤不宜相形过绌,致遭轻视。故所定薪额,每较其他官署为优。光绪三十二年(1906)邮传部成立后,以船路电邮四项均系专门之学,人才罗致不易,专门人才薪资即比照外务部、农工商部、度支部办理。① 如铁路总局局长执行各路督办职务,薪水、公费年可支约二十七万余两。② 梁士诒任局长时,悉以归公,充作邮传部经费,年仅支薪公二万余两。③ 梁此时官衔仅为五品丞参上行走,若非担任局长职务,每年各项正式收入,总计尚不足四千两④;梁任局长后,虽仅取应得薪水的一部分,但已超过当时一般巡抚的收入⑤,无怪光绪三十四年(1908)以此为御史所参劾⑥。

清末督办铁路大臣所用总办、提调,均系各自奏派,与部无涉,故各路薪制及优绌均不尽相同。⑦ 如京汉路总办月薪为一千银元,与京奉路会办相同。⑧ 但是大致说来,均较一般行政机关为高,如各路局总办

---

① 《交通史总务篇》,章 1,页 631—634;《邮传部奏议类编》,总务,页 40—41。

② 《梁燕孙先生年谱》,页 70。

③ 《政治官报》,号 458(1908 年 2 月 19 日),奏折类,页 7—8。另一项资料指出,梁士诒年支薪水、公费万余两。参阅:《梁燕孙先生年谱》,页 70。

④ 《邮传部奏议类编》,总务,页 40; Chung-li Chang, *The Income of the Chinese Gentry*(Seattle: University of Washington Press, 1962), p. 35.

⑤ 十九世纪一般巡抚的收入情形,参阅:Chang, *The Income of the Chinese Gentry*, pp. 35 & 40.

⑥ 《政治官报》,号 458(1908 年 2 月 19 日),奏折类,页 7—8;《梁燕孙先生年谱》,页 83。

⑦ 《邮传部奏议分类续编》,总务,页 33。

⑧ 施肇基,《施植之先生早年回忆录》,页 32。

年薪有多至一万二千两者①,尚高过尚书的收入②。总办以下各级员司,待遇亦佳,其中机械、工程等技术人员的薪水又较一般行政人员为优厚,如清末京张路修筑期间,正工程司候选郎中颜德庆薪膳为每年六千四百余两,较四品知府为多。③ 至于一般员工的待遇,较之其他公营事业,如邮政、电信、海关等,也差可比拟。④ 惟美中不足的是薪水优绌悬殊,如京张路正工程司与最低职员待遇的差距,几达八十倍⑤,实未尽合理。更有进者,各路办事人员的待遇往往由长官以爱憎定高下,并无标准可循,故每有地位虽同,而薪俸或相倍蓰者。⑥

民国元年十月十七日,大总统以命令公布中央行政官官俸法,十一月三日公布技术官官俸法。由官俸分级表可以看出,技术官的薪级较行政官为优厚。⑦ 民国五年十月二十三日,交通总长许世英以国有各路职员支薪漫无标准,亟应详细规定,以资遵循,而求划一,为特厘定月薪分级章程九条,予以公布,并于十一月一日施行。⑧ 章程规定国有铁路局局员薪金分为四十八级,最高及最低级薪俸均与技术官官俸法所

① 《政治官报》,号 458(1908 年 2 月 19 日),奏折类,页 8。

② Chang, *The Income of the Chinese Gentry*, pp. 35&41.

③ 《邮传部奏议分类续编》,路政,页 12;《交通史路政篇》,章 2,页 1628;Chang, *The Income of the Chinese Gentry*, pp. 35&40.

④ 凌鸿勋,《中国铁路志》,页 140。

⑤ 《交通史路政篇》,章 2,页 1628—1629。至于铁路工人的工资,则仅较民间略为优厚,参阅:《交通史路政篇》,章 2,页 1629—1630;东亚同文会,《支那经济全书》,辑 1,页 155、161—162、345—348;辑 5,页 126、226;Arthur Rosenbaum, "Railway Enterprise and Economic Development: The Case of the Imperial Railways of North China, 1900-1911," pp. 259-260.

⑥ 曾鲲化,《中国铁路史》,页 157。

⑦ 《交通史总务篇》,章 1,页 653—657。

⑧ 《政府公报》,号 290(1916 年 10 月 25 日),命令。

规定者相同。[1] 路局员名以局长、副局长、工程处长、处长、课长、课员、站长、段长、分段长、副站长、车队长、总工程司、工程司、工务员等十四种为限,司票及书记、核算以下,任各局自定,呈部核行。其叙级,处长以上由交通总长核定,课长以下由局长呈部分别准驳。局长、副局长、工程处长、总工程司得酌给公费,但至多不得逾月薪之半。[2] 至此各路薪级制度略为统一,然如铁路总公所之有督办名义者,或如铁路监督局以有借款关系者,均另行核定,至洋员则以合同为准。[3] 民国十七年,交通部新订路员薪级表,施行未久,铁道部又制定铁路技术人员资位薪级职守对照表。[4]

民国以后,国有各路已将薪工数目自两改元,薪给也酌为降低。然以业务稳定,故铁路员工待遇直至抗战前,素称良好。[5] 铁路于修筑期间,多于乡间僻壤进行,生活水准较低,路界人士得以其优厚待遇,携家带眷前往工作,而无后顾之忧。如战前粤汉路株韶段兴筑时,大学毕业生起薪为八十余元,局长兼总工程司为六百元,但普通家庭生活开支,每月仅需四五十元,雇一佣人每月工资仅需一元[6],生活的优裕由此可见。

铁路工人的工资,可以分为下列几类加以说明:(1)车头工人:其中

① 《交通史总务篇》,章 1,页 656—657;《交通史路政篇》,章 1,页 373—377。

② 《交通史路政篇》,章 1,页 372;曾鲲化,《中国铁路史》,页 157;钱实甫,《北洋政府时期的政治制度》(北京:中华书局,1984 年),页 378—388。

③ 曾鲲化,前引书,页 157。

④ 详见:萨福均,《三十年来中国之铁路工程》,页 2。

⑤ 凌鸿勋,《中国铁路志》,页 140。战前数年中,失业者多,铁路等事业待遇优厚,被视为“金饭碗”。参阅:赵建修,《胶济铁路杂忆》,《山东文献》,卷 4 期 1(1978 年 6 月),页 70。

⑥ 凌鸿勋,《凌鸿勋先生访问记录》,页 104。

以司机工资最高。北洋时期司机月薪不过三十元,但行车时按钟点付伙食费,一次服工超过十小时以上可领"加点费"(由于司机可和司火交换睡眠,故加点并非需要继续作工),所以实际每月收入在五六十元,甚至百元以上。司机以下为司火,司火于行车时也有伙食费、加点费,每月收入为十元至三十元。司火以下又有帮工、擦车等工人。① (2)工厂工人:北洋时期铁路工厂的工人工资,每月在四元至七十七元之间②,高低差距颇大。如京汉路长辛店工厂工人民国十年时,每月工资平均为十六元,低级工匠为九元,学徒更少,资深工匠为三十元,少数技工更多达六十元。③ (3)修路工人:民国十四年时,平均每月工资为 7.5—12.5 元。④ (4)车站夫役:北洋时期车站脚夫每月的所得在十元左右。⑤

铁路工人的工资,因各路收入不同而高低互异,如北宁、津浦、京汉、胶济、正太等路收入较丰,故工人工资较高;京绥、粤汉、道清等路,因收入较少,工人工资即较低。据民国二十一年铁道部职工教育委员会的调查,铁路工人最低工资,京绥、道清、正太三路均为每日一角,湘鄂、胶济为每日三角,其余各路均自每日二角起。最高工资,如京沪、胶济工钱有高至每日四元以上者,其余多为三元。由此可见,各路工资差距颇大。⑥ 而自总人数观察,则以每日工资一元左右者占大多数。⑦

---

① 少还,《全国铁路总工会与铁路青年工人》,《中国青年》,期 101(1925 年 11 月 7 日),页 17;王清彬等,《第一次中国劳动年鉴》,编 1,页 292—295;李次山,《上海劳动状况》,页 62。

② 王清彬等,前引书,编 1,页 296—297。

③ 张国焘,《我的回忆》,页 76。

④ 少还,前引文,页 18。

⑤ 李次山,前引文,页 61;王清彬,前引书,编 1,页 295。

⑥ 马超俊,《中国劳工运动史》(重庆:商务印书馆,1942 年),上册,页 3—25。

⑦ 马超俊,前引书,页 35。

至于民国时期铁路工人所得的长期变动趋势,目前仅能利用广东省政府农工厅和刘心铨所编制的工资指数加以观察。广东省政府农工厅于北洋时期领先其他各省,编制工资指数数种,其中包括 1913 年至 1921 年广九、广三铁路工人工资指数及广州批发物价指数(见下表)。

表 31　民国二年至十年广九、广三铁路工人工资指数与广州批发物价指数

民国二年＝100

年代	工资指数		广州批发物价指数
	广九	广三	
民国二年	100.0	100.0	100.0
民国三年	101.4	100.3	103.6
民国四年	101.8	100.8	111.8
民国五年	102.0	100.8	118.7
民国六年	103.3	102.2	123.2
民国七年	104.2	104.3	129.4
民国八年	104.8	105.3	132.9
民国九年	105.4	111.6	132.4
民国十年	113.1	116.2	140.5

资料来源:王清彬等编,《第一次中国劳动年鉴》(北平:北平社会调查部,民国十七年),编 1,页 54—61、46。

上表显示,广九、广三铁路工人的工资虽逐渐增加,但一直跟不上

物价的上涨。值得注意的是,此项指数编制方法曾为学者指为"牵强草率"①,加以广州一地物价指数并不一定即能反映广东其他地区的生活水准,故其信度、效度均需作相当程度的保留。

较后公布的一套铁路工人工资指数,为刘心铨所编制的民国九年至十八年京汉、京绥、北宁、胶济四路工人工资指数(见表32)。

表32将工资率、实际所得及真实工资三种指数并列,以便比较。但因生活费指数之编制始于民国十五年,故该年以前的真实工资指数无法计算。工资率指数方面,民国九年至十八年之间,技术工人由80.8增至103.5,半技术工人由72.9增至106.8,无技术工人由77.1增至112.0,各类工人总计,由77.6增至108.0。相较之下,半技术工人和无技术工人增长的速度相近,均较技术工人的增加为快。实际所得指数方面,各类工人增涨的速度,均较工资率指数所显示者为快。真实工资指数方面,民国十五年以后,技术工人和半技术工人均有下降现象,无技术工人则反有增加,三年之内指数上升12.4%。②

1930年代初期,交通部职工事务委员会曾将铁路、邮政工人和一般工人的工资从事比较研究,所得结果,分列如表33。

表33显示,铁路工人工资与邮政工人相近,但较一般工人为高,高薪铁路工人与高薪的其他行业工人的差距尤大,显示铁路工人的技术程度较一般行业为高。民国十六年,上海一工会所作各行业工人月薪调查也指出,铁路、邮政工人月薪平均为二十五元,超过其他各行业,但

---

① 刘心铨,《华北铁路工人工资统计》,《社会科学杂志》,卷4期3(1933年9月),页340—342。

② 刘心铨,《华北铁路工人工资统计》,《社会科学杂志》,卷4期3(1933年9月),页340—342。

少于机工和电工(平均月薪三十元)。[①]

表 32 民国九年至十八年京汉、京绥、北宁、胶济四铁路工人工资指数

民国十五年＝100

年代	工资率				实际所得[a]				真实工资[b]			
	技能	半技	无技	共计	技能	半技	无技	共计	技能	半技	无技	共计
九年	80.8	72.9	77.1	77.6	77.8	68.2	72.9	73.7				
十年	81.1	69.8	74.9	76.1	80.8	65.2	71.1	73.7				
十一年	84.1	69.7	75.8	77.6	84.1	70.0	73.1	76.2				
十二年	90.5	86.7	93.8	91.5	87.7	82.1	87.3	86.6				
十三年	91.0	86.5	91.6	90.6	90.3	84.4	87.6	88.0				
十四年	96.3	91.4	94.4	94.6	95.8	90.4	89.9	92.1				
十五年	100.0	100.0	100.0	100.0	100.0	100.0	100.0	100.0	100.0	100.0	100.0	100.8
十六年	102.6	100.3	102.5	102.2	103.5	100.0	101.0	101.8	97.8	94.5	103.1	100.7
十七年	101.6	102.6	107.0	104.3	105.4	105.5	107.4	106.4	96.3	96.3	107.8	102.8
十八年	103.5	106.2	112.0	108.0	104.3	109.4	117.3	111.3	90.0	94.4	112.4	102.1

资料来源:刘心铨,《华北铁路工人工资统计》,《社会科学杂志》,卷 4 期 3(民国二十二年九月),页 341。

a 实际所得＝工资率×实际工作时间＋工资补助金－罚扣及赔偿
b 真实工资指数＝实际所得指数÷生活费指数×100

表 33 铁路、邮政工人与一般工人月薪比较表

单位:元

	铁路工人	邮政工人[*]	一般工人
最低	6—20	12—20	6—15
普通	20—60	20—70	15—24
最高	60—120	70—111	24—60

资料来源:马超俊,《中国劳工运动史》(重庆:商务印书馆,民国三十一年),上册,页 37。

＊不包括邮务员以上人员。

---

① Chesneaux,*The Chinese Labor Movement*,p. 95.

铁路工人正薪以外的其他收入中,最主要者为年终奖金。各路均有规定,凡职工谨守规章,勤劳服务者,每届年终,酌提行车进款余利,给予年终奖金。习惯上,员工凡未曾受惩戒处分者,无论行车进款有无余利,每年年终奖金均需付给,无款发付时,竟需归入欠薪之内,或发支付券暂替。各路所发数目各不相同,历年也有出入。[1] 国民政府成立后,各路无法维持普遍加薪,仅有京沪路一直实施至民国二十二年,才予终止。[2] 除年终奖金外,他如官价煤炭及枕木之购买、工人宿舍及医院、学校之设施、免费车票之发给等,均为变相的收入。此外,铁路员工离职率较其他行业为小,长期服务者多,路政机关虽自清末即订有退休办法,但为顾念旧属,并未严格执行。凡达退休年龄者,多任其继续服务。但是员工年纪过大者,精神不继,尤以年老的司机或辙夫更易肇事,且年长者不退休,有碍人事的新陈代谢,故至国民政府成立后,各路逐渐实施强迫退休办法,照章给予养老金。[3] 至于员工死亡后的抚恤,各路也均有规定。[4]

铁路工人中,技术工人生活优裕,自不待言(如司机、司火较初级员司收入多至三倍以上),即使是普通工人的收入,也是无虞温饱。[5] 因

---

[1]　刘心铨,前引文,页338。

[2]　金士宣,《怎样加强北宁路的运输组织和人事管理》,收于:金士宣,《铁路运输经验谭》,页23。

[3]　金士宣,《怎样加强北宁路的运输组织和人事管理》,收于:金士宣,《铁路运输经验谭》,页27;《交通史路政篇》,章1,页403—405。

[4]　例如:王清彬等编,《第一次中国劳动年鉴》,编3,页58。

[5]　例如:灵鹊,《共产党在京汉路活动之情形》,《国闻周报》,卷3期6(1926年2月7日),页11;心美,《长辛店旅行一日记》,《晨报》,1920年12月21日。1952年,一项京沪路85家工人家庭收支状况调查显示,该路工人家庭开支中,食物一项仅占50%左右,而1927年9月至1928年6月,南开大学经济学院实地调查天津市132家手工艺工人家庭收支状况,发现食物一项占家庭开支的60%以上,由此可见铁路工人生活程度较高。参阅:马超俊,《中国劳工运动史》,上册,页30、35。

此民初,各路工厂已有许多采用"平均包工制"——即大多数工人自己包工,利润均分。[1] 至北伐前,京汉路上一切小工程也多为工人包办,所包办的工程虽小,至少当有资本六七百元以上,故称之为小资本家亦无不可。[2]

至于工程时间的长短,中国近代新式工厂中各业各有不同,即同业者,彼此也有差别,但是一般言之,民国以前各厂的工作时间,多为十二小时,甚至十四小时,民国以后则多为十二小时。十九年工商部调查全国二十九个城市各业工人每日工作时间,普通为八小时至十二小时,而以十小时为最普遍。[3] 北洋时期,铁路工人除某些必须连续作业的工作外,大多实行十小时劳动日制。[4] 据实业部的调查,直至民国二十二年时,铁路工人的工作时间,最短者每日八小时,普通为十小时,最长者为十二小时,甚至有延长至十八小时者。各部门因业务不同,工时也长短各异。其中机务处工人工时数最短[5](如各路机厂自民元起,即大多每日工作十小时[6]),工务处次之,车务处最长[7]。自国民政府成立后,各路才逐渐采行"三八制"。比较铁路工人和一般工人的工作时间,可以发现铁路工人的工时较短。如再分时期先后加以观察,可以发现铁路工人和一般工人早期的工时相差较大,国民政府时期的差距

---

① 许元启,《唐山劳动状况(二)》,《新青年》,卷 7 期 6 (1920 年 5 月),页 2。关于此种集体论件计酬制(collective piece-work)对企业的利弊,可参阅:Wright, *Coal Mining in China's Economy and Society*, pp. 166-167.

② 灵鹊,前引文,页 11。

③ 马超俊,《中国劳工运动史》,页 10—11。

④ 宓汝成,《帝国主义与中国铁路(1847—1949)》,页 547。

⑤ 实业部劳动年鉴编纂委员会编,《二十二年中国劳动年鉴》,页 322。

⑥ 农商部总务厅统计科编,《第一次农商统计表》(北京:编者出版,1914 年),页 31;《第十次农商统计表》(北京:编者出版,1923 年)。

⑦ 《二十二年中国劳动年鉴》,页 322。

则较小。此外,在休假制度方面也有类似的现象。

以上所述,均为政治、社会环境处于相对安定状况下铁路工人的待遇及福利。但是如遇大规模的战争,则工资常遭拖欠,甚至无法发放,工作条件也趋于恶化。如民国十三年第二次直奉战争以后,华北国有各路员工的工资多积欠数月,京绥路且积欠至七月之久。十四年末,该路工人等以罢工方式迫使当局发清四个月的工资。① 民国十五年直奉联合反冯的战事爆发后,拖欠薪金更是京汉、京奉、津浦、陇海、正太、京绥等主要铁路的普遍现象,欠薪最高记录甚至多达十八个月以上,少的也有四五个月。② 铁路工人即使领得工资,也常是七折八扣不兑现的纸币③,或是“军用票”。凡“军用票”行使的地区(山东、天津、北京一带),物价每多高涨,有时甚至涨至三倍以上④,工人损失匪浅。战争时期,铁路工人的工时也常有增加,如民国十五年直奉联合反冯战事进行时,战区内铁路工人工时由九小时半至十二小时增为十二小时至十四小时,当军事紧迫时,多数司机、司火及车务各种工人甚至延长工作至二十四小时,昼夜不息地在枪林弹雨中工作,直至战事已平,工作时间仍常继续增加,从事修理战争所造成之损失。⑤ 因此,铁路工人在平日的安定生活至战时已无法维持,报章杂志乃经常出现铁路工人收入“难以维持一家糊口生活,都有饥寒待毙之势”之类的报道。⑥ 虽然如此,这并非为铁路一业工人所独有的遭遇。北洋时期,中央政府财政困窘,

---

① 王清彬等,《第一次中国劳动年鉴》,编3,页306。
② 章龙,《北方铁路工人生活之困状及自救》,《向导周报》,期165(1926年7月28日),页1646;刘心铨,前引文,页339;宓汝成,前引书,页549。
③ 宓汝成,前引书,页549。
④ 章龙,前引文,页1646。
⑤ 章龙,前引文,页1645—1646。
⑥ 宓汝成,前引书,页549。

公职人员薪水拖欠、折成发放的情形较诸铁路员工,实有过之而无不及①,惟于战时铁路工人的工作危险性较一般工人为大。

二、保障及升迁

清代铁路员司职位,并无法令上的保障,如有某人得一铁路总办之差,"亲友族姓莫不修函称贺,以达情意,登门投刺而谋位置,于是全路旧员莫不更调,是昔日或为一家之哭,今则一路哭矣"②。辛亥革命后,政权更替,人事变动更大,惟各部情形不一,民国元年四月施肇基出任交通总长,到任之日即裁去五百余人,仅留四十人。③ 北洋时期,内阁变动频繁,每一改组,人事也随之更动。新任总长上台后,除更换次长、司长外,每以节约为名,斥退人员,一方面借以排斥异己,一方面也可安插私人。④ 最著名的一次大裁员,为民国十一年梁士诒内阁下台后,新任交通总长高恩洪及财政总长董康所发动,后推及于各部院。据估计此次突然明令胥裁,顿失生计者不下三四万人之众。众所周知,此次裁员的主要用意在铲除交通系,但是值得注意的是,被免职者均为编制外人员及并无实在职务的各项职员。⑤ 至于路局的情形则大为不同。自

---

① 例如:王统照,《车中》,《小说月报》,卷 17 期 11(1926 年 11 月),页 1。但是也有人认为此项办法使得员工生活获得保障,参阅:孙继丁,《九十回忆(三)》,《山东文献》,卷 2 期 2(1976 年 9 月),页 16。

② 洛史著,朱维译,《中国社会之研究》,《东方杂志》,卷 10 期 2(1913 年 8 月),页 31。

③ 黄远庸,《新政府之才评》,收于:《远生遗著》,卷 1,页 143—147。

④ Franklin W. Houn,*Central Government of China*,1912-1928: *An Institutional Study*(Madison: University of Wisconsin Press,1957),p. 46.

⑤ 此次大裁员经过,详见本书第四章第一节。但是一位身临其事者却指高恩洪到任后,将籍隶广东者一律免职。参阅:凌鸿勋,《凌鸿勋先生访问记录》,页 32。

中枢用人之权分裂后,铁路员工的出进,均以首长的爱憎为转移。每一局长莅任,无论学识、经验及年资,凡非与其同系,辄予撤裁。[①] 惟各系军人作风每有所不同,有些军人尚能明了技术人员和管理人员在维持交通上的重要,不予轻易更动,有些军人则否。如民国十一年吴佩孚得势后,即不顾一切,大举更换交通机构的人员,不论电话、电报及铁路的管理及技术部门,均包括在内,尤以铁路一项为甚。路上凤有经验、循级升迁者,均无故被黜,未被更动者仅有车头上的工作人员及外籍人员。[②] 国民政府成立初期,滥荐私人的风气盛行,保障之法遂等于具文,如津浦路每一局长履新,即下员司派令,无派令者以免职论,辄黯然而去。至对工人,则全由主管员司任意进退,以喜怒为黜陟,故工人百计钻营,获得工作后,又需随时送礼,以图保全。[③] 后经铁道部屡次下令不得无故撤换办事人员,路界员工始较有保障可言。

综前所述,铁路员工被任意撤职事件,自清末起直至国民政府成立初期,一直存在,惟专业人员所受影响较小。由于路界重技术、资历,加以待遇、福利相对良好,故离职率低,长期服务者甚多。[④]

铁路为专门事业,与普通行政不同,故不论其所任职务之大小,必注重其有相当的学识与经验,至于层递升擢,尤需衡其劳绩与资格,以

---

① 袁德宣,《交通要政根本解决刍议》,《交通公报》,号 925(1925 年 6 月 5 日),附录,页 16。实例可见:周贤颂,《一个未过河的小卒子》(台北:尔雅出版社,1981 年),页 34。

② 《交通机关人员更动之非难声》,《大公报》(天津),1922 年 5 月 24 日。

③ 中国劳工运动史编纂委员会编,《中国劳工运动史》,页 969;中国国民党台湾区铁路党部委员会,《中国国民党与中国铁路》(台北:编者印行,1965 年),页 340、428。

④ 叶恭绰,《交通行政权统一案》,收于:俞诚之编,《遐庵汇稿》,上编,页 30。各路事例,可参阅:《京绥铁路车务工人罢工宣言》,《大公报》(天津),1922 年 10 月 29 日;《平汉年鉴》,页 27;《陇海年鉴》,页 40。

免幸进。铁路员工的升迁,可分为领导阶层和一般员工两类加以讨论。中国近代路界领导阶层的升迁制度,其独立自主性实逊于邮电两政。后者最重资格,邮务员资格必由邮务生递升至邮务长(民国六年叶恭绰长邮政总局,规定资格,华洋一律升进),电务员资格必由电报生递升至于电报局长,独有路务不然,无论何人,均可一跃而至于局长、督办[1],甚至以获咎被革之员,亦复加以重用[2]。因此直至 1930 年代,虽然交通大学历年毕业生已达千余人,在欧美专习铁路管理归国者也日渐增多,但能在路界占重要位置者仍属少数。[3]

局长以下人员的升迁制度,虽仍逊于邮电二政,但已较一般行政机构为健全,尤以工程、技术人员为然。如清末詹天佑于修筑京张路时,即创立工程练习生(分六级)及工程毕业生(分六级)制度。凡未受工科教育而入路界的青年,派为工程练习生,一面练习,一面施以基本工程教育。六年级为毕业生,然后再按其品行、资历授以帮工程司、副工程司等职位,均优其待遇。故早年国内大学未有工科毕业生以前,筑路人才多出于此。[4] 宣统元年(1909),京张路通车,奏准展修张绥线工程后,始规定各级员司薪费等级,正、副、帮工程司均分为三级,工程毕业生及练习生仍各分为六级。[5] 民国二年,又制定工程司升转章程。章程中规定帮工程司资格为留学外国大学及高等工业学堂土木工程学科毕业、领有学位文凭或毕业文凭者。如无上项程度,虽系学堂毕业生,仍需在铁路工程实地练习至少六年后,再由总工程司视其程度高下查

① 袁德宣,《交通要政根本解决刍议》,《交通公报》,第 925 号(1925 年 6 月 5 日),附录,页 16。

② 叶恭绰,《交通行政权统一案》,页 30。

③ 章勃,《卷头语》,《交通杂志》,卷 1 期 6(1933 年 4 月),页 4。

④ 凌鸿勋,《詹天佑先生年谱》,页 52。

⑤ 《交通史路政篇》,章 2,页 1627—1628。

酌任用,至于帮工程司迁升副工程司或副工程司迁升正工程司,则至少均需有三年年资。① 类似的升迁制度,各路均于清末民初陆续建立,日后随着人才的增多及教育的普及,升迁的标准也逐渐提高。如抗战前的宁汉路株韶段,大学毕业生到路后,需自工务员做起,一年后成绩良好者升为工程助理员。自国外留学或实习归国者,也需从工程助理员做起,一年之后才有机会升为帮工程司。② 现试就此路工程人员的基本资料(表34),描绘出一般性的事业升迁模式(career pattern)。

表34　民国二十四年粤汉铁路株韶段工程人员人数及平均年龄表

职称	人数	平均年龄	交大毕业者平均年龄*
正工程司	6	48.0	47.8
副工程司	11	37.8	40.0
帮工程司	14	35.4	35.6
工程助理员	45	29.3	28.0
工务员	2	32.5	32.0

资料来源:根据《全国铁路职员录(粤汉线株韶段)》,页1—94资料计算所得。
* 凡交大毕业后曾出国深造者,不列入计算。

根据上表以及其他的资料,可以看出一个典型的事业升迁模式为大学毕业后,进入铁路担任工务员,一年后升为工程助理员(由于升迁迅速,故上表所列工务员人数极少,也因此其平均年龄不具代表性),六年后升为帮工程司,二年半以后升为副工程司,十一年以后升为正工程司。升迁过程中,工程助理员升帮工程司及副工程司升正工程司阶段,以僧多粥少之故,较为困难。但是大学毕业生进入铁路后,如能按部就

---

① 《交通史路政篇》,章2,页1582—1585。
② 凌鸿勋,《陇海粤汉湘桂筑路回忆》,页27。

班层递升擢,至五十岁左右即可升至正工程司,且交大与非交大毕业学生据上表所示,在升迁速度上似无太大的差异。除了学历外,路界经验的长短也具有相当的重要性,副总工程司容祺勋的崛起过程即为一例。容氏早年追随詹天佑学习,历任京张铁路工程毕业生,张家口至绥远铁路路线预测队水平测量员,代理京张路养路工程司职务,张绥铁路第二段工程司(管理全段工程自始至通车,段长七万尺,驻郭磊庄),汉粤川路机务总管、副总工程司、代理总工程司、总工程司,交通部铁路技术委员会委员,广东粤汉铁路工务处长,广三铁路总务课课长,广州市工务局取缔课课长兼技正,工务局建筑课课长兼技正等职。① 一生虽未曾进入大学就读,但以经验丰富,于民国二十一年被聘为株韶段工程局副总工程司兼工务课长,时年已近六十岁。②

至于路界一般员工的升迁,也有一定的模式,如事务人员可由售票、剪票等差,渐升至车队长、副站长、站长等职。工人则临时工可升为长工,日薪长工可升为月薪长工,车站站夫可升为辙夫、钩夫。机厂工人中,学徒、小工可升为工匠,擦车夫可升为生火夫,生火夫可升为擦车头目或司机,擦车头目可升为司机,司机可升为工务员。③

铁路员工升迁的标准为何? 是否客观公正? 这些也是值得探讨的问题。大体说来,路界专门人才的升迁较为客观,多能以学识、经历、考绩等项作为标准,选拔的结果因而也较为人所尊重,即如一位路界人士对抗战前的工程人员升迁制度所作的回忆:

---

① 《粤汉铁路株韶段工程局职员录》(出版地点不详,1935 年),页 8。
② 凌鸿勋,《凌鸿勋先生访问记录》,页 99。
③ 李次山编,《上海劳动状况》,页 62;少还,《全国铁路总工会与铁路青年工人》,页 17;《交通史路政篇》,章 2,页 1638—1640;金士宣,《怎样加强北宁路的运输组织和人事管理》,收于:《铁路运输经验谭》,页 23;吴太伯,《唐景星》,收于:工人出版社,《中国工人运动的先驱》,集 2(北京:编者印行,1983 年),页 243。

那时每年考绩两次,某人由助理员升工程司,那是全路引以为荣的。至于副工程司和正工程司,那更需资高望重,所有各总段长并不个个是正工程司,全路的正工程司,只有四五个人,可见那时名器,是有些价值,并不虚滥。①

至于一般员工的升迁制度,则具有以下几项特色:第一,强调职员与工人之间的界线。工人中除机务处升火、开车工人可逐渐升入员司外,余均不能。② 第三,技术性工作重经验而轻学历。如京汉各机厂首一职,规定必须自司机、升火工人升擢,故有许多员司,甘弃员司不为,而为开车、升火工人,以期拥有升为厂首的机会。③ 但是随着教育的普及,逐渐产生了重视正式学校教育的倾向,如各路司机及机匠向以工役提升,至国民政府时期则渐有路局招考初中毕业生,然后再以训练的现象。④ 第三,升迁权操于基层。如各段有缺出,多以本段员工提升,因此无缺出的各段员工即无提升的机会。⑤ 另一方面,私行荐人的风气也因而得以盛行。⑥ 北洋时期以至国民政府时期,铁路工人即经常以此为由罢工,要求工人升进,应以年资为准,依次升入。⑦ 年资升迁制虽未尽合理,但是由于足以消除外在政治环境影响,当权者也无权凭个人喜怒以为升迁,故为员工所乐于接受。直至国民政府成立后,各路中

---

① 凌鸿勋,《陇海粤汉湘桂筑路回忆》,页 27。

② 灵鹊,《共产党在京汉路活动之情形》,页 11。

③ 灵鹊,《共产党在京汉路活动之情形》,页 11。

④ 例如:金士宣,《杭江铁路运输员工之训练》,收于:《中国铁路问题论文集》,页 115。

⑤ 金士宣,《怎样加强北宁路的运输组织和人事管理》,页 23。

⑥ 《京汉路工人昨日罢工》,《晨报》,1922 年 8 月 25 日。

⑦ 例如:前引文;王清彬等,《第一次中国劳动年鉴》,编 2,页 311—314。

下级员工的升迁才有采用考试者。①

综前所述,中国近代铁路员工的待遇及福利多较一般公务人员为佳,加以升迁机会良好,故优秀人才多愿投身铁路事业,且一经入路,每多引为终身职业。即养路职工也多因乡土关系,视铁路如家庭,生活安定,工作情绪自高。民国以后员工薪给略有降低,然而由于业务稳定,因此人事也素称安定。

---

① 例如:金士宣,《怎样加强北宁路的运输组织和人事管理》,页 26;金士宣,《北宁路车务处文牍课之组织及工作》,收于:《中国铁路问题论文集》,页 78;金士宣,《四年以来在北宁铁路运输处之工作》,收于:前引书,页 93;金士宣,《最近平绥路车务方面整顿之概况》,收于:前引书,页 187。

结　论

　　中国近代由于资金、技术、人才均极缺乏,故自始政府部门即在铁路的修筑及营运管理上扮演重要的角色。据本书研究的结果显示,铁路事业的外部政治环境(包括列强势力的影响和国内秩序)、组织结构及人事管理形态三项因素,对于铁路事业的组织效能具有极大的影响。如果我们忽略了政治层面的探讨,将无法深入了解此一机构的性质。

　　外部政治环境方面,中国近代政治、社会秩序长期处于不安定的状态,内战连年。铁路为战争的工具,也是战争的目标,所受战争的影响,最明显的即为铁道、车辆等设施的破坏及商运的中止,其次则为军事运输。铁路于平时为客货运输,在战时则负有运输军队与军品的责任,此固无可疑者。即民营铁路在非常时期也常由政府接管,以便指挥利用,但仍由政府支付相当的运费,俾铁路得以保养设备,增进运输能力,然后更能发挥功能,故铁路常有因负担军运而更加繁荣者,如美国南北战争时期的铁路即为一例①。但近代中国的情形则大为不同。第一,军运系普通价折半收费,记账而不付现,且积年累月而不清算;第二,军运应惟军事时期有之,平时即有亦应极少,而中国近代铁路军运平时也长期不断;第三,军运条例固规定其装载的范围及装卸的时间,然开行随意,装卸无时,甚至以车辆为营房、以车站为住宅者比比皆是;第四,军事运输为铁路运输业务的一部分,固铁路人员所应负其责者,为运输便利计,固可由军事机关派出联络人员于铁路,乃浸假而一路运输之权渐归旁落,军运之外,进而控制商运,干预行政,乃至站长不能行使职权,号志及路签等行车保安设施失其功能,列车可以强制开行,意外事变层出不穷,造成重大损害。② 此外,地方军人割据时期,每将铁路视为私产,军运免费之不足,强提路帑,攫取站款,沿线征收苛捐杂税,甚至截留车辆,劫掠材料;至于正当用途,反多漠视,纵有预算之编造,直等虚文,特别会计制度也为之破坏。因此有些学者即认为中国近代政治环境的不安定,实为铁路的经济效益未能充分发挥的主要因素。③

影响中国近代铁路事业经营的另一项外在政治环境则为列强势力的介入。我国早期修筑铁路,所有工程及管理技术均得自他国,节省了许多研究发展的时间和经费,但是也付出了极大的代价。修筑铁路所需资金大多来自外债,在经济上所受剥削(如利息重、折扣大、先期还款贴费、还款期限过长)并未如前人所想象之大,借款的种种限制也使中国在政局不安定的情势下获得利益,如列强对借款用途的监督及存款

---

① Ronald E. Seavoy,*The Origins of the American Business Corporation*,1784-1855:*Brooding the Concept of Public Service During Industrialization*(Westport:Greenwood, 1982).

② 凌鸿勋,《中国铁路概论》,页 37—38。

③ Thomas G, Rawski,*Economic Growth in Prewar China*(Berkeley:University of California Press,1989),p. 237.

银行的限制,使借款不至流于不生产事业或内战之用。但是另一方面,外债也使铁路的经营权(如管理、用人、购料等)旁落,经济权益(如矿产开采、森林采伐、农牧垦殖和邮电经营)受到损害。更重要的是,中国因而无法依照自己的铁路发展计划(无论计划是否正确),兴筑符合本身所需要的铁路网。

中国早期筑路,出发点多为海防而起。其时海禁大开,海防空虚,因有京奉、京汉、津浦诸路的兴筑,以便陆路运输,而巩固京畿。此后各路的修筑,则大多出于被动,无法作有计划的建设,造成了铁路分布不均及缺乏连系的现象。近代中国铁路布局的这些特点,固然为多项因素交互影响下的结果,其中最重要的因素显然即为十九世纪末列强在华的争夺势力范围。

组织结构方面,欧陆采国营政策的国家大多认为各项国营事业的经营管理,需与政府该项行政彼此划分,以免受政治波动的影响及行政手续的牵制,组织效能方可得以提高。中国近代主管铁路的机关,在清末先后为商部和邮传部,民国以后则有交通部与铁道部。组织法上规定各项事业的管理经营均属于部,如是行政与事业未能划分,以致部内百务丛集,事无巨细均需处理,时间、人力消耗于琐屑之事,对于大政设施和根本计划,反因时间、人力所限,无法专力从事。而业务受政治上的牵制,人事随主管而进退,更易使业务不能安定。

至于各路管理机构,自始即采取分线管理制,每一路线设一管理局,各自为政,中央机关虽有稽核财政之权,究无统一收支之力,致使各路营业收支荣枯往往相差极大。各路机车、车辆既无法统筹调度支配,机厂、材料厂等设备也不能共同使用,造成极大的浪费。西方各国铁路发展的过程中,也多有类似的情形。铁路开办之初小公司甚多,以后为提高效能,因应需要,多数小型公司遂逐渐归并于较大的单位。近代中国由于债权关系及政局长期处于分裂状态,改组合并的工作一直无法进行,因此而造成的浪费竟十倍于冗员! 由此可见,国内政局的不安定实致使列强对中国的不利影响因而延长甚至扩大,两项变数常相互作用而无法截然划分其影响,形成了中国近代史上的一大特色。各路局组织由于受到英法的影响,采用分处制,其优点在于车、工、机各段长责任分明,其缺点则在于各部门各自为政,不易合作,故仅适用于路线短而运输量较小的铁路,而不尽适合于中国的环境。

人事管理方面,路政机构如同政府其他部门,均有过度集权中央的倾向,致使领导阶层的负担过重,他们既无时间、精力,也没有专门知识去有效地监督所负责机构的运作,加以任期每多短暂,更使得经验无法累积。清末民初时期的侍郎、次长权力较大,且不必随主管进退,尚稍可弥补。至国民政府时期,虽设置政、常务次长,但权力较小,且二次长均随部长转移,并无区别。在此种状况下,中枢路政机关中的官员即扮演了重要的角色。值得注意的是,清末民初时期这些官员大多具有专业的知识,在唐绍仪、梁士诒、叶恭绰等人的庇护下,势力遍布路政机构及全国各路,历经各次政治风潮而不衰,使路政得以维持不断,当时虽被国民党视为实行三民主义的障碍,被共产党视为军阀的走狗,然自有其一定的贡献。

民国初年,内战连年不断,军人之于铁路,盘据中枢者则每日提取路款,盘据局部者则任意霸占车辆。至国民政府时期,政局依然动荡不安,军运为配合作战行动,把握车辆固所必须,行动消息也要秘密,故铁路局长每多由军事最高当局所信任者出任。更有进者,各路的行政和管理常受政治的变动而推移,人事变迁的影响每深入于基层的干部。我国铁路用人之始,初不若海关、邮政之采用考试,也不如电政之必须由一定学校出身,登进之途原非严格,惟早期借款各路,用人之权每多旁落于外籍工程司,但用人尚称经济,其后路权逐渐收回,用人之权遂滥,冗员也日益增多。待遇方面,铁路员工较之其他公营企业,如邮政、电信、海关等差可比拟,加以升迁又多系积资渐进,故优秀人才多愿投身铁路事业,且一经入路,每常引为终身职业。铁路工人工资虽低,且无保障,但和其他行业工人相较之下,所受待遇仍然较佳。员工生活安定,工作情绪自高。

近代中国铁路事业的营运管理,如以现代西方的标准观察自属落后,但在长期的动乱中毕竟支撑了下去,所提供的服务也未曾中断。自国民政府统一全国后,除致力于重建工作外,业务也有改良的倾向及实际的行动,如抽换钢轨枕木、加固桥梁、添购机车车辆,以增加运输能力;停止协饷,取消厘金及军事附加捐,以去除营运障碍;实行超然主计制度,改革会计与统计业务,以加强监督;整理债务,恢复债信,减少外人控制,以建立国际合作的正当途径;兴筑长江以南及西北、西南诸干线,以弥补既有铁路网分布不均的缺陷;统一订定工程技术标准,进而实行负责运输、联络运输,以加强营运业务;裁汰冗员并实行专业化及永业化,以提高工作效率。① 与北洋时期铁道腐败的情形相对照之下,国民政府于抗战前对铁路的努力实不容忽视。最明显而具体的成果即为遭受战乱破坏的铁路,营业进款均有显著的增加。

至于战前国民政府时期的铁路事业与过去相同之处,则有以下几项:

第一,组织结构未作根本的改革。铁路内部组织方面,早期铁路由于外债关系,故自始即为分线设局管理,后来路线渐多,遂感各路行车

① 张公权,《抗战前后中国铁路建设的奋斗》(台北:传记文学出版社,重印本,1974年),页117—119。

调度不能统一,效率降低;各路收支不统一,财政调度困难;材料的购置与分配手续不一致,使资产易受呆滞,造成了极大的浪费,主管路政的中央机关乃不得不于制订政策之外,直接处理业务,于行政与业务分开的原则有所违背。铁道部成立后,有鉴于国有铁路系由主管部直接管辖,其组织不免"衙门化",而未能以企业精神谋求业务的发展,故逐渐于新筑各路采取企业组织方式经营,主管部仅主持其政策与监督其业务。各铁路公司以理事会为最高管理机关,下设总经理及工程(或管理)局长。组织虽然完善,但是实质上似乎仍未改变,各路虽有公司之名,而实权仍多操之丁部,并未取得自主的营运权。

此外,近代中国由于商业资本主义的不发达,民间企业多未将所有权及经营权划分,经营规模无法扩大,故未能为大型公营企业的管理提供经验。主持路政者由于缺乏可资利用的组织资源,因此别无选择,仅能将一般政府机构的组织结构和管理模式带进铁路事业。铁路机构既然采取官僚式组织,自然即无法避免其弊病,如"衙门作风"、浪费、舞弊、效率低落、忽略民众利益、缺乏工作热忱等。

事实上,以上的各项弊病实存在于古今中外所有的官僚组织中,无法根本消除,仅能将其程度减轻。减轻官僚制弊病的方法,除了将其打倒外,可分为下列几种:(一)官僚组织的理性化(rationalization):强调官僚制的优点,认为官僚组织之所以会出现弊病,乃是由于其脱离了官僚制的基本原则,因此减轻弊病的方法是增加而不是减少官僚化的程度,故应改善组织结构,较有效率地分工;在机构内部较有效能地分配权力和责任;引用较专业的人员;采用较有效率的组织程序;建立较为有力的指挥和惩戒机构;(二)官僚组织内部的改良:在官僚组织的人事和运作过程中加入非官僚的成分,以减少纯官僚组织的弊病。在传统中国,所采用的主要方法为在组织成员的专业标准上增加(甚至改用)道德标准,并对其施予思想教化(如诵读《圣谕广训》之类的教条);(三)官僚组织外部的改良:于官僚组织外部建立机构,以监督或控制官僚组织。

以上三种方式均各有其优劣点,而不可偏废。中国近代铁路事业的改革工作,自清代以至国民政府时期,由于民意机构和舆论的不发达,主要集中于第一、二种方式,虽然也有相当的成效(尤其是国民政府时期),但是官僚制度弊病所能减轻的程度,即有其局限性。

第二,组织目标偏重于政治性目标。近代中国由于政治秩序长期动荡不安,外则列强环伺,内则战火不息,致使政府对于铁路事业,每重视其政治功能。在路线决定方面,或出于列强商业的考虑,或出于海防的要求,或出于平乱的需要,政治均为其中的关键性因素。营运管理方面,战时固侧重于军事运输,即在平常时期也充满官场气息,主管人事每随政局而进退,用人浮滥,或用以酬庸亲信,或用以拢络政敌。财务方面,由于政府财政长期处于困窘状态,铁路遂成为重要财源之一,营运收入大多解交政府,致使铁路本身无法进行正常的维护工作及增加设备。

铁路既为公营事业,自应迎合政府的各项需要,但是长期过分偏重于政治功能,不免造成下列弊端:(一)重视政治目标,相对的社会目标即受忽略,因而未能充分发挥促进社会所得分配平均,平衡区域发展差距,抑制洋货进口扶助本国产业的功能;(二)重视短期的财务目标,相对的长期经济目标即受忽略,如运价过高或有益于营业收入,却减小了促进经济成长的功能;(三)官场气息浓厚,致使无法以企业方式经营,增加了许多浪费。

中国近代铁路事业的上述各项特质,如以今日的观点视之,自属落后,但是如将其置于历史文化脉络中观察,或可获得较具同情的了解。如铁路机构营运权的未能自主,实为中国传统政治文化中中央集权观念深入人心所致;缺乏外部监督机构,实为传统政治制度中监察机构向为政府的一部分所致,除了君主(有些朝代尚包括宦官)得以对官僚系统施行外部控制外,传统政制中实无外部控制机构的设计。至于政局的长期动荡不安,则使得公营事业必须因应政府的各项需要,根本性的组织变革也无暇顾及。

更有进者,中国近代铁路事业在管理上所遭遇到的困难也非为它所独有。如美国在发展铁路之初,贪污舞弊的事件时有所闻,私用私人(如铁路公司的股东、金融巨子及政界要人等命令铁路的行政主管安插与他们有关者)也并未受到严格的控制[1],交通事故更是频繁不断[2]。直至今日的西方先进国家中,公营企业在政府所订策略指导方针(strategic guidelines)下享有充分的管理自由,虽已成为广泛接受的原则,但是事实上这些企业仍经常受到政府机构的干预。[3] 公营企业易于任用私人、政治性任命经营者、贪污等弊病,至今在某些已发达国家

---

[1] Thomas C. Cochran, *Railroad Leaders*, *1845-1890*: *The Business Mind in Action* (Cambridge, Mass. ; Harvard University Press, 1953), p. 90.

[2] John F. Stover, *Iron Road to the West*: *American Railroads in the* 1850s (N. Y. ; Columbia University Press, 1978), p. 210. 根据一项统计,1906—1921 年期间,美国铁路每年平均发生 1,643 次碰撞事件,造成 270 人死亡,3,792 人受伤,铁路所受损失 2,560,603 美元。参阅:Eliot Jones and Homer B. Vanderblue, eds. , *Railroads*: *Cases and Selections* (N. Y. ; The Macmillan Co. , 1925), p. 289.

[3] Peter Self, *Political Theories of Modern Government*: *It's Role and Reform* (London; George Allen & Unwin, 1985), p. 194; John Vickers and George Yarrow, *Privatization*: *An Economic Analysis* (Cambridge, Mass. ; The MIT Press, 1988), pp. 34 & 128.

中仍是严重的问题,在发达国家更是如此。[1] 至于发达国家公营企业的政治色彩浓厚并且缺乏对民众负责(accountability)的观念,则已是有目共睹的事实。[2] 虽然近代中国铁路事业所面临的问题并非为其所独有,但是中国所处的不良政治环境却加深了这些问题的严重性。

最后,从长期的观点来看,铁路事业的发展在中国现代化的过程中,尚具有以下几项涵义:

第一,为民间培育并储备了大量的实业人才。发达国家在现代化过程中,教育与需求常无法配合,或短缺人才,或学用无法合一,而近代中国铁路事业所支持的交通大学,以及铁路本身所提供的实际训练,培育出大批的技术人员及管理人员,不但满足了本身的需要,也为社会培育了大量的人才。

第二,促进了专业精神(professidnalism)的兴起。传统中国的政府,极早即已具有专门化(specialized)和蜕分化(differentiated)的组织结构,并由专业的官员(其地位的取得乃基于客观的标准),依照高度理性、条文详尽的则例执行工作。[3] 虽尚未建立起现代的专业化任用、升转及训练制度,但是重视久任,某些职务以具有专门经验者充任,以及任职前分发实习的制度,均显示出传统时期的中国政府已具有专业化

---

[1] Armando Labra,"Public Enterprise in an Underdeveloped and Dependent Economy," in William J,Baumol,ed. ,*Public and Private Enterprise in a Mixed Economy*(London:Macmillan Press,1980), p. 42. 直至 1930 年代,英国和美国的公营企业仍常被指责为政党要员的政治皮球(political ball)。参阅:Paul K. Whang,"Some Experience with Government Enterprises in China,"*The China Weekly Review*,39 May 1931,p. 461.

[2] Kempe Ronald Hope,*The Dynamics of Development and Development Administration*(Westport:Greenwood Press,1984), p. 26.

[3] Gilbert Rozman, ed. , *The Modernization of China* (N. Y. : The Free Press,1981),p. 205.

的倾向。① 清末时期,政府由于因应新兴情势的需求,开始重视专业人才,给予外务、邮传、度支等部官员特别优厚的待遇,民国以后政府又为技术官建立特殊的升迁及薪俸制度,对于官僚系统之专业化所作的努力,实为中国历史上前所未有之事。清末詹天佑以自力完成京张路,工程司在中国社会中的地位顿时得以提升,对于社会价值观念的转变具有极大的影响。

第三,近代中国铁路事业的发展经验也显示出,政府在现代化过程中,扩张其职能,扮演积极性角色,但是由于行政效率及能力的相对低落,使得现代化的工作颇受影响。近代欧洲早期现代化的国家,其强大、廉洁、有效的政治和行政系统,乃兴起于政府活动减至最低的自由主义时代,至近代福利国家时代来临后,政府再度大规模介入经济活动时,已拥有一高品质的政治和行政系统,仅需加以维持即可。但是近代中国,一如其他发达国家,其政府能力在尚未增强时,即必需开始扩大职能,在经济活动(甚至现代化过程)中扮演重要角色②,实为一大不幸。

综前所述,近代中国铁路事业管理的经验实足以反映中国现代化的曲折复杂过程及所面临的困难。

---

① Thomas A. Metzger, The *Internal Organization of Ch'ing Bureaucracy: Legal , Normative , and Communication Aspects* (Cambridge, Mass. : Harvard University Press, 1973), pp. 151-152.

② Gurmar Myrdal, et al. , *Asian Drama* (N. Y. : Pantheon, 1968), pp. 957-958.

附录一：邮传部、交通部、铁道部历年首长出身背景一览表

官称	姓名	籍贯	学经历	派系倾向	任期	备注
尚书	张百熙	湖南长沙	进士,山东学政,广东学政,礼部左侍郎,都察院左都御史,工部尚书,刑部尚书,吏部尚书,户部尚书。		光绪三十二年九月至三十二年二月	
	林绍年	福建闽县	进士,贵州按察使,云南布政使,山西布政使,云南巡抚,贵州巡抚,广西巡抚。		光绪三十二年二月至三十三年三月	暂行署理
	岑春煊	广西西林	举人,广东布政使,甘肃布政使,陕西巡抚,山西巡抚,两广总督,云贵总督,四川总督。	慈禧亲信	光绪三十三年二月至三十三年四月	
	陈璧	福建闽县	进士,顺天府尹,商部右侍郎,左侍郎,户部右侍郎,度支部右侍郎。	袁系	光绪三十三年四月至宣统元年一月	
	李殿林	山西大同	进士,广西学政,詹事府詹事,兵部右侍郎,吏部左侍郎,江苏学政。		宣统元年一月至元年四月	暂行署理
	徐世昌	直隶天津	进士,巡警部尚书,军机大臣,东三省总督。	袁系	宣统元年一月至二年七月	

（续）

官称	姓名	籍贯	学经历	派系倾向	任期	备注
尚书	沈云沛	江苏海州	进士，津浦铁路帮办大臣。	交通系	宣统二年七月至二年九月	暂行署理
	唐绍仪	广东香山	留美，驻朝鲜总领事，天津海关道，外务部右侍郎兼督办铁路大臣，铁路总公司督办，邮传部右侍郎兼外务部右侍郎，奉天巡抚。	袁系	宣统二年七月至二年十二月	署理
	盛宣怀	江苏武进	诸生，山东登莱青兵备道兼东海关监督，中国电报总局总办，轮船招商局总理，庐汉铁路督办，工部左侍郎。		宣统二年十二月至三年四月	
大臣	唐绍仪	同前			宣统三年四月至三月九月	
	吴郁生	江苏元和	进士，四川学政，邮传部右侍郎。		宣统三年九月至三月九月	暂行兼理
	盛宣怀	同前		袁系	宣统三年九月至二年九月	
	杨士琦	安徽泗州	举人，农商部右侍郎。		宣统三年九月至二年十一月	署理

（续）

官称	姓名	籍贯	学经历	派系倾向	任期	备注
大臣	梁士诒	广东三水	进士，北洋编译局总办、铁路总公司总文案、五路提调处提调，铁路总局局长、交通银行帮理，邮传部副大臣。	交通系	宣统三年十一月至三年十二月	署理
总长	汤寿潜	浙江山阴	进士，云南按察使、江西提学使、两淮监运使、浙路总理。			
正首领	梁士诒	同前				由邮传大臣改为正首领
	唐绍仪	同前			民国元年三月	未到任
总长	施肇基	浙江杭县	康奈尔大学文学硕士，邮传部右参议兼京汉路总办、京奉路会办，左参议，外务部右参议。	交通系	民国元年四月至元年六月	
	刘冠雄	福建闽侯	福建船政学堂毕业，留英，舰英副队长、海军总长。	袁系	民国元年六月至元年七月	代理
	朱启钤	贵州开州	举人，东三省蒙务局督办、津浦路北段总办。	交通系	民国元年七月至二年九月	

(续)

官称	姓名	籍贯	学经历	派系倾向	任期	备注
总长	叶恭绰	广东番禺	京师大学堂毕业,邮传部路政司郎中、代理铁路总局局长,交通部路政司司长兼铁路总局局长,交通部次长、总长。	交通系	民国二年九月至二年九月	由代理次长代理部务
	周自齐	山东单县	早年入北京同文馆学习,后留美。约旧金山总领事,驻纽度支部侍郎,外务部参议、外务部侍郎,山东都督兼民政长。	交通系	民国二年九月至三年二月	
	朱启钤	同 前		交通系	民国三年二月至三年五月	由内务总长兼代
	梁敦彦	广东顺德	耶鲁大学毕业,汉阳海关道、天津海关道,外务部右侍郎、尚书,外务部大臣兼国务大臣。	交通系	民国三年五月至五年四月	
	曹汝霖	江苏上海	留日,外务部右侍郎、参议员,外交部次长、总长。	新交通系	民国五年四月至五年六月	
	汪大燮	浙江钱塘	举人,驻英公使,外务部右侍郎、邮传部左侍郎,教育总长、平政院院长。	研究系	民国五年六月至五年七月	未到任
	许世英	安徽秋浦	拔贡,山西提法使、大理院院长,司法总长、内务总长。	皖系	民国五年七月至六年五月	

（续）

官称	姓名	籍贯	学经历	派系倾向	任期	备注
总长	权量	湖北武昌	留日，东京高等商业学校毕业，邮传部科员，农商部秘书，交通部司长、参事，农商部次长。	交通系	民国六年五月至六年七月	暂行代理
	曹汝霖	同前			民国六年七月至八年六月	
	曾毓隽	福建闽侯	举人，京兆良乡县知县，国务院秘书，京汉铁路局长，交通部次长。	安福系	民国八年六月至九年七月	八年六月由次长代理部务，八年十二月升任总长。
	田文烈	湖北汉阳	捐官，小站练兵管务处总文案，陆军部副大臣，河南民政长，农商总长。		民国九年七月至九年八月	由内务总长兼署
	叶恭绰	同前		院系	民国九年八月至十年五月	署理
	张志潭	直隶丰润	举人，绥远道道尹，内务次长，国务院秘书长，陆军次长，内务总长。		民国十年五月至十年十二月	
	叶恭绰	同前		直系	民国十年十二月至十一年五月	
	高凌霨	直隶天津	举人，湖北提学使，湖北布政使，参议院议员，财政总长，农商次长，总长，内务总长。		民国十一年五月至十一年五月	由内务总长兼代

（续）

官称	姓名	籍贯	学 经 历	派系倾向	任 期	备 注
	高恩洪	山东蓬莱	留英，津浦铁路管理局秘书，汉口及成都电报局长，川藏电政监督，上海电报局长。	直 系	民国十一年五月至十二年一月	
	劳之常	山东阳信	天津武备学堂铁道科毕业，京奉铁路局工程师，浦信铁路局局长，津浦铁路管理局长，山东河务局长，交通部次长。		民国十一年十二月至十二年一月	由次长代理部务
	吴毓麟	直隶天津	北洋水师学堂毕业，海军部科长，大沽造船所所长，津浦铁路督办，浦信铁路督办。	直 系	民国十二年一月至十三年十月	
总长	黄郛	浙江杭县	日本陆军测量部地形科毕业，江苏都督府参谋长。	冯 系	民国十三年十月至十二年一月	由国务总理兼
	叶恭绰	同 前			民国十三年十一月至十四年十一月	
	龚心湛	安徽合肥	监生，留英，安徽省财政厅长，财政部司长，安徽省长，财政总长兼代国务总理，内务总长。	皖 系	民国十四年十一月至十五年四月	
	吴毓麟	同 前			民国十五年五月至十五年五月	

（续）

官称	姓名	籍贯	学经历	派系倾向	任期	备注
	张志潭	同前			民国十五年五月至十六年一月	
	潘复	山东济宁	举人,山东省实业司长、全国水利局副局总裁,财政部次长兼务署长,财政总长。	安福系	民国十六年一月至十七年六月	
	孙科	广东香山	哥伦比亚大学硕士,广州时报、总编辑,广州市政公所坐办,广州市长,广东省政府建设厅长。		民国十五年十一月至十六年五月	
总长	王伯群	贵州兴义	日本中央大学毕业,约法会议议员,贵州黔中道道尹,贵州省长,国民政府委员,上海通大学校长。		民国十六年五月至十七年十月	
	孙科	同前			民国十七年十月至二十年五月	
	叶恭绰	同前			民国二十年十二月至二十一年二月	
	陈公博	广东南海	哥伦比亚大学硕士,广东大学教授、北伐军政务局长、实业部长。	改组派	民国二十一年一月	兼署
	汪兆铭	广东番禺	日本法政大学毕业,广东都督、巴黎和会广东政府代表,国民政府主席。	改组派	民国二十一年二月	暂兼

（续）

官称	姓名	籍贯	学经历	派系倾向	任期	备注
总长	顾孟余	直隶宛平	德国柏林大学毕业,北京大学教授,国民党宣传部长,中山大学副委员长,教育部长。	改组派	民国二十一年三月至二十四年十二月	
	张嘉璈	江苏宝山	留日,邮传部路政司员,浙江都督府秘书,中国银行总经理,中央银行副总裁,中央信托局局长。	政学系	民国二十四年十二月至二十六年十二月	

资料来源:《交通史路政篇》;参议厅编核科编,《邮传部奏议类编》;参议厅编核科编,《邮传部奏议分类续编》;刘寿林,《辛亥以后十七年职官年表》;魏秀梅,《清季职官表》;杨家骆,《民国名人图鉴》;任嘉尧,《当代中国名人辞典》;外务省情报部编,《改订现代支那人名鉴》;外务省アジア局,《现代中国人名辞典》;田原祯次郎,《清末民初中国官绅人名录》;园田一龟,《支那の铁道》;龚德柏,《龚德柏回忆录》;张国淦,《中华民国内阁篇》;李恩涵,《唐绍仪与晚清外交》;李振华,《国闻周报名人录·时人汇录》;毛知励,《梁士诒与民初政局》;张朋园、沈怀玉,《国民政府职官年表(1925—1949)》;Albert Feuerwerker, China's Early Industrialization; Hung-mao Tien, Government and Politics in Kuomin-tang China; Andrew James Nathan, Peking Politics; Lee En-han, China's Quest for Railway Atctonomy; Wellington K. K. Chan, Merchants, Mandarins and Modern Enterprise in Late Ch'ing China; Stephen R. Mackinnon, "Liang Shih-i and the Communication Clique."; Odoric Y. K. Wou, Militarism in Modern China. William C. Kirby, Germany and Republican China, p. 164.

官称	姓名	籍贯	学经历	派系倾向	任期	备注
左侍郎	唐绍仪	广东香山	留美，驻朝鲜总领事，天津海关道，外务部右侍郎兼督办铁路大臣，铁路总公司督办。		光绪三十二年九月至三十三年三月	补授
	朱宝奎	江苏武进	留美，上海电报局总办，沪宁铁路总办。	袁系	光绪三十三年三月至三十三年三月	补授
	吴重憙	山东海丰	举人，福建按察使，宁夏布政使，直隶布政使，仓场侍郎，江西巡抚，邮传部左侍郎。	袁系	光绪三十三年三月至三十四年八月	补授
	吴郁生	江苏元和	进士，四川学政，邮传部右侍郎。		光绪三十四年八月至宣统元年三月	署理
	汪大燮	浙江钱塘	举人，留日，驻英公使，外务部右侍郎。		光绪三十四年八月至宣统二年四月	补授
	李焜瀛	直隶高阳	荫生。	李鸿藻之子	宣统二年四月至二年七月	署理
	沈云沛	江苏海州	进士，津浦铁路帮办大臣。	交通系	宣统二年十二月至三月九日	署理

（续）

官称	姓名	籍贯	学经历	派系倾向	任期	备注
左侍郎	吴郁生	同前			宣统二年十二月至二年十二月	兼署
	胡燏棻	安徽泗州	进士,广西按察使,顺天府尹,刑部右侍郎,礼部右侍郎。	袁系	光绪三十二年九月至三十二年十一月	补授,其卸任系因病出缺
	吴重憙	同前		袁系	光绪三十二年十一月至三十三年三月	补授
右侍郎	于式枚	广西贺县	进士,广东学政,提学使,广西铁路总办。	李鸿章僚属	光绪三十三年三月至三十三年八月	补授
	郭曾炘	福建侯官	进士,光禄寺,通政使。		光绪三十三年八月至三十四年二月	署理
	盛宣怀	江苏武进	诸生,山东登莱青备兵道兼东海关监督,中国电报总局会办,轮船招商局总理,卢汉铁路督办,工部左侍郎。		光绪三十四年二月	补授（未到任）
	沈云沛	同前			光绪三十四年二月至宣统二年七月	署理

（续）

官称	姓名	籍贯	学经历	派系倾向	任期	备注
右侍郎	盛宣怀	同前			宣统二年七月至二年十二月	上谕著赴任，无补授或署理字样。
	吴郁生	同前			宣统二年十二月至三年九月	补授
副大臣	梁如浩	广东香山	留美，山海关内外铁路总办，津海关监督，天津海关道，上海海关道。	袁系	宣统三年九月	补授（未到任）
	梁士诒	同前		交通系	宣统三年九月	署理
	李经迈	安徽合肥	贡生，工部员外郎，江苏按察使，河南按察使，浙江按察使。	李鸿章之子	宣统三年十一月至三年十二月	署理（未到任 3年12月5日准开署缺）
	阮忠枢	安徽合肥	举人，袁世凯幕僚。	袁系	宣统三年十二月至三年十二月	署理
次长	于右任	陕西三原	举人，留日，商州中学堂监督、神州、民呼、民吁、民立等报主笔。		民国元年一月至元年三月	实授
	冯元鼎	广东高要	诸生，津浦铁路局总文案，邮传部亦参。	交通系	民国元年四月至三年六月	实授

（续）

官称	姓名	籍贯	学　经　历	派系倾向	任　期	备注
次长	叶恭绰	广东番禺	京师大学堂毕业,邮传部路政司郎中,交通部路政司司长兼铁路总局局长。		民国二年七月至五年六月	二年七月三日代理次长,三年六月二日正式任命,三年六月十五日到任次长
	麦信坚	广东番禺	北洋医学堂毕业,天津工程局坐办,红十字会医院总办,保工局坐办,招商局总办,文报局总办。	袁系	民国三年六月至五年七月	实授
	权量	湖北武昌	日本东京高等商业学校毕业,邮传部科员,农商部秘书,交通部参事。	交通系	民国五年五月至五年七月	代理
	王毓炜	湖北黄冈	日本法政大学毕业,司法部参事,奉天财政司司长,内务次长。	皖系	民国五年七月至六年四月	实授
	权量	同前			民国六年四月至六年七月	六年四月二十八日暂行代理,六年五月二十四日署

（续）

官称	姓名	籍贯	学经历	派系倾向	任期	备注
	叶恭绰	同前			民国六年七月至七年十月	实授
	曾敏篯	福建闽侯	举人，京兆良乡县知县，国务院秘书，京汉铁路局长，参议院议员。	安福系	民国七年十月至八年十二月	实授
	姚国桢	安徽贵池	京师大学堂毕业，交通部交通传习所所长，邮政司司长。	安福系	民国八年十二月至九年七月	实授
	权量	同前			民国九年七月至九年八月	兼署
次长	徐世章	直隶天津	留比，陇海铁路副局长，津浦铁路管理局长，浦信铁路督办。		民国九年八月至十年十二月	
	郑洪年	广东番禺	举人，交通部科长，司长。	交通系	民国十年十二月至十一年五月	实授
	陆梦熊	江苏崇明	日本早稻田大学毕业，宪政编查馆统计局科员，京师大学堂电学校校长，邮电学堂教习，交通部参事。	交通系	民国十一年五月至十一年五月	院令暂兼
	权量	同前			民国十一年五月至十一年五月	暂行兼署

（续）

官称	姓名	籍贯	学经历	派系倾向	任期	备注
次长	劳之常	山东阳信	天津武备学堂铁道科毕业,浙江铁路局工程师,浦信铁路工程局长,津浦铁路管理局长,山东河务局长。	直系	民国十一年六月至十二年一月	署理
	孙多钰	安徽寿县	康奈尔大学毕业,吉长、宁湘、沪宁、沪杭甬,株径等铁路管理局局长。	交通系	民国十二年一月至十三年十一月	实授
	陆梦熊	同前			民国十三年十一月至十三年十一月	部令派兼
	郑洪年	同前			民国十三年十一月至十四年十一月	实授
	陆梦熊	同前			民国十四年十一月至十五年六月	署理
	劳之常	同前			民国十五年七月	
	陆梦熊	同前			民国十六年六月	暂行兼署
	常荫槐	奉天梨树		奉系	民国十六年六月	实授
	李仲公	贵州贵筑	日本早稻田大学毕业,众议院秘书,贵州贵定县知事,国民党中央政治会议秘书长,贵州省省政府民政厅长。		民国十六年十月至十七年十月	实授

（续）

官称	姓名	籍贯	学经历	派系倾向	任期	备注
政务次长	连声海	广东顺德	日本早稻田大学毕业,广东大元帅府印铸局长,广东省政府秘书长,国民政府秘书长。	太子派	民国十七年十月至二十年六月	实授
	钱宗泽	浙江杭县	保定陆军军官学校,北京陆军大学毕业,徐州警察厅长,津浦铁路局副局长,陇海铁路管理局长。		民国二十年六月至二十三年十二月	实授
	曾仲鸣	福建闽县	法国里昂大学文学博士,广东大学教授,国民政府委员,行政院秘书。	改组派	民国二十三年十二月至二十四年十二月	实授
	曾养甫	广东平远	北洋大学矿冶系毕业,留美,建设委员会副委员长,浙江省建设厅长,建设委员会委员长兼全国经济委员会委员,军事委员会委员长行营公路处长。	C C 系	民国二十四年十二月至二十七年十二月	实授
常务次长	王征	吉林宁安	哥伦比亚大学硕士,北京大学教授,中央银行行长,建设委员会委员,铁道部理财司长。	太子派	民国十七年十月至十八年九月	实授
	黎照寰	广东南海	宾州大学硕士,吴淞中国公学商科教授,广九铁路管理局长,财政部参事,铁道部参事,交通大学副校长。	太子派	民国十八年九月至十九年十月	实授

（续）

官称	姓名	籍贯	学经历	派系顷向	任期	备注
常务次长	黄汉梁	福建思明	哥伦比亚大学经济学博士,香港及上海和丰银行经理,铁道部顾问。	太子派	民国十九年十月至二十一年一月	实授
	刘景超	广东香山	东京帝国大学法学部毕业,财政部秘书参事,大总统府谘议,广东财政局长,交通部参事。		民国二十一年一月至二十一年一月	实授
	刘维炽	广东台山	留美,广州市财政局长,财政部盐务署长,京汉铁路管理局局长,铁道部业务司长,实业部次长。	太子派	民国二十一年一月至二十一年二月	实授
	陈耀祖	广东	广东省政府建设厅长,铁道部财务司长。		民国二十一年一月至二十一年二月	署理
	曾仲鸣	同前			民国二十一年二月至二十四年二月	实授
	吕苾筹	湖南益阳	国民政府秘书,秘书长,行政院秘书长,浙江省政府委员兼民政厅长。			
	曾镕浦	福建闽侯	北洋大学毕业,留英,驻瑞典、挪威公使。			

资料来源:同附录一。

附录三:京汉铁路历年首长出身背景一览表

官　称	姓　名	籍　贯	学　经　历	派系倾向	任　期	备　注
督办铁路大臣	盛宣怀	江苏武进	诸生,山东登莱青兵备道兼东海关监督、中国电报局总办、轮船招商局总理。		光绪二十二年九月	
办理京汉铁路大臣	唐绍仪	广东香山	留美,驻朝鲜总领事,天津海关道、外务部右侍郎兼督办铁路大臣,铁路总公司督办。		光绪三十一年十月	
总监督	高尔谦	福建长乐	举人。	袁系	光绪三十三年七月	
总监督	郑清濂	福建闽侯	候选道,京汉铁路北路行车正监督,南路行车正监督,许洛路总办。		光绪三十四年一月	
总办	郑清濂				光绪三十四年十二月	总监督改
总办	阮维和				宣统二年九月	郑清濂出洋部派代理
总办	孙钟祥		京汉路购地兼工程总办、黄河北岸工程总办、北路行车正监督。		宣统三年闰六月	

（续）

官称	姓名	籍贯	学经历	派系倾向	任期	备注
总办	关赓麟	广东南海	进士,留日,兵部主事,邮传部主事,员外郎,郎中,佥事,铁路总局提调,京汉路全路会办。	交通系	民国一年五月	三年三月改局长
局长	关赓麟				民国三年三月	
	俞人凤	直隶天津	北洋武备学堂铁道科毕业,关内外铁路,京张路及粤汉路工程司,交通部路政司科长,技正,津浦路副局长。	安福系	民国四年七月	
	曾毓隽	福建闽侯	举人,京兆良乡县知县,国务院秘书。	安福系	民国五年十月	
	曾鲲化	湖南新化	交通部路工司,路政司司长。	安福系	民国六年五月	
	王景春	直隶滦县	伊利诺大学铁道管理博士,京奉、京汉路副局长。	安福系	民国六年七月	
	丁士源	浙江吴兴	留英,陆军部军法司司长,陆军副都总,江汉关监督。	安福系	民国七年十二月	
	陈西林		关内外路工程司,京绥路总工程司。		民国九年七月	
	俞人凤	同 前			民国九年八月	
	赵继贤	山东历城	将军府开威将军。	直系	民国十一年一月	
	杨慕时			冯系	民国十三年十月	

（续）

官称	姓名	籍贯	学经历	派系倾向	任期	备注
局长	王乃模	浙江	陆军大学毕业，陆军第十一师参谋长，督办河南军务善后暨官署秘书，西北边防督办公署参议。	冯系	民国十四年八月	
	劳之常	山东阳信	天津武备学堂铁道科毕业，浙江铁路局工程司，浦信路工程局长，津浦路局长，山东河务局长。	直系	民国十五年三月	北局
	刘懋德		军人		民国十五年十二月	北局
	董希成		军人		民国十六年一月	北局
	柴士文				民国十六年一月	北局
	曾天荣				民国十五年九月	南局
	李维国				民国十五年九月	南局
管理委员会主席	蔡增基	广东中山	哥伦比亚大学学士，广东省议会议员，两广都司令部外交委员，北京邮报编辑。	太子派	民国十六年三月	南局
局长	蔡增基				民国十六年三月	南局，暂时兼管京汉局事务

（续）

官称	姓名	籍贯	学历经历	派系倾向	任期	备注
管理委员会主席	杨杰				民国十六年四月	南局
	史译宣	山东福山	哈佛大学管理硕士,南开大学教授,胶济路材料处长。		民国十六年五月	南局
	马少怀				民国十六年六月	南局
局长	杨承训	湖南长沙	清华大学毕业,留美,胶济路工程司,上海大厦大学理科主任。		民国十六年七月	南局
代理局长	萧仁源		军人		民国十六年十一月	南局
	杨承训				民国十六年十二月	南局
局长	黄士谦		国民政府参谋本部高级参谋,京汉铁路驻汉办事处长,京汉铁路管理局副局长。		民国十七年六月	改为京汉铁路管理局
代理局长	李益滋				民国十八年四月	
兼领局长	王征	吉林宁安	哥伦比亚大学硕士,北京大学教授,中央银行行长,建设委员会委员。	太子派	民国十八年四月	改为京汉铁路局,铁道部次长兼领

（续）

官 称	姓 名	籍 贯	学 经 历	派系倾向	任 期	备 注
局长	刘维炽	广东台山	广州市财政局长,财政部盐务署长。	太子派	民国十八年五月	
	谢宗周	河北清苑	法国炮工实施学校毕业,陆军第九师工兵营长,京汉路管理局副局长,北平特别市政府财政局长。	简系	民国十八年十二月	
	关赓麟				民国十九年一月	
	谢宗周				民国十九年三月	北局
代理局长	葛光庭	云南蒙城	日本陆军士官学校炮兵科毕业,广东参谋部参事,陇海路局长,胶济路管理委员会委员长。		民国十九年十月	北局
局长	何竞武	浙江			民国十九年三月	南局
管理委员会委员长	刘维炽				民国二十年四月	
代理委员长	黄振兴	广东顺德	北京陆军大学毕业,国民政府参军,汉口市政府公安局长。		民国二十年六月	
委员长	何竞武				民国二十年十二月	

资料来源:《交通史路政篇》;《平汉年鉴》;《平汉铁路高级职员录》;附录一。

附录四:1934年度已成国有各铁路首长出身背景一览表

路别	职别	姓名	籍贯	学经历
平汉	局长	陈延炯	广东番禺	日本帝国大学毕业,铁道部总务司长,津浦铁路整理委员会委员长。
北宁	局长	殷同	江苏江阴	日本陆军通信学校毕业,陆军部科长,河北盐务监督员,北平政务整理委员会委员。
津浦	委员长	邱炜	浙江龙游	保定军官学校毕业,陆海空军总司令部交通处处长,兵站副监,军政部交通司司长。
京沪沪杭甬	局长	黄伯樵	江苏太仓	柏林大学工学博士,驻德使馆二等秘书,交通部路政司总务科科长,陇海铁路汴洛局总务处处长,汉口市工务局局长,上海市政府公用局局长。
胶济	委员长	葛光庭	安徽蒙城	日本陆军士官学校炮兵科毕业,广东军政府参议,陇海、京汉、正太铁路管理局署参议,东北边防军司令官公署参议。
陇海	局长	钱宗泽	浙江杭县	保定军官学校毕业,留法,国民革命军总司令部军事管理处长,津浦铁路副局长,国民革命军总司令部武汉、开封、徐州各行营参谋处处长,铁道部政务次长。
平绥	局长	沈昌	浙江桐县	康奈尔大学工程硕士,上海特别市政府秘书,内政部科长,内政部技正兼导淮委员会委员,铁道部购料委员会会长。

（续）

路别	职别	姓名	籍贯	学 经 历
正大	局长	王懋功	江苏铜山	保定军官学校毕业，粤军统领，旅长，广州卫戍司令，国民革命军参谋长，东征军参谋长，第二师师长。
粤汉南段	局长	李仙根	广东中山	
粤汉湘鄂段	局长	殷德洋	湖南醴陵	京都帝国大学毕业，何键之秘书，湖南电政管理局长。
广九	局长	胡栋朝	广东番禺	康奈尔大学土木工程硕士，川汉铁路正工程司，宁湘铁路考工科长，汉粤川铁路督办处工程司会办，广东大学教务长，暨南大学工学院长，广东省政府技正，建设厅技术委员会常务委员。
南浔	局长	范致远	江西临川	东京帝国大学工学部毕业，南浔铁路工程司，洮昂铁路工程局务总段长，江西省政府建设厅科长，南浔铁路局机务处长。
道清	局长	范子逯	山东诸城	武汉政治分会委员，国民党中央候补执行委员。

资料来源:《铁道部职员录》;附录一。

后 记

铁路是近代西方科技文明的产物。中国人如何引进并且掌握这种陌生的技术？这种技术在输入中国以后，对于传统的社会和经济又产生了怎么样的冲击？这是过去十年中笔者所关心并且尝试回答的两个问题。四年前出版的《平汉铁路与华北的经济发展（1905—1937）》（1987）一书，目的在回答后面一个问题，本书则希望能够回答前面一个问题。由于受到资料及个人学识、能力的限制，有些问题（如铁路运价政策的形成、国营铁路与外人在华经营铁路在营运管理上的比较等），在本书中仅能略为提及，至于深入的探讨，仍有待于来日。此外，笔者另撰有"Technology Transfer in Modern China-The Case of Railway Enterprise，1876-1937"一文，1988 年 8 月于美国圣地亚哥第五届国际中国科技史会议（ICHSC）宣读，修订稿刊登于剑桥大学《近代亚洲研究》（*Modern Asian Studies*），敬请参阅。

本书在撰写的过程中，承蒙张玉法教授的细心指导，蒋永敬、李国祁、苏汝成、吕实强、王树槐、李恩涵、林明德、刘翠溶等师长，曾经分别在不同场合审阅全书初稿,黎安德(Tim Wright)教授审阅部分章节,提示宝贵意见,魏秀梅教授提供若干早期路政官员的出身背景资料,张力兄指点封面设计事宜,江淑玲、许淑玲、李慧玲三位小姐协助校对,在此谨致最大的谢意。内子秀菱不但一直是我的忠实听众,在许多方面也是我的老师,我常能从她那里学到很多东西,尤其要感谢她陪伴我度过漫长的写作过程。